# 중국 무협 블록버스터 영상美 그리고 음악

2023 세종도서 학술부문
PUBLICATION INDUSTRY PROMOTION AGENCY OF KOREA
한국출판문화산업진흥원

악보수록

최명숙·까오위 공저

신아사

# 책을 펴내며

중국영화사에서 무협영화는 중국 민족의 전통문화를 대표하는 영화의 한 장르로서 홍콩과 중국 대륙을 중심으로 끊임없이 진화하였다. '무'와 '협'은 무협영화에서 없어서도, 빠져서도 안 될 두 요소로서 수천 년 동안 중국 전통문화의 일부였고 중국 민족문화의 전통과 정신적 기질을 가장 깊이 있게 표현하고 있다. 2001년 중국이 WTO 가입 이후 10년간 중국 영화시장 흥행 순위를 보더라도 10위권 이내 영화에서 역시 무협 장르가 1위로서 가장 많은 수를 차지하였다.[1] 역대 북미(北美) 영화시장에서 흥행한 중국영화 순위에서도 1위 〈와호장룡(2000)〉, 2위 〈영웅(2002)〉, 3위 〈쿵푸허슬(2005)〉, 4위 〈철후자(2001)〉, 5위 〈연인(2004)〉 등 무협영화가 상위권을 모두 차지하고 있다.[2] 이처럼, 세계영화시장에서도 무협영화는 지속적인 주목과 인기를 얻고 있다. 이는 중국이 요구하는 '중국 특색의 사회주의 문화건설'이라는 조건에 잘 부합할 뿐 아니라 중국영화계가 추구하지 않을 수 없게 된 상업성과 오락성마저 구비[3]한 것이다. 이처럼 무협영화는 중국의 역사, 무술, 전통 색채와 음악 등을 배경으로 화려한 액션을 끊임없이 제공하고 관중의 눈을 즐겁게 하는 중국 특색의 '블록버스터'시대를 개척했다는 점에서 주목할 필요가 있다.

적지 않은 무협영화가 민족의 특색을 한층 더 강화하기 위해 의도적이든 의도적이지 않든 문화적 상징과 문화부호를 가미하고 있다. 전통문화의 디테일한 영화 재현은 중국인에게 있어서는 민족의 정체성을 갖게 하고 타국에 있어서는 중국에 대한 문화적 호기심을 불러일으킨다. 이런 측면에서 볼 때, 수천 년의 중국 역사와 우수한 전통문화를 융합하여, 민간의 다양한 예술적 요소를 세계의 무대에 전파하는 중국 무협영화는 부지불식 간에 중국의 전통문화를 전달하고 있는 것이다. 그만큼 '쿵푸(功夫)'는 이미 중국의 문화기호가

---

1) 강내영 · 장수현,「중국식 블록버스터 상업영화의 변천과 이데올로기 연구」,『중국과 중국학』, 제18호, 2013, pp.10-11.

2) Stanley Rosen,「全球化時代的華語電影」,『당대영화』, 130期, 2006, p.26.

3) 송진영,「중국의 문화산업정책과 문화원형 콘텐츠 개발」,『인문콘텐츠』(3), 2004, p.32.

되어버린 것이다.

무협영화는 민족성 외에도 '강호(江湖)'라는 독특한 세계를 그리고 있다. '강호'라는 두 글자는 지리상의 '삼강오호(三江五湖)'를 두 자로 축약한 합성어이다. 특수한 허구 공간으로서의 강호는 중국 무협영화의 가장 중요한 특징적인 존재다. 장르 영화 속의 독특한 문화지대인 동시에 공명의 땅, 시비(是非)의 땅이며 강호를 제패하려는 무림인에게는 생사의 땅이다. 강호의 세계에서 협사들은 자신들의 도덕적 기준과 원칙, 즉 '강호의 의리'를 품고 있으며, 의리로 자신의 규율로 삼고 타인과의 관계를 가늠한다. 이 협의가 무협영화의 핵심 주제이며, 무협영화의 영혼이라고 할 수 있다.

강호에 속한 다수의 사람들은 협객이든 강도든 간에 정이 많고 호방하다. 그러나 강호를 대하는 진퇴의 태도와 선택에는 각자 다른 인생관과 세계관을 투사한다. 예로부터 전통의 문인들은 세상사에 있어 진퇴관이 뚜렷했다. 일찍이 맹자가 말한 "궁하면 홀로 자신을 바르게 하고, 현달하면 더불어 천하를 바르게 한다(窮則獨善其身, 達則兼善天下)"라는 구절은 사대부들의 입세(入世)와 출세(出世)의 기준이 되었고, 문인들뿐만 아니라 강호의 협객들에게도 개인의 영혼을 담보하는 가장 이상적인 방식으로 여겨졌다.

이같이, 무협영화는 중국의 독특한 문화전통 속에서 태동한 영화의 한 장르로, 중국 관객뿐만 아니라, 세계영화시장 관객들의 주목을 받고 있는 중국영화를 대표하는 대표적 장르 브랜드가 되었다. 그동안 중국영화에 관한 국내외 연구성과를 보면 상당히 성숙되었고 연구 범위 또한 방대하다. 국내에서도 많은 연구자들이 중국 영화산업의 현황과 문제점, 그리고 해결 방안을 제시하거나 문화·정치·경제적 측면에서 중국영화의 국제화 전략과 방안에 중요한 방향을 제시하여 주목을 받고 있다. 그 외에 한중합작영화 상호 공생적인 방법의 모색을 해야 한다는 필요성을 제시한 의미 있는 연구도 확인되었다.

돌이켜보면 2000년대부터 양국이 합작한 무협영화를 꼽자면 김희선의 〈비천무〉와 〈신화〉, 안성기의 〈묵공〉, 김소연의 〈칠검〉, 정우성의 〈무사〉와 〈검우〉, 장동건의 〈무극〉 등 작품이 있겠다. 하지만 콘텐츠의 선호방향, 정책적 및 문화적 차이로 인해 이 영화들은 양국 관객들의 호응을 받지 못했다고 할 수 있다. 즉 한중합작시에 발생하는 문화적 차이를 해소하여 문화적 융합을 이루는 것이 가장 어려운 점이라 할 수 있다. 한중영화합작에서 양국의 영화산업은 당연히 자신들만의 우수한 점을 더욱 발휘하고 상대의 장점을 수용하고 배우는 태도가 바람직하다고 생각된다.

특히 2000년대 이후, 한국에서의 중국 무협영화에 대한 연구도 활발하게 진행되고 있음을 확인할 수 있다. 하지만 중국 무협 영화감독과 배우들을 중심으로 고찰하거나 특정 감독과 일부 작품의 사회상과 이미지, 영상미에 집중하여 고찰한 연구결과는 다수 있으나 연구 범위가 다양하지 못하다. 필자는 이 부분의 공백과 한계를 인지하고 색채 미학에 더하여 음악을 함께 분석함으로써 한 단계 심화한 학술적 영역을 보여준 것에 이 책의 가치를 둘 수 있겠다. 즉 중국 무협 영화의 색채와 음악의 콜라보, 동양적인 색채와 음악을 관객들에게 전달하며 환상적인 분위기를 구축한 〈와호장룡〉, 〈영웅〉, 〈야연〉 세 편의 작품에 대해 풀어보고자 한다.

'영화'와 '음악'은 현대인의 삶에서 떼어놓을 수 없는 주요한 문화 장르들이고, 또한 서로 밀접한 관계가 있다. 필자는 작곡가 탄둔, 영화감독 리안, 장이머우, 펑샤오강 등이 중국영화계에 끼친 영향, 그들의 작품성 및 흥행 성적에 주목하며 중국 전통문화의 전형적인 특색을 지닌 세 편의 무협영화를 '색채'와 '음악'이란 키워드로 조금씩 정리하였다. 중국 무협영화에 관심을 가지고 중국의 대중문화를 좀 더 포괄적으로 이해하고 싶은 독자들과 공유하며 작은 도움이 되기를 기대해본다. 그리고 글을 쓰면서 선학들이 남긴 책과 논문, 자료의 도움을 많이 받았다. 주석에 출처를 달고 참고문헌 목록에 올리는 것으로 감사 인사를 대신한다. 그 중 번역을 도와주신 분들과 동양사상과 미학에 대해 자문과 검토를 도와주신 박석 교수님께도 진심으로 감사드린다.

마지막으로 한 권의 책으로 재탄생하기까지 아낌없는 노력을 다해주신 신아사 정현걸 대표님과 편집부에 고마움을 전한다.

2022년 12월<br>저자 최명숙

# 중국 특색의 '블록버스터' 시대

중국 무협영화의 신기원으로 꼽히는 리안(李安) 감독의 영화 〈와호장룡(臥虎藏龍)〉(2000)은 대륙 안팎의 중국계 감독들을 자극하며 막강한 무협블록버스터 군단을 형성했다.[4] 이러한 상승세 속에서 2002년 12월에 개봉한 장이머우(张艺谋) 감독의 〈영웅(英雄)〉은 중국 무협영화를 예술적 아름다움의 반열에 올리며 강렬한 중국적 색채와 전통음악을 선보였다. 이 영화는 중국영화사상 최고의 흥행성적을 거두었고 해외에서도 골든글로브상 후보에 오르며 최고의 화제작이 되었다. 이는 중국 영화계가 2002년을 중국 상업영화 원년으로 설정한 바로 그 시점에서 본보기 역할을 했다는 점에서 주목할 만하다.[5] 〈와호장룡〉, 〈영웅〉을 통해 중국적인 아름다움을 스크린에 표현했던 것처럼 2006년 펑샤오강(馮小剛)의 〈야연(夜宴)〉 또한 제1회 아시안 필름 어워드에서 미술상을 수상하면서 중국 대륙의 흥행 신화를 창조하였다.[6] 이처럼 〈와호장룡〉, 〈영웅〉을 시작으로 〈연인〉, 〈황후화〉, 〈쿵푸허슬〉, 〈야연〉, 〈무극〉, 〈칠검〉에 이르는 무협장르 작품들이 잇달아 인기와 주목을 받았다.

무협영화의 흥행에 따라 무협영화의 음악에 대한 창작 열기 또한 한층 고조되었다. 가장 대표적인 작곡가를 꼽자면, 〈대화서유(大話西遊)〉와 〈형가자진왕(荊軻刺秦王)〉의 음악을 작곡한 자오지핑(趙季平), 〈투명장(投名狀)〉, 〈시월위성(十月圍城)〉, 〈검우(劍雨)〉 등 무협영화의 음악을 작곡한 진페이다(金培達), 〈신룡문객잔(新龍門客棧)〉, 〈태극장삼풍(太極張三豐)〉 등 영화음악을 작곡한 후웨이리(胡偉立) 등이다. 또한 현재 국제적으로 중화권 영화음악 분야에서 가장 높은 성과를 내고 있는 작곡가 탄둔(譚盾)을 빼놓을 수 없다.

탄둔은 〈와호장룡〉, 〈영웅〉, 〈야연〉 등 '무협영화 3부작' 음악을 총괄하여 더 큰 주목을 받고 있다. 2003년 미국 음악협회 최고 작곡가 상을 받은 작곡가 탄둔은 중국 전통 음악

---

4) 문현선, 「중국 대륙 무협블록버스터를 관통하는 예술적 아름다움의 전시성에 대한 분석」, 『씨네포럼』 제13호, 2011, p.99.

5) 송진영, 「중국의 문화산업정책과 문화원형 콘텐츠 개발」, 『인문콘텐츠』(3), 2004, p.31.

6) 문현선, 「중국 대륙 무협블록버스터를 관통하는 예술적 아름다움의 전시성에 대한 분석」, 『씨네포럼』 제13호, 2011, p.119.

어법을 영화음악에 농축시켜 새롭고 독창적인 중국풍 음색과 음향 효과를 도모하였다.[7] 그의 영화음악은 중국과 해외에서 많은 사랑을 받을 뿐만 아니라 중국 영화음악의 새로운 바람을 이끌고 있다. 〈와호장룡〉, 〈영웅〉 등이 큰 관심과 주목을 받은 데에는, 분명 영화음악도 크게 기여했음이 틀림없다.

먼저, 2000년에 상영된 리안의 〈와호장룡〉은 서양인이 읽고 수용하는 방식으로 동양의 무협 스토리를 풀어냈고, 영화 곳곳에 중국의 주요한 전통사상의 하나인 도가사상이 잘 구현되고 있다. 영화는 제73회 아카데미 시상식 10개 부문에 후보로 올랐으며, 촬영, 미술, 음악상 4개 부문에서 수상하는 등 중화권 영화 사상 첫 외국어영화상 수상작이다. 특히 동양적인 색채와 전통음악은 환상적인 분위기를 구축하였다.

장이머우는 민족문화를 매우 강렬하게 표현하는 감독이며 '색채의 대가'라고도 불린다. 2002년에 상영된 〈영웅〉은 2억 5000만위안(약 1조 5000억원)을 벌어들이며 국제 경쟁력을 갖춘 중국식 블록버스터 상업영화의 이정표를 보여줬다는 평가를 받았다. 영화에서 장이머우는 인물의 복장 색채는 물론 대나무 숲, 푸른 물, 푸른 산, 서관, 진나라 궁전 등 공간적 배경 색채에 이르기까지 강렬한 색채 대비를 시각적으로 잘 표현했다. 실재와 상상의 두 시공간을 색채로 풀어낸 성공작이라는 점이 특징이라 할 수 있다. 그의 작품에는 민속적 의미의 색채가 많이 사용돼 중국의 전통적인 색채 관념이 잘 드러나고 있고, 이로 인해 영화의 함의는 더욱 풍부해졌다. 선명한 색채 영상은 외국인들이 중국문화를 이해할 수 있는 통로를 제공하기도 하였다.

펑샤오강 감독은 영화 미술 감독이자 시나리오 작가 출신이다. 그의 작품 스타일은 비교적 다양하다고 할 수 있는데, 초기에는 설맞이 코미디영화(賀歲喜劇片)를 제작했고 이후 전쟁영화, 무협영화 제작에 이르기까지 새로운 도전 행보를 이어오고 있다. 2006년 상영된 〈야연〉은 새해 첫 날 1200만 관객을 돌파하며 제63회 베니스영화제 미래영화상 디지털상, 제51회 아시아태평양영화제 촬영상, 제26회 홍콩영화금상장 오리지널 영화음악상, 시각효과상 등 다양한 부문을 수상했다. 셰익스피어의 명극 『햄릿』을 각색한 펑샤오강 감독의 첫 번째 블록버스터 영화이기도 하다. 펑샤오강은 원작의 스토리를 중국적인 특징에

---

7) Soo-Hyun Chung, Min-Ho Chang, 「An Analysis on the Application of Korean Traditional Music to Film」, 『Journal of the Korea Entertainment Industry Association(JKEIA)』 13, 2019, p.250.

맞게 재구성하여 중국적 무협영화로 재탄생시켰다. 영화에는 빨간색, 흰색, 검은색 등 세 가지 색채가 주로 등장하는데, 이들은 '서정적인 표현'의 기능을 담당하며 인물의 감정, 욕망과 심리적 변화를 극명하게 보여준다.

다음은, 중국 전통음악의 예술적 요소를 도입해 무협영화 음악을 접목하는 창작에 있어서 국제적으로 널리 인정받고 있는 작곡가 탄둔이다. 탄둔은 뉴욕 타임스에서 "세계 음악계의 가장 영향력 있는 10명의 중국인 중 한 명"으로 선정된 중국의 작곡가 겸 지휘자다.[8] 그의 작품에는 존 케이지(John Milton Cage)의 영향이 많이 깔려있다. 그런데 존 케이지는 음악에 아방가르드적인 시각적 효과를 추구하기도 했고, 역경과 선종 사상 등의 중국 전통사상을 음악적으로 활용하기도 했다. 바로 이러한 탄둔의 창작관이 영화음악과 영화화면의 조화를 이끌어내었고, 이로 인해 대중들의 사랑을 받는 것이 아닐까 싶다.

이 세 편의 영화음악은 작곡 기법적인 측면에서 창작 양식의 일관성을 보여주면서도 영화 내용과 연출 스타일의 차이로 작품별 차별성을 드러내고 있다. 무협영화 음악의 창작으로 그는 제44회 그래미 4개 부문 후보에 올랐고, 제73회 아카데미 최우수 음악상을 수상하는 등 중국 영화음악의 발전에 중요한 의미와 영향을 미쳤다. 그는 음악으로 무협영화의 폭력적 색채를 희석시키며, 영화의 화면효과를 강화해 무협영화의 민족적 지역 정취를 부각하였다.

---

8) 탄둔 인터뷰(上), https : //www.sohu.com/a/280610297_304932, 검색일 : 2021.9.5.

# 목 차

## 3장 〈와호장룡〉 애절한 사랑, 영웅과 전설



## 4장 〈영웅〉 강렬한 중국적 색채, 천하의 시작

## 5장 〈야연〉 복수와 사랑, 그리고 욕망

## 일러두기

### 1. 문헌의 표기

서적, 신문 및 잡지의 제목은『 』안에, 논문 및 기사의 제목은「 」안에 표기한다(중국어 및 외국어 서적, 신문 및 잡지, 논문 및 기상의 제목은 똑같이 표기하되, 한국어로 번역된 제목을 쓰고 중국어 표준어 발음의 한국외래어 표기법을 따랐다). 두 번 이상 나올 경우 원어 제목의 병기는 생략한다.

### 2. 영화(드라마), 노래의 제목 표기

영화(드라마)의 제목은 〈 〉 안에, 음악(테마곡)의 제목은 ' ' 안에 표기하되, 한국어로 번역된 제목을 쓰고 중국어 표준어 발음의 한국 외래어 표기법을 따랐다. 단, 영화 제목, 앨범 제목이 처음 나올 때는 반드시 원제목을 병기했다. 두 번 이상 나올 경우 원어 제목의 병기는 생략한다.

### 3. 중국어 인명과 지명, 기관명과 상호 표기

중국어 인명과 지명, 기관명과 상호는 한국어 음차로 표기하고 중국어 표준어 발음의 한국 〈외래어 표기법〉을 따랐다. 두 번 이상 나올 경우 번역된 제목의 병기는 생략한다.

### 4. 기타 외국어 고유명사 표기

중국어로 된 영화, 소설, 방송 프로그램 등은 〈 〉 안에 표기하되, 한국어로 번역된 제목을 쓰고 중국어 표준어 발음의 한국 〈외래어 표기법〉을 따랐다. 두 번 이상 나올 경우 원어 제목의 병기는 생략한다.

# 1장

# 중국 무협영화, 그 민족적 색채

# 1. 중국 무협영화의 기원과 발전

## 중국 무협영화란?

무협영화는 중국 특유의 장르 영화로 심원한 역사 및 문화적 배경이 그 안에 녹아 들어 있다. 협객문화는 『사기』, 『한서』 등에 기재된 협사(俠士)에 대한 최초의 역사 실록에서 기원하여 당대의 전기(傳奇) 소설, 송대의 화본(話本) 소설을 거치면서 원대 이후에는 희곡과 소설에서 크게 꽃을 피웠으며, 20세기에 이르러서는 문명희(文明戲), 영화, 드라마 등의 다양한 예술 장르로 표현되면서 계속 발전해왔다.

초기 단계의 무협영화는 문명희(文明戲)의 무대 형식을 차용해 스크린 형태로 삼았고, 근현대 무협소설로부터 그 스토리와 서사 양식을 취했다. '문명희'의 전신은 '문명신극(文明新劇)'으로 중국 최초의 연극이다. 량치차오(梁啓超) 등의 지식인들은 변법유신을 고취하면서 시대착오적이면서 대중과 분리된 고전희극의 현주소에 대해 강한 불만을 표하고, 서구식 연극을 채택하라고 요구하였다. 이로 인해 문명신극이 도입되어 만들어졌다. 그러나 정확히 말하자면 문명희는 그저 수입한 것이 아니라 희곡을 개량한 기초 위에서 외국 연극의 요소를 수용한 것으로서, 전통 희곡의 모태에서 분리된 것이다.

초기 문명신극은 서구 연극과 중국 희곡을 혼합한 것으로서 전통 희곡의 미적 관습에 익숙한 많은 관중의 사랑을 받기도 했으나, 한편으로 모더니즘 문화의 본질적인 결여로 말미암아 마침내 몰락하게 되었다. 5·4 신문화운동이 일어나 "전인격의 각성"이라는 계몽적인 현대적 욕구가 생기자, 문명신극은 비로소 환골탈태하여 현대적인 연극으로 거듭나게 되었다.

1913년 상해에서 장스촨(張石川), 정정치우(鄭正秋), 두쥔추(杜俊初), 징잉산(經營三, 장스촨의 외숙부) 등이 중국 최초의 영화 제작사인 신민공사(新民公司)를 설립했는데, 이들은 모두 문명극의 감독이자 배우였다. 그들은 낮에는 영화를 찍고 밤에는 극장에서 연기를 했다. 그러다 보니 무의식적으로 문명극의 경험을 영화로 가져가게 되어 초기 영화가 일방적으로

연극을 학습한 것은 불가피한 것이었다.[1]

장르 문학의 하나인 무협소설은 백성의 일상생활에서 창작의 영감을 얻었고 일상의 삶에 존재하는 협사의 이야기에서 기원하였다. 선사 시대의 수만 년 동안 원시 조상과 최초의 인류는 무예를 숭상하고 연마하는 독특한 풍조를 이루었다. 춘추전국시대에 이르러 주 왕조의 세력이 약화되면서 각 지역의 제후들이 잇달아 자신의 세력을 다투기 시작해 전쟁과 토벌이 난무해졌고, 이에 따라 명검에 대한 숭배 심리도 덧대어졌다. 이러한 역사의 동요 속에서 나라와 백성의 위기를 해결해주는 사회적 존재가 역사의 무대에 등장했는데 그가 바로 '협객'[2]이다.

협(俠)의 등장과 그 존재 배경에는 사회 문화 및 복잡한 심리적 요인이 있다. 협객이라는 사회적 계층은 대부분 서민층이며 대대로 떠돌아다니는 유협(遊俠)도 있다. 서한(西漢) 사마천의 『사기·유협열전』은 초창기의 완정한 무협 사전(史傳)이라 할 수 있다. 사마천은 이 책에서 '포의지협(布衣之俠)', '필부지협(匹夫之俠)', '향곡지협(鄉曲之俠)', '여항지협(閭巷之俠)'[3]으로 협객들을 분류하였다. 이 명칭들로부터 알 수 있는 것은 협객이 뚜렷한 사회적 지위나 풍족한 재력이 없는 계층이라는 것과 개인의 능력에 따라 명예를 추구하며 천하에 이름을 떨쳤다는 것이다. 이후 동한(東漢) 반고(班固)의 『한서』[4]는 최초의 기전체 단대사로서, 유협의 열전을 기록한 두 번째 역사서가 되었다.

이 외, 악부[5] 가사인 「백마편(白馬篇)」은 협사를 제재로 삼은 대표적인 시가(詩歌)다. 시가

---

1) 許敏, 「상생과 상호작용의 미학적 여정-중국 희극과 영화의 관계 연구(1905-1949)」, 上海戲劇學院 博士學位論文, 2017, pp.11-12.

2) 고대 문자학자들의 고증에 따르면 '俠'(호협 협)은 '夾'(낄 협)에서 유래했다. '夾'은 사람의 옆구리에 의갑(衣甲)이 있는 형상에서 비롯하였다. 夾은 甲과 음이 비슷하고 의미도 통한다. 이 때문에 夾은 사실상 갑옷의 甲을 말한다. 협사(俠士)란 갑(甲)을 지닌 선비(士), 즉 무사(武士)다. 賈磊磊, 『武舞神話—中國武俠電影及其文化精神』, 남경사범대학 석사논문, 2007. 협객은 종종 무력에 호소하여 법에 크게 신경 쓰지 않았는데, 한비자는 "유가는 문장으로 법을 어지럽히고, 협객은 무력으로써 금기를 범한다"라고 하였다. 劉若愚, 『中國之俠』, 上海三聯書店, 1991. p.9. 전형적인 협객은 무술을 연마하고 무술을 잘 아는 사람이며 문하에 많은 추종자들을 두고 부릴 수 있다. 협객 중 무예의 도를 최고 수준으로 발전시킨 사람이 무협의 고수다. 餘英時, 『俠與中國文化』, 台灣學生書局, 1993, pp.321-322.

3) 사마천, 周嘯天, 『史記全本導讀辭典』, 四川辭書出版社, 1997, p.1762.

4) 『한서』는 『사기』에 이은 중국 고대의 중요한 사서 중 하나다. 중국의 역사 서술 방식은 『한서』 이후 그 체례를 본받아 기전체의 단대사(斷代史)를 편찬하였다.

5) 악부는 원래 한나라 때 민간 가요를 채집하던 부서를 가리키는 말인데, 여기에서 채집된 민간 가요도 지칭

에서 조식(曹植)은 말을 탄 채 질주하는 유협의 모습과 의를 중시하고 목숨을 가볍게 여기며 국가의 위기에 여유롭게 대처하는 정신적 기개를 과장되게 표현한 면이 있다. 하지만 이 시가에는 변경 지방에 종군하여 말 타고 전장을 누비는 시적 자아의 경험과 유협에 큰 기대를 걸고 있는 일반 백성들의 마음이 투영되어 있다.[6] 당대 중기에 발발한 안사의 난 이후, 번진의 할거로 인해 난세가 도래하자 백성들은 무예가 출중한 협사 영웅을 갈망하게 되었다. 그러자 무협류의 문학작품이 급증하게 되었고, 영웅 협객 이미지를 다룬 당시(唐詩)가 수백 편이나 출현했는데, 대부분이 협사의 용맹함과 보은을 위한 복수, 뛰어난 무예 등에 대한 찬사다.[7] 난세에 등장하는 백성들의 판타지라고도 할 수 있다. 원대, 명대, 청대에 이르러 무협류의 제재는 전대미문에 이른다.

원나라의 잡극과 명청대의 장회소설, 근대의 경극에서도 협사와 협객문화의 모습을 볼 수 있다. 실제로 협사는 뛰어난 무예와 비범한 인격이 지녔기 때문에 대부분 개인적인 방식으로 사회에 참여하였다. 때문에 전제 통치 아래의 압제 속에서 일신을 보호받고 싶은 백성들, 사회 정의를 바라며 사회악에 항거하는 하층민들에게 있어 협객은 열렬한 지지 대상일 수밖에 없었다. 하지만 상류 지배층에게 있어서 이와 같은 현상은 의심할 여지없이 잠재적 위협으로 간주되었다. 통치자에게 있어 협객은 후환을 대비해 미리 제거해야 하는 대상이니 협사의 운명은 종종 비극적으로 끝나곤 하였다.

이렇듯 현실 세계에서 협객은 점차 쇠락하고 정통 사학 저서에서도 서서히 소멸되었다. 하지만 이러한 협객의 이미지는 이후 소설과 희곡을 거쳐 영화에서 크게 부활하게 된다. 현실 속의 협사가 무협문학을 태어나게 했다면, 무협문학의 서사와 그 발전은 무협영화에 있어 풍성한 자양분이 되었다고 말할 수 있다. 이런 관점에서 볼 때, 협객은 비록 현실 사회에서는 뜻을 이루지 못했지만 가상의 공간에서는 뜻을 이루게 된 셈이다. 그러므로 무협영화는 무협소설·역사 속의 에피소드·민담 등의 서사구조를 창작의 기초로 삼고 있고, 협사 내면의 무협정신을 극화된 중국 무술을 융합한 액션을 통해 외화하여 구현하고 있다.

---

하게 되었다. 악부의 가장 큰 특징은 음악성과 현실성의 통일인데, 음악성은 주로 시가에서 사용된 자유로운 언어적 표현에서, 현실성은 통속성을 포함해 객관 세계를 재현하는 서사성에서 나온 것이다.

6) 賈磊磊, 『중국무협영화사』, 文化藝術出版社, 2005, p.31.

7) 倪駿, 「中國武俠電影的曆史與審美研究」, 中央戲劇學院 博士學位論文, 2005.

무협영화의 '무(武)'는 춤과 같이 칼을 휘두르고 창을 날리며, 지붕 위를 날아오르거나 벽을 타고 내달린다. 춤과 같은 무술 액션, 문학으로 탄탄하게 뒷받침되는 플롯 구조, 역사적인 캐릭터가 동시에 스크린에 구현되는 중국무협영화는 전 세계에서도 독보적이다. 100년의 영화사 속에서 무협영화는 시기별, 지역별 발전차가 있었고 간헐적으로 단절된 때도 있었지만, 역사의 풍운과 별도로 시종일관 이어져 주류 영화시장에서 자리를 차지하고 있다. 오늘날 중국무협영화는 국제 영화시장에서도 인정받고 오랫동안 사랑받아 온 상업영화이다. 하지만 여기에 그치는 게 아니라 문화 전파의 한 수단이 되고 있다. 무협영화 감독들은 매번 쇄신하여 다양한 촬영기법을 연구하고 다양한 최첨단 테크놀로지를 통해 시각 및 사운드를 조화시켜 중국의 민족문화, 무협정신을 보다 원숙하게 구현하고자 하고 있다.

중국 무협(武俠)영화란 "무와 협이 있는 영화, 즉, 중국의 독특한 무술인 쿵푸나 격투 방식을 가지고 중국 고유의 무협정신을 가진 협객의 형상을 체현하는 것이 이야기 구성의 기초가 되는 영화다."[8)]

"중국 무협영화는 무협소설을 원형으로 삼고 무용과 같은 무술 연기와 극화되고 패턴화된 플롯을 구사하는 장르 영화다."[9)]

8) 중국 현대문학학회, 『영화로 읽는 중국』, 2008, p.103.

9) 賈磊磊, 『武舞神話 : 中國武俠電影縱橫』, 中國人民大學出版社, 2014, p.8.

## 중국 무협영화의 100년사

1920년대에 시작된 무협영화는 곧 제1차 창작 붐을 맞이하였지만 역사, 정치, 경제 등의 영향으로 순조롭지 못할 때도 있었다. 때로 정체되거나 아예 중단된 적도 있었지만 대체로 무협영화는 현재에 이르기까지 향상적으로 발전해왔다고 볼 수 있다. 『중국무협영화사』를 참고해보면, 무협영화를 초기 형성기(1920~1949), 발전기(1950~1980), 번영기(1981~1999), 변혁과 쇄신기(2000~현재) 등의 네 시기로 구분해볼 수 있다.

### □ 초기 형성기(1920~1949년)

중국무협영화의 맹아기는 1920년에서 1926년 말 사이로 보고 있다. 시간이 흘러 영화의 노하우가 쌓여가면서 무협의 색채는 더욱 농밀해졌고, 강호를 비롯한 무공(武功)·학예(學藝)·의리·행협(行俠)·복수·결투 등의 무협의 요소들이 자발적으로 조합되어 무협이란 장르 영화를 독립적으로 이루게 된다. 1928년 샹카이란(向愷然)의 『강호기협전(江湖奇俠傳)』을 각색한 『화소홍련사(火燒紅蓮寺)』[10]는 당시 중국 무협영화가 규범화·정형화되어가는 데 있어 상징적 표지가 되는 작품이다. 시장의 요구로 이 영화는 3년 동안 무려 18부작을 찍었는데 작품이 흥행에 성공하면서 '화소 시리즈'라는 독특한 영화 패턴을 만들게 된 것이다. 이를테면 〈화소청룡사(火燒青龍寺)〉, 〈화소구룡산(火燒九龍山)〉, 〈화소평양성(火燒平陽城)〉 등의 무협영화가 중국 영화계를 석권하기 시작했다. 이 시기의 무협영화는 주로 신선과 요괴(神怪)의 스토리가 많았기 때문에 일명 '신괴 무협영화'라고도 불린다. 1929년부터 1931년

10) https : //baike.baidu.com/tashuo/browse/content?id=097c78352856f6e4534957e9, 검색일 : 2021.7.5.

까지 약 3년간, 상하이의 50여 개 영화사만 해도 250여 편의 무협신괴영화를 제작했고 무협영화가 전체 영화 시장의 약 60% 이상을 차지했으니 중국영화 사상 최초의 무협영화 창작 붐이 일어나게 되었다.[11)]

무협소설『강호기협전』

〈화소홍련사〉

관람 편수가 많아질수록 감상에 대한 기대는 더 높아져 제작사 간, 영화 간의 시장 경쟁이 치열해졌다. 이런 상황에서 영화 제작자들은 상상력을 발휘해 다양하고 기발한 아이디어를 스크린에 선보일 필요를 느꼈다. 그중 스타제작사(明星公司)는 〈화소홍련사〉의 속편에 새로운 시도를 하게 된다. 제작자는 지금도 무협영화에서 사용되고 있는 특수기술을 발명했는데 바로 와이어를 이용해 추녀와 담벼락을 넘나드는 기술이다.

이뿐 아니라 검객이 구름과 안개를 타고 하늘을 날거나 몸을 숨겼다가 다시 드러내는 등의 특수촬영기술도 발명했다. 또한 검을 날린다든가 장풍을 쏘는 등의 애니메이션 특수기법 등도 사용하였다.[12)] 한편 영화 속에서 신박한 효과를 내기 위해 일부 장면과 화면에 색을 입히기도 했는데, 이는 흑백영화 시대의 관객들에게 있어 매우 놀라운 구경거리였다. 역사 자료에 따르면, "당시 검을 날리는 장면에서 검이 '한 줄기 흰빛'을 반짝이며 날아가는 게 아니라 노란빛을 번쩍였다. 이렇게 하여 이 장면의 효과는 더욱 두드러졌을 뿐 아니라 중국영화사에 있어서 색채를 첨가한 최초의 시도가 되었다"[13)]라고 기록하고 있다.

저명한 스타 배우 후디에(胡蝶)도 회고록에서 이와 관련된 세부사항을 말한 바 있다. 제

11) 陳墨,『中國武俠電影史』, 中國電影出版社, 2005, p.58
12) 賈磊磊,『중국무협영화사』, 文化藝術出版社, 2005, p.62.
13) 뤄카·우하오·줘보탕,『홍콩영화장르론』, 牛津大學出版社, 1997, pp.7-9.

3편에서 여협을 연기했던 그녀는 큰 망토를 입고 하늘에서 내려오는 장면을 찍었는데, 더 놀라운 예술 효과를 구현하기 위해 촬영이 다 끝난 후 필름의 칸마다 붉은색 잉크(혹은 붉은색 안료)로 옷과 망토 부분에 빨갛게 색을 칠했다고 한다.[14] 이러한 기술은 다른 영화에도 영향을 미치게 된다. 예를 들어 〈마락정대전금전표(馬駱精大戰金錢豹)〉에서 손오공과 금전표가 서로 권법을 선보이며 결투하는 장면에는 칠색보광이 반짝이는 검이 나온다. 이 장면에서도 위와 같은 채색 효과를 사용하였던 것이다. 당시 영화인들이 능력치 안에서 힘써 완벽을 추구했음을 알 수 있다.

1931년, 대내외적으로 중국의 정치 및 경제 상황이 악화되었다. 이에 국민당 정부는 신괴무협영화의 상영이나 촬영을 금지하며 인위적으로 무협영화의 창작 붐을 억제했고, 그 결과 대륙의 무협영화는 점점 쇠락하게 되었다. 중일전쟁이 발발한 후, 무협영화의 중심은 상해에서 홍콩으로 차차 이동하게 된다.

이 시기는 무성영화에서 유성영화로 변화된 시기와 맞물린다. 하지만 기술적인 한계도 한계지만 "영화는 사실상 시각예술이며 사운드의 기능은 얕게 깔린 반주보다 그저 조금 나을 뿐"[15]이라고 생각하는 제작자들이 사운드의 효과를 평가절하했다. 그래서 영화에는 대사와 음악만 있고 사운드가 대부분 무시되었다. 영화의 창작 과정에서 음악도 독립적인 요소로 포함되지 않았다.[16] 음악은 그저 화면을 따라다니며 화면이 제공하는 시각적 효과를 반복 확대하는 데 그쳤다. 예를 들어, 인물들의 결투 씬에서 민간 희곡을 삽입해 액션의 리듬감을 강화한다거나, 짜릿한 무술 장면을 부각하기 위해 빠른 북소리를 활용해 주인공의 고강한 무예에 대한 관객들의 감탄을 표현하는 식이다. 인물들의 긴장되고 불안한 심리를 부각하고자 할 때는 징을 울리기도 했다.

### □ 발전기(1950~1980)

1949년 신중국이 건립되자 영화산업은 국유화된 계획경제와 국가 이데올로기의 중요

14) https://baike.baidu.com/tashuo/browse/content?id=097c78352856f6e4534957e9. 검색일 : 2021.7.5.

15) 저우촨지, 「국제영화 사운드 이론의 발전 동향」, 『北京電影學院學報』, 1987, p.29.

16) 韋玲玲, 「中國武俠影片中電影音樂風格的流變」, 『南京藝術學院學報』, 2009, pp.171-175.

한 일부분이 되었다. 그리고 그 후 30년간 무협영화는 대륙에서 철저히 금지되었다.[17] 대륙 무협영화는 정치적 동란을 겪은 후, 제11기 3중전회(1978)에서 개혁개방이 선포된 뒤에야 지난 30년간의 공백을 깰 수 있었다.

한편 대중문화가 성숙된 홍콩에서는 상대적으로 자유롭고 독립적인 정치적 배경을 지녔고 이민자들의 공간이었기에 무협영화가 부흥할 수 있었다. 1950년대 초반 후펑(胡鵬) 감독의 황비홍 시리즈로 대표되는 광둥어판 무협영화는 리얼리티 액션을 표방하면서 관객들에게 큰 인기를 끌었다. 50년대 말 진융(金庸), 구룽(古龍), 량위성(梁羽生)이 쓴 중국의 신파(新派) 무협소설이 홍콩과 대만에 성행하면서 중국 무협영화의 두 번째 부흥의 문학적 토대를 제공한 건 말할 것도 없다.[18]

1958년 홍콩의 아미프로덕션(峨眉制片公司)은 진융의 『사조영웅전(射雕英雄傳)』, 『벽혈검(碧血劍)』을 영화로 각색하여 상영하였다. 1959년, 타이완의 금마영화사(金馬影片公司)는 타이완 버전의 〈나소호와 옥교룡(羅小虎與玉嬌龍)〉을 제작했다. 이로부터 무협영화 창작 붐이 홍콩과 대만 영화계를 휩쓸면서 60~70년대 제2의 무협영화 창작 붐이 일어났다. 홍콩 쇼브라더스(邵氏兄弟)는 젊은 감독 장저(張徹), 후진취안(胡金銓) 등의 영화로 대대적인 흥행을 거두었다.

〈사조영웅전〉

〈벽혈검〉

17) 陳墨, 『中國武俠電影史』, 中國電影出版社, 2005, p.98.

18) 賈磊磊, 『中國武俠電影史』, 文化藝術出版社, 2005, p.85.

무협은 내용 및 무공의 형태, 결투 패턴의 변화에 따라 사실적인 전통 중국 무술을 바탕으로 한 쿵푸가 새로운 주류를 이루게 되었고 이런 배경에서 쿵푸 스타 리샤오룽(李小龍)이 탄생했다. 이후 갈수록 치열해지는 영화시장의 경쟁에 부응하기 위해 홍진바오(洪金寶) 감독의 〈비룡과강(肥龍過江)〉과 위안허핑(袁和平) 감독의 〈사형조수(蛇形刁手)〉, 〈취권(醉拳)〉 등으로 대표되는 영화들이 정극 무협영화의 비극적 색채를 벗어나 쿵푸 코미디의 첫 장을 열게 되었다. 이후 청룽(成龍)이 리샤오룽 다음의 슈퍼 쿵푸스타로 등극하여 활약하면서 쿵푸 코미디는 1970년대 말에서 1980년대 초까지 무협영화의 주류가 되었다.[19] 이로써 전통극의 도검에서 현대의 쿵푸로의 전환을 완성지었다.

한편 대륙의 신시기 무협영화에 대해 말하자면, 1980년에 베이징 영화제작소에서 제작된 〈신비한 부처(神秘的大佛)〉가 그 포문을 여는 작품이다. 이 작품은 다소 유치한 면이 있으나 무협영화를 재개했다는 점에서 의의가 있다.

현대 영화 과학기술의 발전에 힘입어 무협 영화는 큰 전환을 맞이하게 되었는데, 그것은 바로 흑백영화에서 컬러 영화로 나아간 것이다. 영화제작자들이 색채의 중요성을 깨닫기 시작하자 색채관-기술이 영화 창작에 점점 더 많이 활용되었다. 기술의 발전은 무술의 액션에도 변화를 불러일으켰는데, 초기에 희곡의 액션이나 민간 무술의 단순한 모방을 재현했던 무술 액션은 스프링베드와 와이어를 활용해 공중 도약의 효과까지 활용하게 되었다. 촬영기법도 발달하여 간단한 싱글 카메라 촬영에서부터 멀티 액션 촬영, 이동 촬영까지 사용하게 되었다. 이처럼 후반기로 갈수록 특수제작 기술과 다양한 효과의 편집술이 중시되었다. 한 마디로 생각해낼 수 있는 궁리를 짜내고 더 많은 기술을 장악하여, 갈수록 까다로운 관객의 요구에 대처했다고 할 수 있다.

한편 1960년대에 중국 영화업계의 사운드 역시 과학기술의 발달에 힘입어 제작기술에 획기적인 발전을 보였다. 사운드의 질적 향상이 두드러지자 영화 창작자들이 점차 사운드의 중요성을 인지하기 시작했다. 그중에서도 화면 전달에 있어 음향이 유의미함을 알게 되자 음악과 음향이 당시 무협영화 사운드의 주역이 되었다. 음악은 단지 화면과 보조를 맞추는 차원을 넘어서 캐릭터를 형상화하고 분위기를 띄우는 역할도 할 수 있다.

19) 賈磊磊,『武舞神話—中國武俠電影及其文化精神』, 南京師范大學 碩士學位論文, 2007.

음악적 스타일은 감독에 따라 조금씩 다르게 재현되었다. 예를 들어 서양음악을 무협영화에 최초로 적용한 장저(張徹) 감독은 기존의 무협영화가 천편일률적으로 민속 음악을 배경음악으로 사용하던 관습을 탈피했다.[20] 그의 작품은 매우 남성적인데, 주인공의 몸싸움 장면에는 좀처럼 음악이 사용되지 않다가 주인공이 크게 다치거나 쓰러져 일어나지 못할 때 음악이 천천히 흘러나오는 식이다. 예를 들어 〈십삼태보(十三太保)〉에서는 몇몇 오케스트라 연주곡이 플롯을 적절히 부각시키면서 관객의 감정을 자극한다. 이러한 음악적 접근법은 새롭고 독창적인 무협영화음악 스타일을 열어주었다.

장저 감독과 달리, 후진취안(胡金銓) 감독은 영화의 내용과 정신에 치중하는 "의경(意境)을 그려내는 무협영화" 사운드를 추구하였다. 예를 들어 대표작 〈협녀〉의 대나무 숲 장면[21]을 보면, 감독이 고즈넉한 빛과 색채로 무협영화의 선적(禪的) 의경을 만들어내었음을 볼 수 있다. 마치 기묘한 동화의 세계로 들어간 것처럼 신비롭다. 대나무의 단단하고도 유연한 특징을 차용하여 주인공이 날아서 대나무에 오르고 그 탄성력을 이용하여 아래쪽에 있는 적을 내리찔러 죽이는 등 액션 완급의 조절이 매우 절묘하다.[22]

또한 후진취안 감독은 영화음악에 중국 전통의 민속음악을 사용해 고전적 미를 더했다. 후진취안 감독은 전통 경극을 애호하고 그것에 조예가 깊기 때문에 경극 악기를 이용해 간단한 리듬과 음표를 만들어 수시로 영화 리듬을 조절하였다. 한 폭의 문인화 같기도 하고 한 편의 고전극 같기도 한 이 영화는 후대의 무협 영화감독, 리안(李安)이나 쉬커(徐克) 혹은 장이머우 등에게 큰 영향을 미쳤다.

### □ 번영기(1981-1999)

80년대에 들어서면서 중국의 개혁·개방이 더욱 확대됨에 따라 경제와 문화생활도 점차 향상되었고 중국 대륙의 영화산업도 전면적으로 발전하게 되었다. 특히 무협영화는 〈소림사(少林寺)〉(1982), 〈무당(武當)〉(1983), 〈자고로 영웅은 소년에서 나온다(自古英雄出少年)〉

20) 賈磊磊, 『중국무협영화사』, 文化藝術出版社, 2005, p.94.

21) https : //new.qq.com/omn/20201105/20201105A05ZQQ00.html, 검색일 : 2021.7.7.

22) https : //new.qq.com/omn/20201105/20201105A05ZQQ00.html, 검색일 : 2021.7.7.

(1983), 〈소림속가의 제자(少林俗家弟子)〉(1985), 〈팔백나한(八百羅漢)〉(1985), 〈신편(神鞭)〉(1986), 〈무적원앙다리(無敵鴛鴦腿)〉(1989) 등 고전적인 무협영화가 출현하게 되었다. 90년대 초까지 대륙의 무협영화는 후진취안에게서 전통 서사 방식과 시각적 미학을, 위안허핑과 청샤오둥(程小東)에게서 무술 디자인을, 진융이나 구룽, 량위성으로 대표되는 홍콩의 신무협소설에서는 문학적 토대 등을 각각 흡수하여 중국 무협영화의 꽃을 피울 태세를 갖추게 되었다. 신무협문학은 1950년대 초 홍콩에서 출현한 문학의 한 유파로 역사 속 허구의 무협 이야기를 다룬다. 30, 40년대의 구무협과 구별하기 위해 신무협으로 불렸다. 신무협은 구무협보다 내용을 중시하고 이미지의 형상화, 언어의 정련, 개연성 있는 구조 등을 중시하고 캐릭터의 사상, 도덕, 품위를 중시한다. 무협의 초식은 사실적 접근에서 의경 묘사로 발전해갔으며 협(俠)의 이미지를 무(武)보다 더 중요하게 여기는 것이 특징이다.[23)]

홍콩의 쉬커는 포스트모더니즘적 문화관과 하이테크놀로지의 융합을 통해 신무협영화를 만들어냈는데, 이에 영향을 가장 많이 받은 대표적인 작품으로 〈신용문객잔(新龍門客棧)〉, 〈신소림오조(新少林五祖)〉, 〈쌍기진도객(雙旗鎮刀客)〉, 〈소오강호(笑傲江湖)〉, 〈동사서독(東邪西毒)〉 등이 그것이다. 이어 그는 황비홍, 방세옥 시리즈를 무협영화의 최고조로 끌어올렸고 이로써 무협영화는 번영기를 맞이하게 되었다. 물론 같은 시기에 〈동성서취(東成西就)〉, 〈식신(食神)〉, 〈쿵푸(功夫)〉, 〈소림축구(功夫足球)〉처럼 액션이 그다지 많지 않은 코믹한 무협 장르도 출현했다.

이 시기 감독들은 갈수록 색채의 조형 기능에 신경을 썼다. 쉬커 감독 같은 경우에는 차가운 톤의 색상을 전통무협영화의 적재적소에 활용하여 신괴무협영화의 주요 배경색으로 삼았다. 영화 〈천녀유혼(倩女幽魂)〉에서 귀신을 묘사하는 장면에 차가운 톤의 색조를 주로 사용한 게 그 대표적 예다.

경제가 크게 발전한 1980년대는 홍콩 무협영화음악 창작에도 중요한 시기였다.[24)] 영화 〈소림사〉의 삽입곡 두 곡은 대중에게 가장 먼저 알려진 영화음악의 고전이 되었다. 먼저 남성 보컬의 테마곡인 '소림, 소림(少林, 少林)'은 악기부터 보컬에 이르기까지 소림 쿵푸 소

23) 古世倉, 「傳媒視閾下的"大陸新武俠"—以〈今古傳奇 · 武俠版〉和〈武俠故事〉爲例」, 蘭州大學博士學位論文, 2009, p.1.

24) 李豔紅, 「黃沾電影歌曲對香港電影文化的影響」, 『電影文學』, 2011, p.59.

년의 남성다움이 담겨 있고 소림무술의 광대함과 깊이를 칭송하였다. 또 다른 삽입곡인 '목양곡(牧羊曲)'은 물처럼 부드러운 소녀의 내면세계를 그려내며 정감 어린 공간에서 우아한 분위기를 자아낸다. 이 두 곡의 OST는 이 시기에 대대적으로 유행하던 대표적인 무협영화 삽입곡이다.

## 목양곡(牧羊曲)

| | |
|---|---|
| 해가 숭산에 솟아오르고 | 日出嵩山坳 |
| 새벽 종에 새들이 놀라 날아가네요 | 晨鐘惊飛鳥 |
| 숲 속에 시냇물이 졸졸 흐르고 | 林間小溪水潺潺 |
| 언덕은 푸른 옷을 입었지요 | 坡上青青草 |
| 달콤한 산열매 어여쁜 들꽃 | 野果香山花俏 |
| 강아지는 뛰고 양은 달리네요 | 狗儿跳羊儿跑 |
| 채찍을 살짝 휘두르니 | 擧起鞭儿輕輕搖 |
| 노랫 소리가 온 산에 울려퍼져요 | 小曲滿山飄 |
| 온 산에 울려퍼져요 | 滿山飄 |

황신(黃欣)은 90년대를 일괄하며 "상업적으로 영민한 홍콩인들은 영화 사운드트랙이라는 매혹적인 영역을 발견하게 되었고 이후 점점 더 많은 사운드트랙이 홍콩에서 출시되었다. 이후 홍콩 영화는 계속해서 독립적인 사운드트랙을 제작하였다"[25]라고 말하기도 했다. 영화 사운드트랙의 막대한 시장성이 확인되자, 무협영화도 사운드트랙을 제작하게 되었고 독립적인 무협음악 제작도 이루어졌다. 작곡가들은 민족 전통 곡조 형식과 민속악기를 활용하여 영화의 시대적 특징을 뚜렷하게 형상화했다. 동시에 서양의 작곡 기법과 팝 음악의 통속성도 융합하였다. 90년대 말의 홍콩 무협영화에는 후웨이리(胡偉立), 천쉰치(陳勳奇), 류이다(劉以達) 등 시대의 첨단을 걷던 비주류 음악인들이 등장해 당시 최신 미디(MIDI) 기술과 전자 합성기를 무협영화에 접목했다. 이들은 아방가르드적이고 이색적인 작품을 많이 만들었다.

---

25) 黃欣, 「我眼中的香港電影歌曲」, 『實用影音技術』, 2001, p.76.

## □ 변혁과 쇄신기(2000~현재)

2000년대에 들어 무협 영화는 무협 액션의 외형적 상징에서든 협의 정신의 철학적 함의에서든 커다란 질적인 변화를 겪게 되었다. 창작자들은 무협 개체가 당면한 생존의 딜레마와 가치관을 현대화하여 전통 무협 영화가 중시하던 원시 강호(江湖)의 형태에서 벗어나 점차 다원적인 미학 체계를 갖추게 되었다. 이러한 다원화 과정에서 색채창작 또한 각기 다른 스타일을 띠게 되었다. 색채에 관한 구체적인 풍격 변화는 뒷장에서 다룰 것이다.

리안 감독은 영화 〈와호장룡〉에서 강호 협객의 존재 상태에 대해 개인적인 해석을 시도하였는데, 무협의 모식과 협객의 내면 및 인성 연기를 재구성하여 무협영화 탄생 이후 무협 이미지가 지녀온 집단적 인식을 전복하였다. 이로써 중국 무협영화의 협객들이 더 이상 과거의 무술 신화시대처럼 무공으로 마음을 수련하고, 무예로써 금기를 범하고, 무로써 종파를 세우고, 무로써 공을 세우는 등의 전통가치 체계에 국한되지 않게 되었다.

일부의 무협영화는 판타지화되었는데, 이런 영화에도 '무(武)'와 '협(俠)'의 요소가 잔존하나 기타 다른 장르의 영상 및 서사 창작 기법이 가미되었다. 우선 화면상의 특수기술이 세련되어졌고, 평면적인 인물설정이 보다 입체화되었으며, 내용 창작 면에서는 유·불·도의 문화, 타 지역 문화 및 서양문화 등 다양한 문화적 요소의 영상 표층을 차용해 풍부하게 되었다. 게다가 영화감독의 가공할만한 상상력과 컴퓨터 그래픽까지 더해져 가뜩이나 상업적이던 무협영화가 더욱 농후한 상업성을 띠게 되었다.

영화 예술이 발달하면서 영화는 더 이상 단순한 재현을 위한 매체로 규정지을 수 없게 되었고, 영화의 화면을 표현하는 매체인 색채 역시 감정을 전달하는 중요한 서사 언어가 되었다. 그것은 사물의 객관적인 색채재현에 그치지 않고, 일정한 조형 기능과 의사 표현 기능을 갖추고 있다.

이 지점에서 무협영화 번영기의 독보적인 감독인 장이머우(張藝謀)를 언급하지 않을 수 없다. 그는 시각 조형 면에서 영화의 색채를 완벽에 가깝게 처리하는 천재 감독이며, 색채의 적절한 배열을 통해 영화의 메시지와 감정을 효율적으로 표현할 줄 안다. 뿐만 아니라 영화에 내포된 주제 사상을 시각적인 임팩트를 주는 색채로 표현함으로써 영화의 운치와 시적 아름다움을 극대화한다. 사람들은 일반적으로 소박한 색채만이 영화의 시의(詩意)와 의경(意境)을 표현할 수 있다고 생각한다. 하지만 반드시 그런 것은 아니다. 시각적 임팩트가 강한 색채도 영화의 시적 감정을 잘 표현할 수 있다.

장이머우는 〈영웅〉에서 색채로 시적 감정을 표현하는 데 성공하였다. 영화 〈영웅〉에서는 검은색, 빨간색, 녹색, 흰색 등의 색채를 기조로 삼아 서사 세그먼트를 배치하였는데, 색채가 서사와 시적 표현의 이중적 역할을 했다고 할 수 있다. 이 같은 색채 서사 접근법은 중국 무협영화 최초의 시도이자 새로운 추세를 열었고, 몇 가지 색상을 기조로 한 충만한 시적 화면을 만들어내었다.

# 2. 중국 무협영화의 전통적 색채와 체현

赤 白 黑 黄

뉴턴이 색채의 원리를 발견하기 이전, 색상은 제각기 문화적인 함의로 이해되고 있었다. 예를 들어 기독교에서는 붉은색을 정령·인체·지옥으로, 노란색은 영광·신의 자녀·대지로, 초록색은 영원한 생명을, 파란색은 천국·희망·정신을, 보라색은 참회로, 흰색은 순결, 검은색은 죽음을 상징했다.[26] 당시의 색상 시스템은 대부분 색깔이 지닌 특별한 상징적 의미에 따라 배열됐다고 볼 수 있다. 뉴턴 이후 사람들은 인간의 시각 심리학, 물리학에 근거에 따라 나타나는 색채의 특성을 근거로 색상을 배열하게 되었다. 색채의 상징성은 색채에 대한 인간의 인지와 직접적으로 연결되는 것이지 단순히 허무맹랑한 추상적 개념에서 나온 것이 아니다. 색채의 연상은 구체연상과 추상연상 두 종류로 나눌 수 있다.

### □ 구체적 연상

색채와 객관적으로 존재하는 실체를 함께 연상하는 경우를 말한다. 즉 어떤 색을 보며 구체적인 사물을 연상하는 것이다. 예를 들어 흰색은 구름·눈·설탕을 떠올리게 한다. 검은색은 밤·먹물·석탄을, 빨간색은 붉은 꽃·피·태양 등을 연상시킨다.

### □ 추상적 연상

색채를 통해 어떤 추상적인 논리 개념을 상상해내는 색채 심리연상 형식이다. 즉 심리적으로 색채를 인지하는 감각이다. 흰색을 보면 신성·고상·청결을 떠올리고, 검은색을 보면 숙연·비애·죽음·공포 따위를, 붉은색을 보면 열정·위험·상처 등이 연상되는 경우다. 일본의 무대 디자이너 오오바 사부로(大庭三郞)[27]와 클라인(Yves Klein)[28]의 총합을 통해 색채가 주는 다양한 연상과 정서적 가치를 알 수 있다. 전자는 동양인의 시각 감각 습관을, 후

---

26) 北畑耀,『色彩學貴重圖說』, 熊松堂出版, 2006, pp.4-5.

27) 金維一,『電視觀衆心理學』, 複旦大學出版社, 2005, p.62. 재인용.

28) 沈法,『色彩的情感屬性』, 中國輕工業出版社, 2009, p.13. 재인용.

자는 유럽인의 시각 감각 습관을 대변한다.

| 색채 | 연상되는 사물 | 심리적인 느낌 |
|---|---|---|
| 레드 | 피, 태양, 불꽃, 일출, 전쟁, 의식 등 | 열정, 격노, 위험, 축복, 촌스러움, 경계, 혁명, 공포, 용감 등 |
| 크림슨 | 불꽃, 의식, 일몰, 양귀비꽃 등 | 클래식, 경계, 신앙, 용감 등 |
| 오렌지 | 석양, 일몰, 불꽃, 오렌지 등 | 위풍당당, 유혹, 경계, 정의, 용감 등 |
| 다크오렌지 | 수확, 가로등, 귤, 금 등 | 기쁨, 풍성한 수확, 흥분, 행복 등 |
| 옐로우 | 중국, 수선화, 레몬, 불교 광채, 바이올린(고음) 등 | 광명, 희망, 쾌락, 향상성, 발전, 질투, 촌스러움 |
| 옐로우그린 | 신록, 새싹, 봄, 초봄 등 | 희망, 청춘, 미래 등 |
| 그린 | 초원, 식물, 보리밭, 평원, 남쪽 바다 등 | 평화, 성장, 이상, 여유, 고요, 멂, 건전함, 청춘, 행복 등 |
| 다크그린 | 바다, 조수, 보석, 여름, 연못물 등 | 신비, 침착, 환상, 멂, 심원, 우수 등 |
| 블루 | 파란 하늘, 바다, 먼산, 물, 주야, 과실, 피아노 등 | 신비, 고상함, 우아함, 비애, 진실, 추억, 영혼, 천당 등 |
| 네이비 | 먼 산, 밤, 심해, 여명, 죽음, 하프 등 | 심원함, 고상함, 장엄, 천당, 공정, 불안, 무정함, 신비, 환상 등 |
| 퍼플 | 제비꽃, 꿈, 등나무, 죽음, 의식, 첼로, 낮은 음표 | 우아함, 고귀, 환상, 신비, 종교, 장엄함 등 |
| 딥핑크 | 모란, 일출, 팥 등 | 눈부심, 향락, 성욕, 도도함, 화려함, 저속함 |
| 스카이블루 | 물, 달빛, 여명, 질병, 소나타, 피아노 등 | 고독, 불쌍함, 우울함, 처량함, 깨끗함, 박명, 질병 등 |
| 핑크 | 소녀, 벚꽃, 봄, 꿈, 파도, 코스모스 등 | 귀여움, 부끄러움, 천진, 유혹, 행복, 상념, 평화 등 |
| 화이트 | 눈, 흰구름, 햇빛, 백설탕 등 | 깨끗함, 신성함, 쾌활, 광명, 맑음, 명랑, 박력 등 |
| 그레이 | 흐린 날, 회색, 노후 등 | 흐릿함, 모호함, 불안, 교활, 우울, 예감 등 |
| 블랙 | 어둔밤, 먹, 상복 등 | 죄악, 공포, 사악함, 무한함, 고상, 적막, 불길함 등 |

오오바 사부로의 색채로 연상되는 정서

| 색 | 객관적 인지 | 생리적 느낌 | 연상 | 심리적 느낌 |
|---|---|---|---|---|
| 레드 | 휘황찬란, 격동<br>호화, 도약 | 뜨거움, 흥분, 자극, 극단적 | 전쟁, 피, 큰불, 의식, 원, 호른, 트럼본, 트럼펫, 양귀비꽃 | 위협, 경계, 열정, 용감, 격분, 야만, 혁명 |
| 오렌지레드 | 휘황찬란, 호화,<br>도약 | 초조함, 흥분, 뜨거움, | 의식, 트럼펫 | 까칠함, 유혹, 생명, 기세 |
| 오렌지 | 휘황찬란, 호화,<br>도약 | 흥분(가벼운 정도) | 일몰, 가을, 낙엽, 오렌지 | 양지쪽, 기쁨, 기세, 유쾌, 환락 |
| 오렌지옐로우 | 반짝임, 호화 | 따뜻함, 작열 | 일출, 일몰, 여름, 가로등, 금 | 기쁨, 행복, 생명, 보호, 영양 |
| 옐로우 | 반짝임, 고상함 | 작열 | 동방, 유황, 레몬, 수선화 | 광명, 희망, 질투, 기만 |
| 옐로우그린 | 반짝임 | 살짝 따뜻함 | 봄, 새싹, 부패 | 희망, 불쾌, 쇠약 |
| 그린 | 불안정(중성) | 경쾌 | 식물, 초원, 바다 | 화평, 이상, 고요, 여유, 도덕, 건전 |
| 블루그린 | 불안정 호응 | 서늘하고 쾌적함 | 바다, 호수, 연못, 옥, 유리, 구리, 이집트, 공작새 | 이국정서, 미혹, 신비, 막막함 |
| 블루 | 고요함, 수축 | 추위, 조용, 진정 | 파란 하늘, 먼 산<br>바다, 잔잔한 연못, 눈, 바이올린(고음) | 영혼, 천국, 진실, 고상, 아름다움, 투명, 우울, 비애, 매끄러움, 추억, 냉담 |
| 인디고 | 고요, 수축,<br>음습 | 조금 추움, 진정 | 밤, 교회 창문, 바다, 하프 | 천당, 장엄함, 고상, 공정, 무정함 |
| 퍼플 | 음습, 수축,<br>헤어짐(중성) | 조금 따뜻, 굴복 | 장례식, 죽음, 의식, 제비꽃, 첼로, 낮은 음표 | 화려함, 존엄함, 고상함, 장중함, 종교, 제왕, 유령, 지주, 애도, 신비, 온존 |
| 바이올렛레드 | 음습, 무거움 | 따뜻함, 억제, 도발적, 굴복 | 동방, 모란, 팬지, 제비꽃 | 안일, 육욕, 농염, 현란, 화려, 오만, 은폐 |
| 핫핑크 | 호화, 돌출, 격렬<br>눈부심, 점프 | 흥분, 고뇌 | 진홍색 예복, 장미, 법의 | 안일, 허영, 호색, 기쁨, 용속, 조야함, 경솔, 소란, 화려, 유일 |

서양의 색채연상을 대표하는 '클라인의 색채 정서 가치'

## 중국 무협영화의 색채적 기능

일반적으로 사물의 형태는 우리의 이성적 기능과 더 많은 관련이 있고, 색채는 우리의 정서와 심리와 더욱 밀접한 관련이 있다. 그런 면에서 볼 때 스크린 공간에서 인간 내면의 정서와 심리를 더욱 생생하게 표현할 수 있는 것은 기하학적 형태라기보다는 거기에 덧붙여진 색감이다. 색채가 중요하고 선은 더 이상 중요하지 않다는 뜻이 아니라, 영화 예술에서 색채가 정서적 반응을 더욱 쉽게 끄집어내어 준다는 뜻이다. 또 한 가지, 영화는 회화에는 없는 유동성이 있어 색채를 영화 전체에 놓고서 보면, 회화가 갖고 있지 않은 독특한 표현력과 감정 표현력을 갖추고 있다. 그래서 색채는 영화 창작자의 손에서 총체적 상징과 기의(記意)의 요소가 되고, 배경을 두드러지게 만들어 주제를 표현하고 캐릭터를 형상화하는 데 탁월한 기능을 발휘할 수 있다.

### □ 정서적 기능

영화에서 색채는 큰 것과 작은 것, 조밀함과 성김, 딱딱함과 부드러움, 곧음과 구부러짐, 허와 실, 짙음과 옅음, 차가움과 뜨거움, 움직임과 멈춤 등의 대비 관계에 적절히 배치되어야 시간성에 따른 음악적 리듬과 같은 색채 리듬이 만들어진다. 이를 위해서는 각 색채 요소들을 질서 있게 변화시켜야 한다. 그만큼 카메라 세팅에서 색채 리듬의 처리가 임의적으로 정해진 것이 아니라 형체의 물질적 표면과 내부 공간을 고려한 것이라는 점, 이것이 영화 속 인물들의 정서 및 감정에 작용할 때 시지각적 일체감을 줄 수 있다는 점을 알 수 있다.

따라서 영화의 색채는 관객과 영화 인물의 감정적 상호작용에 있어 매우 중요한 연결고리다. 감독은 색채를 주관적으로 분해하고 재구성하여 영화 색채의 명암관계 및 부분적 색채와 전체와의 강한 대비를 통해 다양한 색채 스타일을 창조하고, 이를 통해 복잡한 감정을 영화에 담아 직관적이고 명료하게 보여줄 수 있다. 관객들도 색채의 감정 표현에 대한 심리적 공감 때문에 직접적으로 영화를 체험하고 깨달을 수 있다.

색채가 매우 중요하다지만 색채 설계 역시 자연의 원칙에 따라야 하는 것이다. 먼저 색채는 객관적 진실성에 기초해야 하므로 공간 배경, 색채와 인물, 사물의 조형적 색채의 배치는 가능한 한 현실의 색채로 환원해야 한다. 사람의 등장, 사물의 배치는 더욱 자연스러워야 하며, 되도록이면 인위적인 흔적을 드러내지 않거나 적게 드러내야 한다. 다음으로 특수한 색채는 언제나 관심의 대상이 되므로 영화에서 활용할 때는 조심해야 한다. 마지막으로 배경이나 들러리인 주위 환경, 사람, 사물과 특수한 색채를 배합할 때는 화면이 균형 있게 조화를 이루어 미적 요구에 부합하도록 주의해야 한다. 즉 색채에 그대로 젖어들 수 있도록, 흔적 없이 관객의 감동을 이끌어낼 수 있어야 한다.

장이머우 감독의 〈연인(十面埋伏)〉은 세 사람이 겪는 감정의 갈등이 서서히 전개되는 스토리다. 감독은 세 사람 사이의 감정을 노란색, 초록색, 하얀색 등의 공간적 색채 스토리에 담아냈다. 대나무 숲 시퀀스에서 샤오메이(小妹)는 김포두를 기다리면서 유포두를 속인다. 이어 녹색 계통의 컬러 세그먼트가 끝없이 분할되면서 진중한 사랑이 좁고 막다른 푸른 대나무 숲에서 가까스로 슬프게 이어진다.

대나무 숲이라는 공간에서 관객이 세 사람 사이의 감정을 상상할 수 있도록 안개가 아련하게 펼쳐지고, 초록색과 안개가 어우러진 '공령(空靈)'의 경지에 사랑의 비가(悲歌)가 써진다. 김포두와 유포두가 결투를 벌이는 엔딩 장면에서 샤오메이는 어쩔 수 없이 자결하는데, 흰 눈으로 뒤덮인 광활한 대지의 흰색이 세 사람과 그들을 얽고 있던 갈등을 작고도 초라하게 만든다. 흰 눈이 휘몰아치자 땅이 초라해지고 무력해진 것과 마찬가지다.

### □ 주제를 암시하는 기능

색채는 연상의 특성을 갖고 있기 때문에 다른 상징적 의미를 표현할 수 있고, 영화의 주제를 암시하는 기능에 있어서 기타 조형 요소보다 우위에 있다. 영화에서 색채의 표현방식은 매우 많다. 소품부터 촬영장, 배우의 의상에서 디테일까지 색채에 따른 설계를 통해 감독의 주관적 의식을 비교적 정확하게 전달할 수 있다. 그리고 각각의 색 톤은 자신만의 독특한 의미를 가지고 있어 영화의 주제와 사상을 알리는, 소리 없는 언어라 할 수 있다.

쉬하오펑(徐浩峰) 감독은 무협영화 〈왜구의 종적〉에서 먼저 차가운 톤의 색을 선택하여 무술을 연마하는 자의 절제와 침착함을 표현하였다. 전체 톤은 빛바랜 푸른색이고 색채의 입자감이 짙으며 대칭으로 정렬된 색채 구도를 활용했다. 황토색 도롱이 모자, 회색 조끼, 짙은 남색 장포, 얼굴을 덮는 검은 긴 머리의 색 조합에서 양흔록(梁痕錄)의 차분하고 집요한 무인 이미지가 탄생했다.

영화는 따뜻한 색이 나타나도 밝기를 낮춰 침울한 기질로 만들었는데 그 예로 외부 족속의 여자가 입은 붉은색 비단 치마를 들 수 있다. 그 치마는 유난히 어두운 화면 때문에 아름답다기보다 이상함을 예고하는 복선 구실을 한다. 또한 회색의 층차감이 많다. 회색은 영화의 메인 컬러이면서도 여러 색상과 어우러져 회백색, 흑회색, 청회색, 회갈색 등으로 표현된다. 회색이 검은색과 흰색의 사이의 색인 것처럼, 무협도 본시 묘당과 강호의 경계에 있던 것이다.

색채라는 설계를 통해 영화의 주제를 직관적으로 알 수 있게 해준 〈왜구의 종적〉은 무협의 쇠퇴, 쇠약한 법칙, 도덕적 해이로 치닫는 국운의 파국을 단적으로 보여준다. 영화는 차가운 톤의 색채 디자인으로 역사의 배경을 섬세하게 묘사하였다. 또한 이런 배경의 강호에서 무도를 지키고자 애쓰는 협객이 자신의 존재감을 어떻게 찾을 수 있을까란 생각을 하게 만든다.

### □ 인물형상화 및 플롯의 추동 기능

영화에서는 색채의 다양한 표현이 영화의 리듬을 잡아주는 역할을 한다. 색채는 카메라 편집의 일부라 할 수 있고, 영화 전체의 톤을 바탕으로 편집되며 인물 형상에 유리한 리듬을 형성한다. 색채가 인물의 외관적 특징으로 관객 앞에 드러날 때, 영화 속 인물들은 색채의 자연 속성의 법칙에 따라 뚜렷한 성격을 드러낼 수 있다. 인물 복장의 색채는 성격과 서로 대응되고, 색채의 변화와 인물의 성격에는 밀접한 관련이 있다. 쿵푸 영화 〈곽원갑(霍元甲)〉에서 일본 선수와의 최종 결전을 앞둔 곽원갑은 하얀 옷을 입고 붉은 창을 들었다. 이는 영원불멸의 지극한 마음을 대변하며 인의(仁義)의 무협 정신이 흰색과 빨간색의 조합에서 더욱 힘을 얻고 있다. 〈풍운Ⅱ〉에서 초초(楚楚)가 입은 자색 옷은 여성 특유의 부드러움을 표현한다. 섭풍(聶風)이 입은 흰색 옷은 그녀의 깨끗한 심성을, 보경운(步驚雲)이 걸친 붉은색 망토는 대담한 성격을, 사황(邪皇)의 회색 옷은 강호와 거리를 두고 있음을 상징한다.

의도를 가지고 색채를 배치할 때 색채의 자연스러운 속성은 이성적 사고를 부여받게 되고, 무형 중에 영화 스토리의 전개를 추동하게 된다. 로버트 스탬(Robert Stam)도 『영화의 이론 해석』에서 "영화 색채의 가장 주요한 기능은 스토리텔링의 발전을 촉진하고, 연관성이 떨어지는 스토리를 체계적으로 연결하는 것이다. 혹은 색채의 잠재적 역할을 암시함으로써 영화의 후속 전개에 복선을 제공해 감상자의 사고를 유도하는 데 있다"[29]라고 언술한 바 있다. 영화에서 메인 톤은 때때로 스토리와 평행하게 진행하기도 하고 때로는 어느 정도 앞서가기도 하며, 플롯과 시공간적인 어긋남을 통해 플롯의 흐름을 예고할 때도 있다. 이로써 영화의 서사가 다층적인 심미적 효과를 거두게 되며 관객들은 관람 과정에서 훨씬 더 풍부한 미학적 체험을 할 수 있게 된다.

〈황후화〉에서 노란색은 황궁의 호화롭고 장엄한 경관을 표현할 뿐만 아니라 사건을 전개하는 기능을 담당한다. 원걸(元傑) 왕자는 모후(母后)를 도와 아버지의 통제에서 벗어나기 위해 중양절 만찬 때 정변을 일으킨다.

원걸 왕자가 황금 갑옷을 입은 군대를 이끌고 파죽지세로 궁궐로 달려드니 화면 전체가 황금색으로 가득 차오른다. 정변 세력이 쳐들어오자 은색 갑옷을 입은 왕의 군대가 사방에서 몰려와 노란색을 포위하며 죽이기 시작한다. 노란색은 점점 줄어들고 최후엔 원걸 왕자만이 죽은 사람들 틈에서 기어 나와 홀로 싸움을 계속한다. 노란색은 날카롭다. 하지만 은색이 노란색에 비해 더 무거운 감이 있다. 여기에서 노란색과 은색은 해설자 같은 역할을 한다고 볼 수 있는데, 화면에서 차지하는 노란색과 은색의 면적 변화만으로도 쿠데타가 실패했음을 알 수 있기 때문이다.

### □ 분위기를 부각하여 의경(意境)을 조성하는 기능

중국 전통 미학은 예술적 의경의 창조를 강조한다. 의경(意境)은 문예 작품에 묘사된 생활 도경(圖景)과 사상 및 감정이 한데 어우러져 이루어진 예술의 경지를 말한다. 경치 속에

29) Robert Stam, 陳儒修·郭幼龍 역, 『電影理論解讀』, 北京大學出版社, 2017, p.37.

감정이 있고 감정에 경치가 담겨 정(情)과 경(景)이 어우러져 있는 것이 특징이다. 감상자(독자 또는 관객)를 감동시킬 수 있는 예술은 언제나 대상의 경지를 반영하면서도 작가의 심경을 이미지로 표현하고 그 안에 심경을 담아낼 수 있는 것이다.[30)]

의경에 대한 논의는 당대에서 시작되었다. 먼저 당나라 불교의 성행이 '의경론'의 태동에 만만치 않은 영향을 미쳤고, 송대의 곽희(郭熙)는 의경을 회화 비평에 끌어들였다. 당송 이후 의경은 건축, 정원, 서예 등 다른 예술 창작 평론에도 널리 활용되었으며, 고전문학이나 의론문 문헌에서 쉽게 찾아볼 수 있다. 청말 왕국유(王國維)의『인간사화(人間詞話)』는 의경론을 중국 고전미학의 범주에서 가장 중요한 비평이론의 하나로 만들었다. 이후 의경론은 고전문학 평론에서 벗어나 현대의 중국 미술, 건축, 음악, 문학 등의 예술 창작에도 지대한 영향을 미치고 있다.[31)]

영화 미학에서도 의경의 창출은 매우 중요한 역할을 하고 있다. 영화 예술은 내러티브와 시공간 형태의 표현, 독창적인 시각 화면과 사운드 시스템 설정 등의 다양한 방식을 통해 그 영화만의 독특한 의경을 조성한다. 그중에서 시각 화면 속의 색채의 예술적 처리는 예술가의 인생에 대한 관조를 체현하고, 사회와 인생에 대한 심오한 함의를 품고 있다.

왕쟈웨이(王家衛)는 〈일대종사(一代宗師)〉의 시작부에서 다소 낭만적이고도 시적인 색채를 배치하였다. 궁이(宮二)와 마삼(馬三)이 주차장에서 대결하는 장면에서는 노란색과 검은색의 대비가 극명하게 연출된다. 칠흑 같은 밤, 흩어지는 노란 불빛이 궁이의 마음에 억눌린 분노를 표현하고 누런 기차 연기가 만연하게 피어오른다. 인물 얼굴 쪽에 비치는 노란색과 끝없는 까만 배경은 명암 대비를 이루며, 마삼이라는 인물의 주름도 그대로 드러난다. 영화 속 색 톤의 구성은 매우 단순하다. 색채로 의경(意境)을 부각하고 색채로 정신을 묘사한다.

영화의 첫머리는 영화 특유의 색채 영상 스타일을 예고하고 있는데, 오프닝의 배경에서 불상 벽화에 먹빛과 저황색 · 흑록색 · 적홍색이 시시로 교차되며 물들고 있다. 보일 듯 말 듯 추상적인 요소를 섞어 먹색빛이 짙게 드러나는 단순한 색채 위에 엽문(葉問)이라는 협객의 전설적인 일생을 돋보이게 한다.

30) 顧明遠,『教育大辭典』(簡編版), 上海教育出版社, 1999, p.576.

31) 劉思,『敘事學視域下的中國電影意境研究』, 上海戲劇學院 博士學位論文, 2015, p.15.

〈일대종사〉 오프닝

색채는 예술가의 감정과 사상의 외화(外化) 재현 방식이며, 영화 창작자가 색채의 주관성을 분해하고 재구성하면 다양한 스타일의 색채화면을 만들 수 있다. 또한 영화 전체의 색 명암을 조절하거나 일부분의 구체적인 강렬한 색채 대비를 활용하면 이야기의 감정 전달도 완성할 수 있다. 관객은 색채의 특성과 상징성, 공감각을 기초로 하여 카메라가 전달하는 감정과 영화의 주제를 더 잘 느낄 수 있다.

## 중국 무협영화의 내부 요소

### □ 영상 스타일

무협영화의 영상 스타일은 크게 낭만주의과 리얼리티로 나뉜다. 지금과 같은 와이어나 컴퓨터그래픽 기술은 없었지만, 초창기 무협영화도 인물의 심오한 무예를 표현하고자 할 때 초현실적인 영상효과를 낼 수 있었다. 예를 들어 〈화소홍련사〉[32]의 '검광투법(劍光鬪法)'은 인물과 검광의 네거티브 필름을 겹쳐서 합성한 특수기법이다.

리얼리티 수법에서 중요한 것은 매 초식(招式)마다 사실적인 쿵푸를 명료하게 구현하는 것이다. 일명 '리얼리티 무협액션'이라 부른다. 1960년대 장저(張徹)의 〈외팔이(獨臂刀)〉와 70년대 〈황비홍(黃飛鴻)〉 및 80년대 〈소림사(少林寺)〉가 이러한 대표적 사례다.

〈외팔이〉

〈소림사〉

1990년대 이후 특수촬영기법이 중시되기 시작하면서 무협영화도 기존의 리얼리티 노선을 탈피하기 시작했다. 쉬커, 청샤오둥(程小東) 등으로 대표되는 '신무협영화'의 감독들은 영상과 액션의 전체적인 유연성에 중점을 두고 무협신화를 현대적 기술에 접목해 낭만파

32) https : //www.sohu.com/a/227193238_154166, 검색일 : 2021.7.17.

무협영화 스타일을 극대화했다. 이 시기에 촬영된 〈소오강호〉 시리즈와 〈신용문객잔〉[33] 등은 전대미문의 유미주의적이고 낭만적인 비주얼의 색다른 영상 스타일을 선보이며 신 무협영화의 트렌드를 불러일으켰고 그간 잠잠하던 무협 영화 장르에 생기를 불어넣었다. 많은 무협영화 팬들은 지금까지도 이 시기를 추억하곤 한다. 그러나 이 스타일은 이전의 무협영화보다 수명이 길지 않아 1994년 이후 자취를 감추게 된다.

2000년대 초반 〈영웅〉, 〈연인(十面埋伏)〉 등은 낭만적인 상상으로 가득 찬 영상 스타일을 다시 보여줬다. 하지만 1990년대 초반의 무협영화와 달리 액션 자체의 통쾌함이나 서사의 유창함을 추구하기보다는 수많은 디지털 그래픽과 고속촬영 기법으로 독특한 영상 스타일을 만들어냈다.

우선, 2000년대 무협영화는 와이어 기술을 십분 활용하였다. 물론 이 기술을 최초로 사용한 것은 아니나 이전보다 훨씬 더 대담하고 능숙하게 와이어를 사용하여 협객의 몸이 제비처럼 가볍게 공중이동할 수 있도록 구현하였다. 또한 대결 액션에서도 매우 역동적이면서 아름다운 영상미를 추구하여, 때론 싸우는 것이 인간인지 신인지조차 구별하기 어려울 정도로 영화 자체에 신화적 색채를 덧대었다.[34]

다음으로는, 빠른 몽타주 편집 방식을 특징으로 들 수 있다. 이러한 편집 방식은 이전의 롱테이크 식의 사실성과 리얼리티로는 도저히 표현할 수 없는 새로운 상상의 공간을 제공했고, 그것을 실현시킬 수 있는 가능성도 열어주었다. 한편, 빠른 편집 자체만으로도 강한 움직임의 효과를 빚어내 새로운 무협 영화가 추구하는 유창함과 미감에 본질적으로 부합한다.

마지막으로 기타 특수촬영기법의 운용을 들 수 있다. 특수촬영기법은 기이한 장면을 시각화하는 데 있어 지대한 역할을 감당하였다. 2000년대 초반에 등장한 〈영웅〉, 〈연인〉의 영상스타일은 낭만적이고 상상력이 풍부하다. 1990년대 초반의 무협영화처럼 액션 자체에서 통쾌함을 추구하거나 유창한 서사를 추구하는 게 아니라 수많은 디지털 그래픽과 고속촬영으로 시간의 흐름을 연장한 것이다. 예를 들면 〈영웅〉에서는 검이 붓을 가르거나, 수많은 화살이 일제히 쏟아지거나, 빗방울이 날리는 자태를 포착한다.

---

33) https : //baijiahao.baidu.com/s?id=1682452895419239219&wfr=spider&for=pc, 검색일 : 2021.7.17.

34) https : //baike.baidu.com/tashuo/browse/content?id=62556134210da94116010e26.

〈영웅〉의 특수촬영기술

이 영화를 본 사람들은 모두 위의 장면들에서 깊은 인상을 받았을 것이다. 그중에서도 검이 붓을 가르는 장면은 고속촬영에 맞춘 클로즈업 장면인데 붓이 갈라지는 소리가 마치 귓가에 들리는 것 같다. 칼집에서 검을 뽑은 순간부터 마침내 검이 붓에 닿아 갈라지는 소리, 붓통의 한쪽 끝에서 반대편 끝까지 쪼개지는 소리가 이어진다. 그리고 결국 붓끝이 터지는 소리가 들린다. 이 장면은 매우 리얼하기 때문에 핍진감이 배가되고 관객들은 극중 캐릭터의 무공에 감탄하게 된다. 그러므로 무협영화는 화면이 주는 압도적인 전율뿐 아니라 사운드의 기능 또한 남다르다고 할 수 있다.

색채의 감정적 가치 표현에서 가장 중요한 것은 색채의 객관적인 시각 인지에서 주관적 심리 인지로 느끼는 과정, 즉 연상이다. 그것은 언어의 표현과는 달리, 어떤 사물에 대한 감각의 기초 위에서 생성되는 정서의 간접적인 표현이다. 이 때문에 색채가 감정을 표현하는 간접성은 색채가 시지각에 작용하는 두드러진 특징이기도 하다. 또한 색채의 감정적 가치는 온전한 공간 안에서 일정한 관계를 통해 실현되어야 한다. 이러한 관계는 대비로 표현될 수도 있고 조화로 구현되기도 한다.

무협영화 〈수춘도(繡春刀)Ⅱ : 수라전장(修羅戰場)〉의 경우 극명한 색조 대비를 통해 각기 다른 정서적 분위기를 구현한다. 모든 금의위가 등장하는 장면은 대부분 어둡고 냉혹한 검은색을 주요 색조로 사용하여 당시 어지러웠던 부패 조정과 나약한 정치 분위기를 부각한다. 반면 양미(陽冪)가 연기했던 북재(北齋)가 등장하는 장면에서는 밝고 청순한 초록, 파랑, 노랑을 주요 색조로 삼아 새로운 힘과 희망을 은유한다.

장이머우 감독의 〈황후화(원제 : 滿城盡帶黃金甲)〉는 색채를 역으로 운용하여 은유함으로써 '금과 옥으로 겉을 포장하였으나 속은 낡아빠진 솜으로 가득하다(金玉其外, 敗絮其中)'는 주제를 시각적으로 정교하게 전달하고 있다.

이 영화는 황금색을 메인 색조로 사용한다. 황색은 따뜻한 톤으로 중국 전통문화에서 부귀를 상징하며 제왕이 사용하던 전유 색상이다. 영화 속에서 왕궁은 자색(紫色) 계열의 차가운 톤의 붉은 색으로 세팅되었고 왕실 가족의 의상은 전부 금색으로 디자인되어 있어 전체적으로 볼 때 매우 화려하고도 동시에 기괴한 느낌을 준다. 거의 모든 장면이 황금색과 자홍색이 배경이 되는 이 영화는, 판타지에 가까운 포스트모더니즘적 성격을 띠고 있다. 서로 속이고 속이는 격렬한 분쟁과 권력으로 몸을 짓누르는 듯한 분위기를 풍긴다. 이처럼 색채 언어는 부지불식간에 관객의 감정의 흐름을 이끌어간다.

예술 창작에서 색채의 연상은 단일함이 아닌 전체 화면의 색채로 표현되어야 한다. 보편적으로 공감할 수 있는 색채의 기조를 만들어내야 관객이 공감할 수 있고 심리적인 영향을 끼칠 수 있다. 그러나 색채는 나라와 민족별로 상징적 의미가 다르기 때문에 각 문화권이나 민족에 따라 색채에 대한 이해가 상이하다. 따라서 무협영화를 해석할 때 중국의 색채 관념과 전통 사상문화를 이해하는 것이 영화 창작이나 관람에 도움이 될 것이다.

### □ 사운드 요소

영화의 사운드는 언어 · 음악 · 음향 세 가지의 요소를 포함한다. 유성영화 이래로 기술이 발달할수록 무협영화는 더욱 세련되어졌고 감독들도 사운드의 중요성을 인식하게 되었다. 예술영화나 문예영화의 복잡한 인물관계와 달리, 무협영화는 관객이 90분 만에 충신과 간신, 선인과 악인을 뚜렷하게 구분할 수 있어야 한다. 때문에 장르의 특성상 사운드의 비중에서 언어 부분은 단순한 편이고 음향 부분이 상대적으로 복잡하고 풍부하다. 음악도 캐릭터 형상화, 분위기 고조, 인물의 감정 표현, 무협의 경지 묘사 등의 이유로 비중이 큰 편이다. 아래는 무협영화의 사운드 요소를 표로 개괄한 것이다

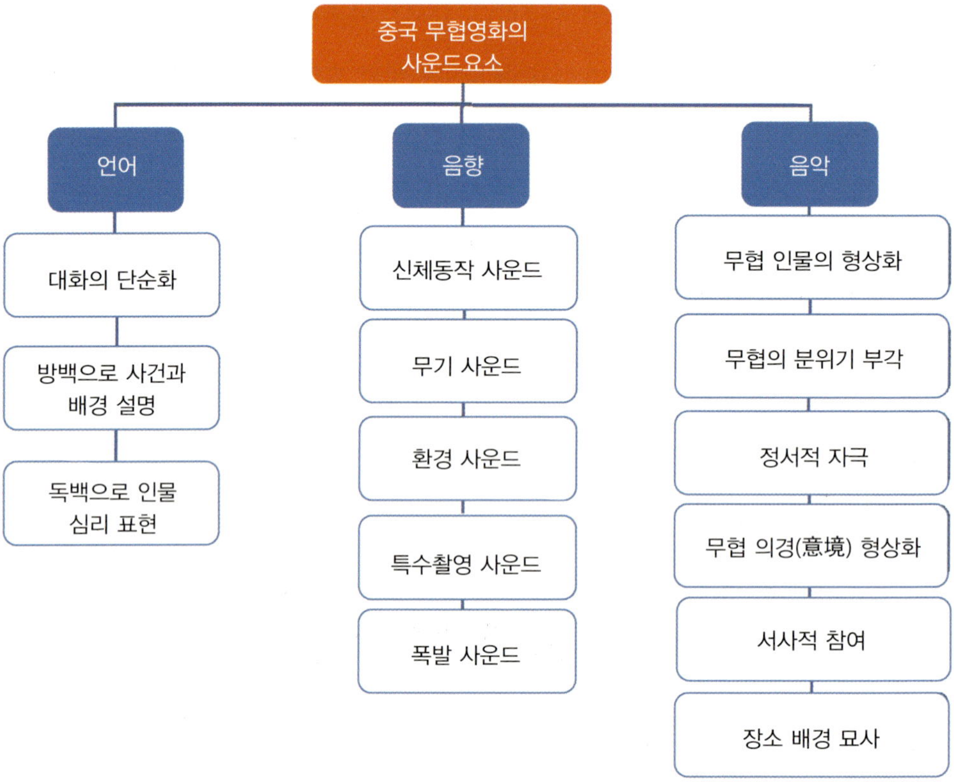


중국 무협영화의 사운드 요소

이란의 감독 아바스 키아로스타미(Abbas Kiarostami)는 사운드가 화면의 종심도(縱心度)를 만드는 요소, 즉 화면의 3차원적인 요소라고 보았다. 사운드가 단순히 화면 내용을 해석하는 부수적인 것이 아니라 화면의 간극을 채우고 영상을 확대하는 표현 공간이라는 것이다. 특히 무협영화처럼 현실 세계에 없는 허상을 표현할 경우 사운드는 관객의 시청각적 한계를 보완해야 한다. 최근 중국의 무협 영화감독들은 전통 중국 미학사상과 서양에서 가져온 영화라는 예술을 어떻게 하면 더 잘 결합할 수 있을지에 대해 끊임없이 모색하고 있으며, 사운드의 의미 전달 표현에도 매우 중국적인 특색을 담고 있다.

〈와호장룡〉, 〈영웅〉 등의 무협 블록버스터는 중국의 전통문화와 함께 섬세하고 아름다운 시적 정취와 가뿐하고 변화무쌍한 무협의 정취를 사운드를 통해 재현하고 있다. 예를 들어 〈영웅〉에서 장이머우는 사운드를 조형 요소로 활용해 독특한 운치를 자아냈다. 바둑을 두는 찻집에서 무명(無名)과 장공(長空)의 칼부림 소리는 노인이 타는 금(琴) 소리, 방울방울 떨어지는 빗소리 및 '야야'하는 경극의 대사 등과 어우러져 순식간에 하나의 기호가 되고 의경(意境)을 만들어낸다. 이것이 바로 중국적인 '의경 그려내기' 요소가 무협영화에서 운용된 외적 표현이라 할 수 있다. 사운드는 중국적인 운치를 풍기며 정신적인 표현에 치중하면서 영화 창작자의 감정을 표현한다. 비록 형태는 간결해 보이나 그 함의가 매우 풍부한 표현 수단이며 필묵처럼 허와 실의 변화로 사운드의 공간감과 심미적 의경을 만들어내어 관객들에게 넉넉한 상상의 공간을 만들어 주고 있다.

## 중국 무협영화의 전통 색채관 및 전통 사상

무협영화는 전형적인 민족 장르의 영화인만큼, 중국 무협영화에는 중국 민족문화의 색채 창작공간이 잘 확보되어 있다. 색채의 물리적 속성과 과학적 속성을 추구하는 서양의 색채관과 달리, 중국 전통문화 시스템은 색채에 대한 중국인 고유의 인식과 미학적 의미를 양성해왔고 자신만의 색채문화를 형성해 왔다. 그중 가장 큰 특징을 꼽자면, 색채의 의상(意象)에 대한 중시 및 강조의 태도인데 오행 · 유가 · 도교 등 중국의 전통 철학사상이 이에 깊이 관여하며 영향을 끼치고 있다는 점이다.[35] 따라서 무협 영화의 색채에 대한 고찰은 중국 무협영화와 그 관련 문화 전반을 이해할 수 있는 좋은 수단 가운데 하나라고 볼 수 있다.

### 1) 오색(五色) 학설

서구의 과학적 색채관이 객관세계의 물리적 색채에서 기인했다면 중국의 색채관은 철학 · 윤리학 · 현학(玄學)에서 침투되거나 전이된 것이다. 그것은 시종일관 의상(意象)의 관점에서 객관적 물상의 색채를 관찰하고 표현한다. 중국의 색채론은 문화 및 환경과 밀접하며, 역대 왕조는 예제(禮制)의 규제를 통해 색채의 사용과 발전을 제한해왔다. 염색술과 안료 제조법이 발달했음에도 사회가 혼란하고 전쟁이 끊이지 않자 색채관과 색채에 관련된 현실 세계가 통일되거나 발전을 이루기는 어려웠다. 명청대까지 색채관은 새로워진 것이 없이 거의 같다고 볼 수 있으니 중국의 고유한 색채관은 무려 2천여 년에 걸쳐 유지되었다고 할 수 있다.

봉건사회제가 와해되면서 색채가 귀천과 존비를 상징한다는 생각은 표면적으로는 종식되었고, 서양 문화가 유입되면서 단순했던 색채도 다원화되었다. 그렇지만 오랜 세월에 걸쳐 색채의 표현을 모두 국운이나 개인의 운명과 관련지어 생각했기 때문에 현대의 중국

35) 薑澄淸,『中國色彩論』, 甘肅人民美術出版社, 2008, p.22.

인들도 여전히 색채의 상징적 함의에 대해 민감하다. 때문에 객관적 물상의 색채를 관찰하고 표현할 때 외부 변수의 영향에서 벗어나 사물의 표상과 외피를 꿰뚫어 객관적 물상의 내재적 본질(즉 고유색)을 직접 표현해야 한다.

이러한 의상(意象)은 물상의 색채에 대한 주체 혹은 자아의 내면 정서를 분류하고 귀납하여 인간의 주관적인 감정과 정신을 구현하는 제2의 자연이며, 주관과 객관의 완벽한 통일이다. 주체가 심리나 의식(意識)을 통제해 여러 물리적 속성을 선택하거나 종합하여, 정서나 의(意), 색, 물상 사이에서 같은 구조를 모색한 후 이를 색과 의(意), 색과 정(情), 색과 물(物), 색과 시(時) 등의 합일로 귀결한 것이다. 이는 앞에서 논의했던 색채의 공감각이 빚어내는 감정 표현 및 상징적 의미와도 일치한다.

원시사회의 인류가 최초로 색을 인지하면서 감정과 결합한 예는 상홍(尙紅) 의식, 즉 붉은 색깔을 귀하게 여겼던 데에서 찾을 수 있다. 이들은 생명과 재생의 의미를 지닌 붉은색 계통의 분말을 뿌려 고인에 대한 추모의 뜻을 표현하였다. 이후 식물, 토양, 광석, 심지어 동물로부터도 필요한 색을 추출할 줄 알게 되었다. 원시시대의 인류는 대자연의 모든 것에 무지했기 때문에 자연의 생성이나 상황에 대해 알 수도, 설명할 능력도 없었다. 이로 인해 무속과 술법, 예절 등의 관념이 출현하게 되었다. 예를 들면, 붉은색은 불과 태양에서 나왔고, 노란색은 사람의 피부색, 황하의 색으로부터 생겨난 것으로 인식했다. 고대인은 검은색과 흰색을 숭배하였는데 밤과 낮이 반복되면서 북두성이 방향을 틀고 별들이 자리를 옮기며 백주 대낮과 흑암의 밤이 반복됨을 경험적으로 알았기 때문이다.

중국의 전통적 색채관은 오행설과 유·불·도의 중국 전통 철학 사상에 기초하고 있고, 최초의 색채관은 음양오행(陰陽五行)과 관련이 있다. 춘추전국 시대에 나온 오행설은 후대 중국인의 사유체계에 지대한 영향을 미친 학설 중의 하나로서 중국인들이 신명처럼 떠받드는 것이다. 중국 고대의 사상가나 대철학자들은 오행 즉 금(金), 목(木), 수(水), 화(火), 토(土)의 다섯 가지 물질로 세계 만물의 기원을 설명하였다.

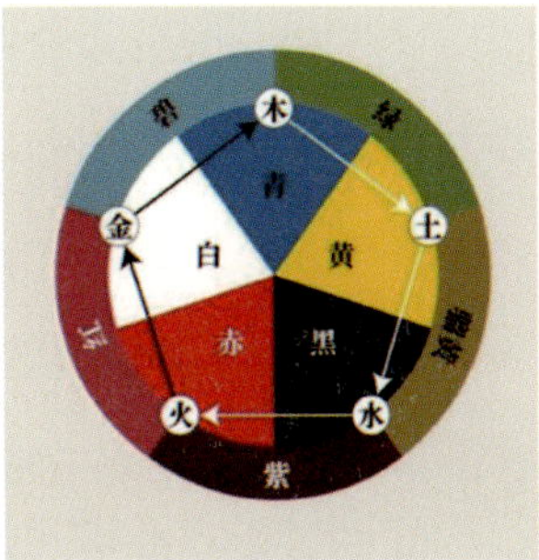


중국 오색(五色) 시스템도 오행설을 근거로 삼고 있으며 정색(正色)과 간색(間色)의 구분

이 있지만[36] 앞서 말한 서구의 색채 구분법과는 완전히 다른 것이다. 오행에 상응하는 오색은 金-백색, 木-청색, 水-흑색, 火-적색, 土-황색이다. 이 다섯 가지 백색, 청색, 흑색, 적색, 황색은 옛사람들에게 오정색(五正色)으로 인식되어 존귀함을 상징해왔다.

그중에서도 청색을 으뜸으로 여겼는데, 남색을 가리키며, 때로 녹색 성분이 섞인 남색을 가리키기도 했다. 한편 적색을 영화롭게 여겼으며 화려한 색채라고 보았다. 적색은 오늘날의 진홍색(크림슨)에 해당하고 적(赤)의 동의어는 주(朱)이다. 주(周)나라 시대의 문헌 기록에 의하면, 세 번 염색하여 얻은 색을 적색, 네 번 염색하여 얻은 색을 주(朱)색이라 하였다 하니 주색(朱)이 적색(赤)보다 존귀하다고 할 수 있다. 황색은 주인, '총괄적인 주재'를 뜻하며 가장 고귀한 왕권의 상징이다.

고대 중국어에서 황(黃)과 화(華)는 같은 발음이었기 때문에 언어의 특수 맥락에 기인해 의미마저 같다고 할 수 있다. 노란색은 지금의 등황색(오렌지 옐로우)과 비슷한 색상인데 황토색도 고대의 황색에 해당되는 색이다. 그 이유 중 하나는 하 · 상 · 주 · 한 · 당의 수도가 모두 황토고원 일대에 위치해 있었기 때문에 황토색이 참조 대상이 되었기 때문이다. 또한, 염색술의 한계로 인해 당시의 견직물도 대부분 황색을 띠고 있었다.

백색은 근본을 뜻하고 오색의 기초가 되는 색채다. 『회남자 · 원도훈』에는 "색에 대해 말하자면 백색이 생긴 후에 오색이 이루어졌도다"[37]라고 하였다. 흑색은 끝, 귀결을 의미한다. 『설문해자 · 흑부(黑部)』는 흑을 "그을린 색"이라고 기록하였다. 흑(黑)과 같은 의미로 현(玄) · 오(烏) · 여(驪) · 여(黎) · 치(緇) · 치(淄)가 있다. 그중 현(玄)은 적색을 띠는 검은색을 가리키며, 제비의 깃털이나 개기일식 때 볼 수 있는 붉은 빛을 띤 검은색과 비슷하다. 오(烏)는 까마귀 깃털의 검은색을 가리킨다. 치(淄)는 검은 물의 색을 가리키고, 여(驪)는 흑마의 털색을 가리킨다. 치(緇)는 직물을 날염하는 검은색을 말한다.

오간색(五間色)은 녹(綠) · 홍(紅) · 유황(流黃) · 벽(碧) · 자(紫)색을 가리킨다. 녹색은 청색과 황색으로 합성하는데, 자연계에 대응하는 색상은 나뭇잎과 풀잎의 색이며, 석록(石碌)에서 안료를 취한다. 홍색은 연한 붉은색으로 붉은색과 흰색으로 이루어졌다. 유황색은 검은색을 띤 황색으로, 지금의 황토색과 오갈색 사이에 위치한다. 옛사람들은 어두운 황옥을

36) 姜橙淸, 『中國色彩論』, 甘肅人民美術出版社, 2008.6. pp.14-20.

37) 陳廣忠, 『淮南子』, 中華書局, 2017, p.32.

유황이라고 불렀다. 그래서 누렇게 변한 대나무 돗자리를 유황석이라 부르기도 했다. 유황(流黃)을 유황(騮黃)이라고 부르기도 했는데 황마의 털색을 가리키는 것이다. 벽(碧)은 연한 푸른빛을 띠고 표(縹)라고도 한다. 청색과 백색이 혼합된 것이다. 벽(碧)은 옥색을 형용하고 표(縹)는 연한 청색을 표현하는 비단색을 가리킨다. 자색은 고대 중국에서 붉은색과 검은색의 혼합색을 말하는데, 닭의 간과 같은 검붉은 색을 가리킨다.[38] 이상의 오색설은 색채를 유형화하여 의미를 부여해 개괄하며 상징화하고 있다. 이로써 색이 구체적 물상의 색채로부터 벗어나게 되었다.

## 2) 유·도·불의 철학

중국인의 색채관에 영향을 끼친 것에는 이상의 오행설 외에도 유·불·도의 철학사상이 있다. 유·불·도의 세 가지 철학 사상은 중국인의 사상에서 지배적인 위치를 차지하고 있다. 중국인의 인생관과 심미관은 모두 이 세 가지 철학 사상의 기초 위에 세워져 있다고 해도 과언이 아니다. 그러므로 전통 철학이 고대 색채관에 끼치는 영향도 지대할 수밖에 없다.

### □ 바탕색과 정색을 중시한 유가

유가의 창시자인 공자는 음악을 매우 중시하였고, 이 때문에 『논어(論語)』에는 음악에 대한 언급이 자주 나온다. 그러나 미술이나 색채에 대한 언급은 드문 편이다. 『논어』에서 미술에 대한 직접적인 언급으로 유명한 구절은 「팔일(八佾)」편에 나오는 "회사후소(繪事後素)"이다. 풀이하면 "그림 그리는 일은 먼저 바탕색을 칠한 뒤의 일이다"라는 뜻이다. 여기서 바탕색은 흰색인데, 그 당시 그림을 그리는 사람은 바탕색인 흰색을 먼저 칠한 다음에 그림을 그렸음을 알 수 있다. 공자가 말하고자 하는 원래의 뜻은 외양적인 아름다움보다는 바탕을 더욱 중시하고 밖으로 드러나는 예(禮)보다는 그 바탕이 되는 인(仁)을 더욱 중시

38) 彭德, 『中華五色』, 江蘇美術出版社, 2008. pp.33-67.

하는 것이다.

색깔에 대한 언급으로 유명한 구절은 「양화(陽貨)」편에 나오는 "공자께서 말씀하셨다. 자색이 주색을 빼앗는 것을 미워하며, 정나라 음악이 아악을 어지럽히는 것을 미워한다(子曰, 惡紫之奪朱也, 惡鄭聲之亂雅樂也)"이다. 앞에서도 언급했듯이 주색은 정색이고 자색은 간색이다. 아마도 당시의 사람들이 고래로 내려오던 정색인 주색보다는 간색인 자색에 더 많은 매력을 느꼈던 것 같다. 고전적이고 장중한 아악보다는 가볍고 약간은 음란한 정나라 음악을 더 좋아하는 것과 같은 이치였으리라. 이에 대해서 공자는 크게 개탄하면서 간색보다는 정색을 되살리고 정나라 음악보다는 정통의 아악을 되살리려고 했던 것이다.

공자의 색에 대한 이야기는 직접적인 색채에 대한 언급은 아니었지만, 후대 중국인들의 색채관에 일정 정도 이상의 영향을 미쳤다. 중국인들이 유난히 붉은 색을 좋아하고 장이머우 감독의 영화에 붉은 색깔이 매우 중대한 역할을 하는 것을 보면 잘 알 수 있다.

### □ 아득한 색을 중시했던 노자

중국 내에서 생성된 전통 사상 중에서 고래로부터 유가와 쌍벽을 이룬 사상은 도가였다. 인과 예를 강조했던 공자와는 달리 노자는 무위자연을 중시했고, 이를 위해 마음을 비우고 고요하게 하는 허정(虛靜)의 수양을 중시했다. 노자도 공자와 마찬가지로 미술이나 색채에 대해서는 거의 언급한 바가 없다.

후대에 수묵화나 서예의 미학에서 자주 언급되는 "흰색을 알면서 검은색을 지킨다(知白守黑)"도 사실은 실제적인 색채와는 무관하다. 여기서 흰색이란 밝은 지혜를 상징하는 것이고 검은색은 어리석음을 의미한다. 노자는 밝은 지혜를 다 알면서도 겉으로는 어리석은 듯이 보이는 것을 추구했고, 그것은 바로 "빛을 부드럽게 하고 티끌과 하나가 되다(和光同塵)의 다른 표현이다.

만약 노자가 좋아했던 색으로 하나를 꼽으라면 도덕경의 첫 장에 나오는 "아득하고 또 아득하다(玄之又玄)"의 현(玄) 색을 들 수 있다. 우리는 흔히 현을 '검을 현'으로 풀이하지만 그것은 새까만 색깔인 흑색과는 전혀 다른 색이다. 노자가 말한 '현'이라는 색이 구체적으로 무슨 색인지 정확히 알 수는 없지만, 아득히 멀고 먼 신비로운 색깔임에는 틀림없다.

현실 사물에서 현색에 가장 가까운 것은 바로 밤하늘의 색깔이다. 그래서 고대 중국인들은 천지현황(天地玄黃)이라고 말했던 것이다.

후대에 가서는 그냥 한 밤중의 하늘색이 아니라 달이 지고 붉은 해가 뜨기 전의 신비로운 색채, 흑색에 홍색이 약간 뒤섞인 색으로 간주했다. 그래서 동한(東漢)의 『설문해자(說文解字)』에서는 '玄'자에 대해 "아득하고 멀다. 검으면서 붉은 색감도 있는 것을 현이라 한다(幽遠也. 黑而有赤色者爲玄)"라고 했다. 그렇다면 현은 낮과 밤의 경계선에 있는 색으로 볼 수도 있다. 또한 현을 세상의 모든 색을 다 머금고 있는 색으로 보기도 한다. 이런 면에서 볼 때 현은 정말 많은 것을 담고 있는 신비로운 색이다.

현지우현(玄之又玄)을 외쳤던 노자의 영향을 받아 중국인들은 신비로운 검은 색인 현을 좋아한다. 그리고 그것은 현대의 무협영화의 색채관에도 일정 정도 영향을 미치고 있다. 무협영화에서는 한편으로는 매우 강렬한 원색이 화면을 가득 채우기도 하지만 때로는 깊고 아득한 느낌이 나는 색채를 이용하여 관객들을 멀고도 먼 현묘한 세계로 인도하기도 한다.

### □ 선종의 '공(空)'과 '불공(不空)'

선종은 중국 불교의 종파이고, 그 사상은 중국에서 유가 사상과 도가 사상 다음으로 중요한 철학 사상이다. 이는 중국인의 사상, 가치관 및 심미관의 형성에 큰 영향을 끼쳤다. 선종(선종)은 경전을 중시하는 다른 종파에 비해 불립문자(不立文字)의 선 수행을 중시하는 종파이다. '禪'자는 산스크리트어의 디야나(ध्यान)를 중국식으로 음역한 선나(禪那)의 줄임말이다. '내부로의 성찰(思惟修)', '고요히 생각하기(靜慮)' 등을 뜻한다. 그것이 가리키는 것은 정신을 집중하여 이로써 여러 차원의 명상 속으로 들어가는 과정이다. 불교의 가장 기본적인 수행 방법으로 불교의 삼무루학(三無漏學)의 하나로 불린다. 위진 남북조 시기에 전래된 불교의 여러 종파들은 대부분 인도에서 유입되어왔으나 그중에서 화엄종, 천태종, 선종의 세 종파만이 인도의 영향에서 벗어나 중국적 특색을 갖춘 토착화에 성공했다. 선종은 중국 불교의 여러 종파 중 가장 중요한 분파로 6조 혜능선사(慧能禪師)의 노력을 거쳐 중국 전통문화 사상의 중요한 구성 요소가 되었다.

선종 철학의 등장에 힘입어 중국 전통 미학은 크게 발전하게 되었다. "무념위종(無念爲宗), 무상위체(無相爲體), 무주위본(無住爲本)"이 선종의 가장 기본적인 명제다. 생각이 사라짐을 으뜸으로 삼고, 형상에 집착하지 않음을 본체로 삼고, 머무르지 않음을 근본으로 한다는 뜻이다. 선종 미학은 空을 美로 여기고 중시한다. 중국의 선종 6대 조사 혜능대사는 "보리는 원래 나무가 없고 명경(明鏡)도 대가 아니다. 본래 아무것도 없는데 어디에 먼지가 끼이겠는가(菩提本無樹, 明鏡亦非臺, 本來無一物, 何處惹塵埃.)"라고 말했다(『壇經』). 이 시는 우리의 자성은 원래 맑고 청정한 것이어서 더러운 먼지가 붙을 수가 없다는 뜻이다. 선종사의 관점에서 볼 때 점수를 반대하고 돈오의 기치를 내세운 시이지만, 또 한편으로는 자성(自性)이 본래 청정함을 강조한 것이다. 이러한 선종식 인식론이 출현한 이후 예술도 영향을 받아 '선경(禪境)', '의상(意象)', '의경(意境)'의 가치를 추구하게 되었다. 이로써 예술화면의 주체와 주제 의식의 가치를 지향하는 위치가 비로소 정립된 것이며 후대의 예술 사상과 가치관의 전회(轉回)에도 영향을 끼쳤다. 선종의 '자성론(自性論)'이 강조한 것은 개체의 마음이 외물에 결정적 역할을 한다는 것이며 예술창작시 예술가의 주관적 능동성을 크게 분발시켰다.

중국 영화 감독들은 색채 사용에 있어서 선종의 미학 사상에 영향을 받은 바가 크다. 화면에 의경을 창조하여 관중이 표일(飄逸)과 공령(空靈)의 시적 미감을 느낄 수 있고 의경 속에서 영화가 품고 있는 현묘한 이치를 깨닫도록 강조하는 것이다. 여기서 말하는 空은 현실 속의 '텅 빈 것'을 말하는 게 아니라 '비어 있으나 비어 있지 않은 것'을 가리키는 것이다. 예를 들어 빈 화면에 무한하게 숨어있는 오묘한 이치 같은 것을 말한다. 많은 감독이 空을 인식함에 있어 표상적인 해석에 머물다 보니, 화면의 색채가 단조롭게 드러나는 현상이 나타나기도 한다. 공에 대한 이해가 잘못되면 한 가지 색채나 소수의 색으로만 화면에 나타나야 한다고 생각해서 화면 효과가 단순할수록 좋다고 본다. 그러나 사실상 영화 속 화면 색상에서 '공'이란 색상의 단일함을 말하는 게 아니라 한 색상에서의 미묘한 변화를 말한다. 예를 들어 같은 톤의 그라데이션 변화나 서로 다른 색조로의 변화를 의미한다. 심지어 화면 안에서 보색과의 통일 등을 의미하기도 한다.

### 3) 무협영화에 구현된 유·불·도 사상

무협과 유학의 정신은 뿌리가 매우 깊다. 선진(先秦) 시대의 유학자인 공자의 "조상은 본래 송나라의 귀족이었으며, 공자의 5대조 공부가(孔父嘉)는 궁중의 난을 피해 노(魯)나라로 이주하게 되었다."[39] 공자는 어린 시절 매우 빈한하게 살았고 정변 속에서 살아남기 위해 갖은 애를 썼다. 때문에 이러한 배경에서 생겨난 간절한 삶의 태도가 유학의 사상 발전에 영향을 끼친 하나의 도화선이 되었고 무협문화로도 발전하게 되었다. 무협은 일종의 정신적 산물이다. 무협에서 '어려움에 처한 자를 구해주고 위험에 빠진 자를 돕는 것(濟困扶危)', '하늘을 대신해 도를 실천하는 것(替天行道)', '강한 자를 견제하고 약자를 돕는(鋤强扶弱)' 내용은 모두 유교 문화의 인(仁)과 관련되어 있다. 인(仁)은 유학의 내재적 미덕이고, 협사들을 추동하여 선의로 움직이게 만든다. 협사들에게 요구되는 이상적인 품격은 군자가 갖춰야 할 예(禮)와 같다. 예(禮)는 유학의 외형적 규범이고, 일부 협사들은 대외적 사회규범을 추종함으로써 자신을 수련하고 바르게 세워 백성들의 신망을 얻는다. 유교 정치의 궁극이며 이상적인 질서는 대동세계(大同世界)다. 화합과 호애(互愛), 평등과 자유, 사람마다 평안에 이르고자 하는 유교적인 사회상은 무협세계의 궁극적 가치와 귀의(歸依)와도 맞아떨어진다. 유가의 대동세계 사상과 무협 문화가 추구하는 가치는 현실의 어려움에서 벗어나 모두가 평화롭고 천하에 정의로운 이상세계를 구현하는 것이다.

중국 전통예술의 외양은 '가시적' 이미지로 '불가시적'인 함의를 전달하는 특징이 있다. 인공적으로 꾸미지 않은 자연경관들은 근본적으로 도가의 '자연'이라는 추상적 의미와 깊이 부합된다. 자연 풍경은 단순히 서사의 배경이 아니라 심미적인 의상(意象)으로 바뀌고 영화의 주제 정신과 깊이 관련되는 문화적 표현으로 바뀌기도 한다. 일부 영화의 '자연' 예술 정신에 따라 창작자들은 자연경관을 표현할 때 본연의 바탕색 즉 질색(質色)을 운용하기도 한다. 질색은 "색깔이 그럴듯한 형체 가운데 녹아들어 세상의 모든 것에 속하는 본연의 색"[40]을 말한다. 리안의 〈와호장룡〉(2000), 천카이거의 〈도사하산(道士下山)〉(2015), 허우샤오셴의 〈자객 섭은랑刺客聶隱娘〉(2016), 위안허핑의 〈소걸아(蘇乞兒)〉(2016) 등의 영화 속

39) 錢穆,『孔子與論語』, 台湾聯經出版社, 1974. p.371.

40) 周登富 · 敖日力格,『電影色彩』, 中國電影出版社, 2014, p.92.

자연 풍경은 질색을 영화 속 인물의 성격, 스토리에 운용하고 있다.

선림사원(禪林寺院)은 무협영화의 선경(禪境)을 표현하는 중요한 의상이다. 무협영화 〈공산영우(空山靈雨)〉(1979)는 대부분 장면에 사찰이 배치되어 있는데, 경내 건물의 색채가 고풍스럽고, 사찰 주변은 푸른 나무로 둘러싸여 있다. 절의 스님들이 물 위에 앉아 있는 장면은 불자의 '허공과도 같은(猶如虛空)' 입선의 경지를 임팩트 있게 보여준다. 반면 〈신소림사〉에서는 입선의 경지를 깊은 숲의 정태적 이미지로 묘사하고, "장벽처럼 길게 늘어서 수백 리에 이르는 산에서 연기가 피어오르고, 나지막한 숲과 작은 절이 아련하게 어우러져, 보는 이로 하여금 무궁무진한 흥취를 느끼게 하는"[41] 경치를 보여준다. 〈신소림사〉는 〈공산영우〉에 비해 질감 면에서 새로운 색채 기술의 혁신을 보였고 시적인 선경(禪境)의 색채도 구현해냈다.

카메라 기술의 발전으로 인해 촬영 전에 미리 카메라에 잡히는 피사체의 색상을 맞출 수 있게 되었다. 나중에는 연출 의도를 완성하기 위해 더욱 복잡한 디지털 이미지 보정이 가능해졌고, 심지어 실제 촬영 장면과 전혀 다른 색감으로 스타일링 할 수도 있다. 〈신소림사〉에서 이른 새벽의 하늘 빛은 푸른색이나 옅은 검은색을 띠고 있다. 『태자수대나경(太子須大拏經)』은 "위로 가면 창천 하늘이요, 아래로 가면 황천이라(上徹蒼天,下徹黃泉)"[42]고 하였는데, 여기서 '창(蒼)'은 청색 계열 중에 차별화된 것이다. 청색 계열은 영화인들이 창작한 의경에 많이 쓰이고, 불교의 '선(禪)'과 관련된 예술 정신과 관련해 투영된다.

무협영화는 면면히 이어져 내려온 무협문화의 현대 예술적 발로이며, 색채는 여러 사람의 감정을 하나의 공감대로 이끌 수 있는 중요한 시각표현 수단이다. 마찬가지로 영화음악은 색채만큼이나 관객의 감정을 줄거리와 공감할 수 있도록 이끌어주는 중요한 청각형식이다. 반복되는 멜로디는 반복되는 색채처럼 관객의 뇌에 자리 잡으며 관람 효과를 높일 수 있다.

---

41) 郭熙, 『林泉高致』, 江蘇文藝出版社, 2015, p.211.

42) 高楠順次郎 · 渡邊海旭, 『大正新修大藏經』(第三冊), 河北佛協出版社, 2005, p.410.

2장

# 중국 무협영화 음악, 그 민족성과 현대성

"내가 음악을 작곡하는 방식은 단지 동양을 서양으로 옮겨놓는 것이 아니라 나의 삶의 경험에 대한 성찰이다. 그것은 음악을 만드는 유일한 방법이 아니지만, 내 전통과 경험과 완전히 연결되어 있기 때문에, 내가 아는 유일한 접근법이다. 예술의 가장 중요한 측면은 당신의 뿌리를 찾는 것이다." - 작곡가 탄둔

* Tan Dun interview, 「Taking Western instruments and creating all types of sounds is very important」, 2017. https : //www.easternkicks.com/features/tan-dun-int erview

# 1. 중국 현대음악의 거장, 탄둔譚盾

작곡가 겸 지휘자인 탄둔(譚盾)은 1957년 중국 후난성(湖南省)의 창사(長沙)에서 태어났다. 베이징 중앙음악대학(中央音樂學院)에서 음악교육을 받고 미국으로 유학을 떠났다. 이후 뉴욕을 주 무대로 활동하며 '뉴 웨이브'(New Wave)[1] 음악양식의 대표적인 작곡가로, 동양과 서양이라는 문화의 차이를 겪으며, 동양사상과 서양의 어법을 음악 속에 혼재하여 담는 신비롭고 다원화적인 특징으로 유명하다. 영화 〈와호장룡〉의 음악 작곡으로 2000년 아카데미상, 2002년 그래미상, 음악계의 노벨상인 그라베마이어상을 받으면서 더 큰 주목을 받기 시작하였다. 그리고 오스카 최고 음악상을 포함하여 미국 음악협회로부터 2003년 최고 작곡가상, 뮤지컬 아메리카의 작곡가상, 함부르크시의 바흐상, 모스크바의 쇼스타코비치상 등 화려한 수상경력을 갖고 있다. 또 중국 10대 매체에서 '세계에 영향을 미치는 10명의 중국인 중 한 명'으로 선정되었고 베이징 올림픽 개막식 음악감독, 상하이 엑스포 문화대사 등을 역임하며 작곡가로서 최고의 명성과 영예를 구가하고 있다.

이처럼 세계적인 스포트라이트를 받는 탄둔은 동양과 서양, 전통과 현대를 접목한 세계적인 작곡가로 음악계에서 주목을 받고 있지만, 대중적으로는 영화음악 작곡가로 더 잘 알려졌다. 특히 무협영화 〈와호장룡〉[2]의 음악 창작으로 제44회 그래미 4개 부문 후보에 올랐고, 제73회 아카데미 최우수 음악상을 수상하는 등 중국 영화음악의 발전에 중요한 큰 영향을 미쳤다. 그는 음악으로 무협영화의 폭력적 색채를 희석시키며, 영화의 화면 효과를 강화해 무협영화의 민족적 지역 정취를 부각하였다. 중국 전통음악 어법을 영화음악에 농축시켜 새롭고 독창적인 중국풍 음색과 음향 효과를 도모하는 그의 영화음악은 중국과 해외에서 많은 사랑을 받을 뿐만 아니라 중국 영화음악의 새로운 바람을 이끌고 있다.

1) '뉴 웨이브'(New Wave)는 20세기 후반부터 최근까지 미국을 중심으로 한 국제적 활동을 펼치는 중국 출신의 작곡가들을 지칭하는 개념으로 사용되고 있다. 오희숙, 「중국 현대음악 '뉴 웨이브'(New Wave) 경향에 나타난 상호문화성 미학」, 『음악과 민족』 제56호, 2018, p.69.

2) 영화 〈와호장룡(臥虎藏龍)〉은 2000년에 개봉한 리안(李安) 감독의 중국 무협 영화이다. 〈와호장룡〉은 제73회 아카데미 시상식 10개 부문에 후보로 올랐으며, 외국어 영화상을 비롯하여 촬영, 미술, 음악상 등 4개 부문에서 수상하는 쾌거를 누렸다. 특히 소박하고 부드러운 액션과 동양적인 색채, 음악 등을 관객들에게 전달하고 환상적인 분위기를 구축하며, 세계에 동양 문화의 가능성을 열어준 중국 무협 블록버스터이다.

## 탄둔의 창작

탄둔은 중국 특유의 개성과 서양음악의 선율을 독특한 음악적 역량으로 발산시키며 중화권 영화음악 분야에서 가장 높은 성과를 내고 있다. 앞에서 이미 언급했듯이, 탄둔은 2000년 〈와호장룡〉에 이어 2002년 〈영웅〉, 2006년 〈야연〉 등 '무협영화 3부작' 음악을 잇달아 작업하며 자신의 '무협몽'을 향해 걸어왔다. 세 작품의 영화시장에서의 흥행 성적에서도 알 수 있듯이, 중국 무협영화, 무협영화 음악 나아가 탄둔이란 작곡가에 대한 세계적인 주목과 인기도 확인할 수 있었다.

'와호장룡' : 첼로 협주곡

'영웅' : 바이올린 협주곡

'야연' : 피아노 협주곡

2011년 탄둔은 드디어 '와호장룡', '영웅', '야연' 음악 테마, 즉 '무협영화 3부작' 협주곡을 완성하여 상하이 엑스포에서 초연하였고, 이후 이 작품들은 일본, 호주, 독일, 미국 등 세계 각국의 유명 공연장 무대에 올려졌다. 2016년에는 서울시립교향악단과 롯데콘서트홀 개관 기념으로 그가 작곡한 영화음악의 테마로 만든 협주곡들을 들어볼 수 있는 무대가 처음으로 선보였다. '무협영화 3부작'은 바이올린을 위한 '영웅 협주곡', '와호장룡 : 첼로와 체임버 오케스트라를 위한 협주곡', 피아노 협주곡인 '야연 협주곡'으로 무대가 만들어진다. 초대형 스크린에는 영화 속 장면들을 재구성하여 중국의 광활한 자연 배경과 현란한 무술 영상이 함께 펼쳐져, 단순한 영화음악 연주에 그치는 것이 아니라 3막짜리 오페라처럼 장대한 아름다움을 선사하였다. 탄둔은 이처럼 영화음악 뿐만 아니라 멀티미디

3) 정수현 · 장민호, 「한국 전통 음악 어법을 활용한 영화음악의 연구」, 『Journal of the Korea Entertainment Industry Association(JKEIA)』 13, 2019, p.250.

어 퍼포먼스를 비롯한 동서양 전통의 범위를 확장시키는 독창적인 레퍼토리로 세계 음악계에서 주목을 받고 있다. 그는 중국과 서양의 음악적 요소를 결합하고 중국과 서양의 악기를 사용해 전통과 현대의 완벽한 조화와 콜라보를 이루었다.

탄둔이 영화음악을 작곡하기 시작한 것은 80년대 초로 거슬러 올라갈 수 있다. 1983년에 제작한 영화 〈화소원명원(火燒圓明園)〉의 리한샹(李翰祥) 감독은 탄둔의 교향악 〈이소(离騷)〉를 듣고 곧바로 탄둔에게 영화의 작곡을 의뢰하였다. 이렇게 탄둔 최초의 영화음악 '염양천(艷陽天)'이 탄생한 것이다. 이 곡은 신민가의 곡조로 1세대 민족 가수 리구이(李谷一)의 맑고 청량한 목소리를 통해 대중들에게 알려지기 시작했다. 이어서 영화 〈해탄(海灘)〉에서는 중국의 전통 곤극(昆曲)의 한 단락인 '유원경몽(游園惊夢)'을 현대음악의 요소와 융합하여 새롭게 편곡함으로써, 중국 최초의 전자음악을 시도한 작곡가로 기록되고 있다. 영화 〈첩혈흑곡(喋血黑谷)〉 중의 교향악 또한 중국 영화음악의 창작에서 새로운 도전으로 의미가 크다.[4] 이렇게 영화음악에서 부각을 나타내기 시작한 탄둔은 점점 상업영화 제작의 영역으로 주의력을 돌리기 시작했다.

탄둔의 창작 특징에 대해 더 폭넓은 이해를 하기 위해 그의 타 장르 창작에 대해 조금 더 언급할 필요가 있다. 그것은 탄둔이 영화음악 외에 오페라와 교향악 창작에서도 확실한 입지를 갖고 있기 때문이다. 영화음악 작업뿐만 아니라 오페라 창작 또한 탄둔에게 있어서 창의성을 발산하는 주 수단이었으며 영감의 원천이라 할 수 있다. 그는 〈구가(九歌)〉(1989), 〈마르코 폴로(馬可 · 波羅)〉(1995), 〈차(茶)〉, 〈목단정(牡丹亭)〉(1998), 〈진시황(秦始皇)〉(2006)[5] 등 다양한 창작 작품으로 중국 오페라의 대중화와 세계화에 기여가 크다 볼 수 있다. 이 작품들은 중국 전통 고전문학이나 역사, 민간음악으로부터 양분을 찾아 중국적인 특색을 가미하여 세계의 오페라 무대에서 '중국 역할론'에 힘을 실어주었고, 또한 중국 문화의 국제적 확산에도 많은 공헌을 했다. 그중에서도 메트로폴리탄 오페라단의 위촉으로 창작한 〈진시황〉은 도밍고(Placido Domingo)의 주연으로 초연되었으며 "동양과 서양 문화의 융합"을 보여주는 대단한 작품, "오케스트라 사운드가 경이롭고 최고"인 작품이라는 찬사를 받았다.

4) 朴文哲,「關于譚盾電影音樂的几点思考」,『電影文學』, 2011, pp.113-114.

5) 楊正君,「從〈茶〉, 〈門〉和〈秦始皇〉看譚盾的歌劇創作理念」,『人民音樂』(2), 2010, pp.29-31.

〈구가〉

〈진시황〉

〈마르코 폴로〉

〈차〉

〈목단정〉

탄둔의 남다른 창작 특징을 하나 더 꼽자면 바로 그의 '유기 음악(有机音樂, orgnic music)'이란 이념이겠다. 즉 물, 돌, 나무 등 자연 만물의 다양한 재료들의 소리를 음악의 소재로 삼아 현대음악과 결합하는 것이다. 이러한 맥락에서 탄둔은 음악을 "영적인 삶"과 일상적 삶을 연결하며 사운드와 색채로 표현하고자 하였다. 이 또한 그가 태어나고 성장한 후난 지역 문화와 밀접한 관련이 있다 볼 수 있다. 이 지역은 샤머니즘적 전통이 강한 지역으로, '죽음'과 '장례의식', 그리고 어린 시절 '물'의 기억이 탄둔의 음악에 중요한 모티브가 되었다.[6]

> "유기 음악은 단지 우리 생활 속의 자연 물질이 아니라 생명과 연결되어 있다고 생각한다. 예를 들면 종이와 바이올린, 물과 나무, 달과 새… 처럼 자연 만물 중 아무리 작은 물질이라도 자신만의 생명과 영혼이 있는 것이다. '천지는 나와 하나이다(天地与我爲一)'란 말과 같은 것이다."[7]

이렇게 자연의 물질을 악기로 사용하여 음악과 조화를 이루는 '유기 음악' 또한 탄둔이 최초로 시도한 독특한 장르로서, 탄둔은 서양의 문화와 잘 융합하여 새로운 음악으로 표현하고자 하였다. 예를 들어, 오페라 〈구가〉 중에서 그는 70여 가지의 서로 다른 자연 악기를 활용하여 극의 인물과 내면적 세계를 표현하고자 하였다. 그리고 바흐 250주년을 기

6) 오희숙, 「중국 현대음악 '뉴 웨이브'(New Wave) 경향에 나타난 상호문화성 미학」, 『음악과 민족』 제56호, 2018, 73.

7) https : //baike.baidu.com/item/有机音樂/3446031?fr=aladdin(2022.07.20.)

념한 '마태 수난곡' 공연에서는 물을 악기로 사용하는 등 신비로운 무대를 선보여 많은 찬사를 받았다. 그리고 종이 콘체르티는 LA 필하모닉과 함께 월트 디즈니홀의 개막식을 장식했고 도자기 콘체르티도 여러 콘서트홀과 페스티벌에서 선보이면서 "테크놀로지와 전통을 연결"하고자 하는 의지를 보였다.

탄둔 '무협영화 3부작' 공연 장면 [탄둔 공식 홈페이지]

## 탄둔의 '무협영화 3부작'

'어떻게 하면 음악이라는 형식으로 중국과 서양의 문화를 융합할 수 있을까'와 '어떻게 하면 무협영화와 영화음악이 완벽한 조화를 이룰까'에 대한 해답을 얻으려면 탄둔의 음악관과 '무협영화 3부작'을 통해 그 답을 파헤칠 수 있을 것이다.

| 편명 | 서사 층위 | 음악의 테마 |
|---|---|---|
|  | 핵심 층위 : 옥교룡이 상상한 강호 | 죽림 테마 : 대표 곡목 |
| | 중간 층위 : 옥교룡의 사랑 | 메인 테마 : 사랑<br>서브 테마 : 서역 |
| 와호장룡 | 외부적 층위 : 실제의 강호 | 메인 테마 : 와호장룡<br>서브 테마 : 남행 |
|  | 핵심적 층위 : 무명의 진왕 보호 | 메인 테마 : 천하, 창(蒼) |
| | 중간적 층위 : 무명이 진왕을 암살하고자 하는 세 개의 스토리 | 서브 테마 : 바람, 고금 |
| 영웅 | 외면적 층위 : 무명이 거짓으로 진왕에게 충성을 보임 | 서브 테마 : 표(飄) |
|  | 핵심적 층위 : 황후의 욕망/태자의 복수 | 메인 테마 : 제1테마 |
| | 중간 층위 : 청녀의 사랑 | 서브 테마 : 제2테마 |
| 야연 | 외면적 층위 : 은씨 부자의 권력투쟁 | 테마의 변화, 발전 |

21세기에 들어서서 미학적 관념은 더욱 진보하였고 할리우드 블록버스터의 충격으로 관객들의 영화 관람 수준도 높아졌다. 시청각 효과를 강조한 블록버스터 무협영화는 상업영화의 성격을 띠지 않을 수 없고, 이에 따라 음악 창작도 할리우드 액션 영화의 음악적 디테일 설계에 가까워졌다. 이 시기 무협 영화음악의 가장 큰 특징은 중국음악과 서양음악의 융합이다.

수많은 영화음악 작곡가 가운데 탄둔은 천인합일의 미학적 사상을 음악으로 가장 멋지게 표현하는 작곡가이다. 〈와호장룡〉에 나타난 유가의 음악적 미학 사상은 "음악은 천지의 조화다(樂者, 天地之和也)"『예기 · 악기』)이다. 〈영웅〉에서는 '대음희성(大音希聲)', '천악(天樂) · 인악(人樂)' 등의 도가의 미학적 음악 사상이 나타나는데 이 모든 것이 작곡가가 천인합일의 사상에 심취하여 깨달은 것들이다.

세 편의 영화음악을 작곡한 탄둔은 영화 서사의 내용과 형식에 따라 구체적인 음악 배치에는 다소 차이를 보이기도 한다.

〈와호장룡〉의 음악은 탄둔이 동양 스타일로 완곡하고 처량하게 풀어내었기에 울림이 있고 스토리도 감동적으로 전달하였다. 이 영화는 영화음악을 크게 존중하여 영화음악에 대한 영화의 일반적인 요구 수준을 뛰어넘었다고 볼 수 있다. 〈와호장룡〉의 서사와 영화음악은 중국 전통 희곡의 스토리와 음악의 관계와 유사하여 서로 잘 어울리고 불가분의 관계를 이루고 있다. 따라서 탄둔은 음악으로 리안의 '영상의 강호'를, 리안은 영화로써 탄둔의 '음악의 강호'를 구현하였다고 말할 수 있다. 〈와호장룡〉 음악은 2000년 아카데미상을, 2002년 그래미상을 받음으로써 그 가치를 증명해 보였다.

탄둔은 〈와호장룡〉의 음악에 중국 전통 악기와 어법을 실음으로써 동양의 감성과 느낌을 물씬 내보였다. '와호장룡' 스코어를 만들기 위해, 탄둔은 서양 오케스트라의 풍부한 사운드와 라왑, 타르, 중국 얼후(二胡)와 같은 동양 전통 악기의 독특한 질감을 혼합했다. 리안 감독과 탄둔은 영화 속에 설정된 19세기 중국의 전통적인 상황을 전 세계 관객들에게 효율적으로 전달하기 위해 긴밀히 협력했다. 리안은 이 영화의 정교한 무술 순서를 영화 뮤지컬의 방식으로 구상했다고 말했으며, 이로 인해 탄둔의 음악은 이 영화에서 훨씬 더 중요한 요소가 되었다. 첼리스트 요요마(馬友友)를 솔리스트로 둔 이 음악은 낭만적인 영화음악의 싹을 틔우면서도 중국 전통 음악의 매혹적이고 섬세한 소리를 통해 영화의 액션과 분위기를 반영했다.[8)]

그리하여 탄둔은 중국과 서양을 넘나들고, 옛날에 구속되지 않는 특기를 충분히 발휘하여 고독하면서도 낭만적이고, 청량하면서도 깊이 있는 음악을 만들어냈고, 이러한 음악 스타일이 영화의 화면과 완벽히 조화를 이루었다. 아울러 동서양의 음악문화가 깊은 차원의 융합을 이룰 수 있었다.

---

8) 정수현 · 장민호, 「한국 전통 음악 어법을 활용한 영화음악의 연구」, 『Journal of the Korea Entertainment Industry Association(JKEIA)』 13, 2019, p.251.

그러나 똑같이 중국 민속 음악적 요소를 운용하였더라도, 〈영웅〉과 〈와호장룡〉의 표현 수법은 결과적으로 크게 다르다. 남방적인 〈와호장룡〉의 음악에 비해 〈영웅〉의 그것은 묵직하고 거친 기운이 느껴지는 북방의 음악이다. 탄둔은 영화 속 영웅의 기개와 부합하도록 북방적 음악적 요소를 대거 사용하였는데, 영화 전반의 음악 스타일은 투박하고도 무상하며 낭만적이다. 여기엔 역사의 중후함과 비장함이 담겨 있다.

〈영웅〉의 음악은 작곡가가 동일하기에 〈와호장룡〉의 연장선상에 있는 것처럼 생각할 수 있지만, 이 영화는 테마음악을 도입부에 사용하지 않는다. 테마음악의 섹션으로 영화음악의 도입부에 '창-서곡'이 있고, 주제음악은 돌고 돌아 영화의 흐름과 함께 음악을 하나의 이야기로 이어가고 있다. 하지만 이런 음악적 스토리의 완성도와 연속을 영화에서는 볼 수 없고 음악에서만 들을 수 있다.

〈야연〉의 음악은 화면과 선명한 대비를 이룬다. 특히 액션 장면에서 많이 운용되었는데 전쟁의 참혹함을 반영할 때가 그러하다. 다양한 음악적 요소가 영화에 삽입돼 음악을 통해 플롯과 인물의 내면이 하나가 되고 모든 음악이 영화와 잘 어우러진다. 〈야연〉에서 가장 중요한 내부 음악은 극 전체의 갈등이 폭발하는 지점이자 극 전체의 클라이맥스인 '야연' 장면에서 나온다. 청녀(青女)가 부른 '월인가(越人歌)'가 바로 그것이다. 이 노래는 극 전체의 핵심 주제 중 하나로 극의 흐름을 관통하고 인물의 내면 감정의 변화를 설명하는 데 중요한 의미를 지닌다. 세 편의 영화 음악과 인물, 색채의 특성과 내적 관계에 대한 상세한 논의는 뒤에서 더 살펴보기로 한다.

탄둔은 이처럼 클래식뿐만 아니라 멀티미디어 퍼포먼스를 비롯 동서양 전통의 범위를 확장시키는 독창적인 레퍼토리로 세계 음악계에서 주목을 받고 있다. 그는 중국과 서양의 음악적 요소를 결합하고 중국과 서양의 악기를 사용해 전통과 현대의 완벽한 조화와 콜라보를 이루었다. 서양음악의 요소를 가미했더라도 탄둔이 창작한 주선율은 중국 전통의 민족적 요소를 담지하고 있는데, 민속음악이 주체가 되는 구조 위에서 층차적이고 다각적인 예술적 탐색을 통해 음악과 영화의 주제를 일치시키고 있기 때문이다.

# 2. 중국 무협영화 음악의 효과와 특징

영화음악학자 케빈 도널리(Kevin Donnely)는 영화음악이 "영화 자체의 사상과 콘텐츠의 표현에 독특한 예술적 매력을 느끼게 하고 관객에게도 무한한 저력을 느끼게 한다"[9]고 말한다.

## 영화음악

극장에서 영화를 관람할 때 우리가 가장 먼저 주목하는 것은 화면에 보이는 캐릭터의 언어, 겉모습, 동작이다. 이런 것들은 구체적이면서도 직관적이다. 그러나 영화에서 흘러나오는 아름답거나 긴장된 선율 혹은 서로 다른 악기들의 연주나 짧은 간격으로 이어지는 북소리에 이르기까지, 영화음악은 우리의 감정적 파동을 야기한다. 감정의 변화 형태를 형상화하고, 관객의 감정을 움직이는 데 있어서 음악은 태생적으로 우세하고 그 표현이 선명하며 생동감이 넘친다.

영화음악과 영화는 유기체이기 때문에 음악적 표현과 영화의 주제 사상이 불가분의 내적 연관성을 갖고 있다. 영화음악의 흐름도 영화에서 호소하는 화면의 기조와 정서에 부합해야 한다. 또한 영화음악은 시간상 불연속적이라 끊기기도 했다가 때론 도약하기도 한다. 음악만 놓고 본다면 추상적이고 불분명하다고 할 수 있지만 화면은 구체적이고 객관적이기 때문에 물질적 속성 면에서 양자는 상호보완적인 관계를 이루고, 관객에게 감각적 자극을 주는 능력을 함께 구성함으로써 영화의 내면을 더 잘 이해할 수 있게 해준다. 그래서 작곡가가 영화음악을 창작할 때 감독의 의도와 서사 구도를 따라야 한다. 뿐만 아니라 화면의 내용을 읽고 색채 등의 조형적 수단의 은유적 기법을 익혀 영화의 주제와 감정에 대한 이해를 높여야 하고 이에 근거해 영화에 필요한 음악을 설계해야 한다.

음악은 영화의 플롯 내에 중요한 인물의 테마 멜로디를 전편에 걸쳐 일관되도록 조성하

9) Kevin Donnely, Film music : critical approaches, Edinburgh University Press; Continuum, 2001.

여, 멜로디 자체의 색채가 인물 내면의 성격을 잘 살리도록 한다. 인물의 내면 심리는 성격과 마찬가지로 내면을 표현하는 것이지만, 성격 표현과 달리, 감정은 영화에서 인물이 처한 상황이나 상태에 따라 쉽게 변화될 수 있다. 게다가 섬세한 감정 같은 경우는 감성적 인지와 표현으로 내면화될 수 있다. 음악은 이 같은 경우에 언어로는 표현할 수 없는 디테일을 표현할 수 있다. 한 테마로 영화 전편을 관통하는 것은 영화음악에서 자주 사용되는 창작기법이다. 하지만 구체적인 화면이나 플롯의 흐름, 정서적 감정의 변화에서 그것은 원 상태를 고수하지 않고 여러 형태로 변형·발전 전개·변주·축소되면서 반복하며 나타난다.

영화음악의 분류 방식은 무엇을 기준으로 두는가에 따라 다양하다. 우선, 영화의 등장 위치에 따라 구분하면 타이틀 주제곡, 오프닝곡, 엔딩곡 등으로 나눌 수 있다. 일반적으로 오프닝곡은 관객들을 영화 속 줄거리와 맥락에 끌어들이고 독특한 미학 형식으로 실제 시공간에서 영화적 시공간으로 관객들의 몰입을 돕는 역할을 한다. 반면 엔딩곡은 영화 전체의 종결을 알린 후, 전체 내용을 요약해 영화의 함의를 어느 정도 확장하고 주제를 승화시킨다.

다음은, 영화음악의 구성 요소로 구분하면 보컬과 연주곡으로 나눌 수 있다. 연주곡은 일반적으로 가사 없는 기악곡 형식이지만 간혹 사람의 허밍음 형식으로 대체되기도 한다. 여기서 연주곡을 다시 주제음악, 장면음악, 배경음악으로 나뉘어 구분할 수 있다. 주제음악은 영화음악의 핵심이라서 영화 전체의 음악이 이를 기초로 전개되며 영화의 처음부터 끝까지 관통하면서 극의 전개, 인물의 내면세계를 표현하는 데 필수적인 역할을 한다. 그것은 몇 개의 음만으로 구성된 짧은 모티프로 주도적인 역할을 할 수도 있고, 세련되면서도 표현력 있는 주도적인 멜로디 악단이 될 수도 있다. 특히 영화 속 주요 장면, 클라이맥스, 내러티브에 맞춘 전개, 인물의 성격 변화 등에서 극적 충돌의 발전을 위해 중요한 역할을 감당한다.

우리는 '주제음악'과 '음악주제'의 개념을 구분할 필요가 있다. "음악주제는 곡의 기본 악구(Phrase)이자 작품 전체의 중심 단락이며 이를 근거해 곡이 발전·형성된다. 음악 작품은 일반적으로 특수한 리듬, 음정, 스타일 등을 포함하면서 뚜렷한 특징을 띠는데, 선명한 음악주제가 바로 만세에 명성을 떨칠 수 있는 작품의 시작점이라고 말할 수 있다."[10] 이에

10) 趙鴻光,『音樂鑒賞』, 上海人民美術出版社, 2008, p.11.

반해 주제음악은 영화 중심 메시지를 체현하고 영화의 기본 정서를 개괄하거나 주인공의 성격을 형상화하기 위해 영화를 관통하는 음악이다. 양자는 구별되면서도 연관성이 있는 개념이다. 그 영화에 잘 어울리는 음악주제를 찾아내는 것은 주제음악을 구현하는 핵심 관건이다.

한편, 장면음악은 주로 한 장면에 사용되는 음악, 즉 구체적인 장면에만 작용하는 음악을 말한다. 보통 한 장면의 특정한 필요를 충족시키기 위해 등장하며 영화의 주제와 반드시 직결되는 것은 아니다. 종종 극적인 클라이맥스를 조성하고 스토리를 발전시키는 데 중요한 역할을 하는데, 이 기능을 다른 예술 수단으로 대체할 수는 없다. 장면음악은 영화를 위해 순수 창작한 것으로, 극 중의 주제가나 테마를 변주하거나 큰악절(period)을 사용하고 극의 필요에 따라 분산해서 사용할 수도 있다. 어쨌든 장면음악은 영화의 분위기를 띄우고 스토리의 표현력을 높이며 관객의 공감을 이끌어내는 역할을 한다. 배경음악 또한 인물의 정신 상태나 내면의 심리 작용, 돌발적 사건, 공포·긴장·격렬 등 인물의 감정이나 배경을 강조하고 분위기를 띄우는 등의 기능을 한다.

마지막으로, 영화에서 점하는 지형적 위치와 기능에 따라 구분하면 테마곡과 삽입곡으로 나눌 수 있다. 한 영화에서 테마곡은 반복해서 나올 수도 있고, 장면에 따라 곡의 가사를 바꿀 수도 있고, 멜로디 상의 변화 처리가 가미될 수 있다."[11] 이처럼 테마곡은 영화음악에 쓰인 다른 음악들을 주도하는 위치에 놓여 있다. 서사 내용의 흐름이나 정서상 감정의 변화가 생길 때, 리듬에 변화를 주거나 전체 멜로디에 일정한 조율을 가하면서 영화의 주제와 서사에 적합하게 한다. 삽입곡 또한 등장인물의 영화 속 특정 시각, 장소, 장면에서의 감정을 표현하여 이야기 전개의 분위기를 띄우며 극적 효과를 자아낸다. 새로운 씬으로의 전환을 조성하는 몽타주의 역할을 함과 동시에 감정과 정서를 더욱 직접적으로 자극할 수 있으며 스토리의 발전을 추동한다.

11) 許南明·富瀾·崔君衍, 『영화예술사전』, 中國電影出版社, 1986, p.372.

### 1) 음악과 화면

영화가 발전해가면서 예술적 수단은 갈수록 완벽해지고 감독의 의도를 표현하는 수법도 풍부해지고 있다. 영화의 표현력을 제고하기 위해 감독은 종종 여러 방법을 시도하기 마련인데, 음악과 화면의 관계에 대한 구상도 그 중의 하나이고, 사실상 그 둘의 관계를 활용해 예술적인 효과를 크게 거두고 있다. 일반적으로 음악과 화면은 동보적·대위적·평행적 관계를 이룬다.

음악과 화면의 동보적 관계는 "음악이 화면과 긴밀히 결합해 음악 정서와 화면 정서가 기본적으로 일치하고, 음악 리듬이 화면 리듬과 완벽하게 맞아떨어져 화면이 제공하는 시각적 내용을 음악이 강조해주면서 화면을 부각하고 렌더링"[12]하는 것이다. 이 방식이 가장 흔한 음악과 화면 관계이며 미술의 스케치와 비슷한 면이 있다. 음악은 화면의 변화에 따라 변한다. 〈와호장룡〉의 삽입곡 '남행(南行)'을 예로 들면, 이 곡은 중국의 대나무 피리 독주곡으로 은은한 피리 소리를 연주하여 순식간에 하늘 높이 떠 있는 구름처럼 경쾌한 정서로 이끈다. 우아하고 구성진 멜로디는 화면에 그려진 수려한 장면과 일치하고 관객의 마음도 편안하게 해준다. 하지만 옥교룡이 여러 강호들과 싸우는 모습이 카메라에 잡히자 부드럽던 피리 멜로디가 익살스럽게 바뀌며 이후 격렬한 싸움이 이어지자 북소리까지 가미되면서 음악의 강도도 더욱 거세진다. 음악의 변화가 화면의 리듬감을 이끌고 관객의 정서도 긴장으로 몰고 간다.

'남행' 대피리 독주

12) 趙鴻光,『音樂鑒賞』, 上海人民美術出版社, 2008. p.11.

중국의 대피리와 북

음악과 화면의 대위적 관계는 철학에서의 "대립과 통일"을 활용한 것이고, 미학의 "대비 강화"의 예술적 표현 기법을 응용한 것이다. 영화에서 그것은 화면의 내용과 음악이 표현하는 내용이 서로 대조되는 관계를 가리킨다. 음악의 정서와 화면의 정서 사이에 어떤 부조화, 대립성을 띠게 만들어 음악의 풍자성을 더욱 강화하고 영화의 깊은 함의를 창출하는 것이다. 유명한 헝가리 영화 이론가 벨라 발라즈(Béla Balàss)는 이처럼 말하였다.

> "非동보적인 사운드는 큰 역할을 할 수 있다. (…) 감독이 음향, 사람의 소리에 담긴 감정적인 영향력 내지 상징적인 의미를 표현할 수 있는 유일한 방법은 음악과 화면의 정상적인 연결을 해체하는 것이다. (…) 비동보적인 사운드 효과는 유성영화에서 가장 강력하게 사용할 수 있다. 이 효과는 상징적이며 관중은 음악과 화면이 부각하고 있는 장면의 연계를 느낄 수 있다. 이는 관객이 그로부터 진실을 느꼈기 때문이 아니라 연상할 수 있었기 때문이다."[13)]

대위적 관계에서 음악의 정서는 화면 속 내용과 정반대이지만, 그 대비가 관객의 마음을 강하게 자극해 깊은 사고를 하게 만든다. 예를 들어 〈타이타닉〉에서 여객선이 침몰하는 장면을 보자. 배가 암초에 부딪혀 배에 물이 들어오고 사람들은 혼란스러워하지만, 연주자들은 여유롭고 차분하게 '하느님은 우리와 함께 계시네'를 연주한다. 음악은 자장가처럼 잔잔하지만, 죽기 직전의 다양한 장면들이 강렬하게 가슴에 파고든다. 평화롭고 아름다운 음악을 들으며 관객들은 재난과 죽음에 대해 더욱 깊이 생각하게 된다.

음악과 화면의 평행 관계는 화면과 음악이 표현하는 내용이 각각 독립적이며, 양자가 평행하게 발전하는 관계를 가리키는 것이다. 음악이 화면을 해석하지 않고 독특한 방식

---

13) Béla Baláss,『電影美學』, 中國電影出版社, 2003. p.231.

으로 화면과 연결되는데, 양자가 각각의 방향성을 갖고 있는 데서 영화의 일관성이 유지된다.[14] 이런 유형의 음악은 종종 영화의 전체로부터 극의 심층적인 의미를 발굴한 후 심층적인 음악 공간을 배치해야 한다.

영화는 짧은 쇼트로 시간의 일부분을 묘사할 때가 있다. 그것은 주인공의 성장 과정이거나 추억의 일부분일 수도 있다. 쇼트의 서사는 이처럼 산발적일 수 있지만 음악은 온전하다. 음악의 정서는 마치 영화의 몽타주를 하나의 선처럼 조합하듯 온전히 영화의 내면을 이해할 수 있도록 해준다. 영화 〈쉰들러의 리스트〉에서 유대인들이 나치의 강요에 의해 집을 떠나는 장면을 예로 들 수 있다. 이 장면에는 12분짜리 음악이 나온다. 이 긴 음악은 도시의 많은 유대인들이 나치군의 감시 속에 애통해하며 피난하는 장면, 한 유대계 가족이 긴장한 채 짐을 정리하는 장면, 길거리에서 나치군에게 수모를 당하고 있는 장면, 유대인들이 줄지어 신분을 등록하고 주인공 쉰들러가 다른 상인들과 이야기하는 장면들의 연속배경에 깔린다. 영화의 장면이 아무리 바뀌어도 영화음악은 이에 아랑곳하지 않고 홀로 나아간다. 이런 것이 평행관계이다.

이와 같이 영화음악은 단순히 현실의 소리를 재현하거나 화면을 보완하는 게 아니다. 그것은 색채만큼이나 서정, 서사, 상징 등 다양한 의사 표현 기능을 갖추고 있으며 표현 기법이 풍부하여 영화의 매력을 더한다.

### 2) 액션과 리듬

무협영화의 액션은 무술 동작 외에 춤, 희극 등의 다양한 예술 장르를 차용하고 의상, 세트, 음악 등의 다양한 요소를 배합해 창작한 색다르고 아름다운 동작 형태다. 무협소설의 작가는 풍부한 상상력을 발휘해 중국 문화에 대한 자신의 이해를 쿵푸의 매 초식에 집약해 넣어 다양하고 현란한 무공 초식으로 만들어낸다. 하지만 이토록 기이한 형태와 허와 실이 교차하는 쿵푸 동작을 어떻게 스크린에 재현할지, 관객에게 어떻게 선보일지의 문제에 있어서 무협영화 제작자들은 항상 심혈을 기울여 실험하고 탐구한다.

---

14) 狄其安,『電影中的音樂』, 上海音樂出版社, 2008. p.10.

후진취안 감독은 일찍이 이렇게 말한 바 있다. "나는 무술을 전혀 모른다. 내가 찍은 무술 동작은 전부 고전극에서 빌려온 것이고, 내 무술 액션은 춤과 음악, 희극이 하나 된 것이다."[15] 점차 무협영화 속 액션 설계는 무술의 외형과 내적 운치를 흡수하는 바탕 위에서, 희극적 의식과 문화적 함의를 형상화해 춤과도 같은 격투 예술을 형성하였다. 관객에게 있어 무협 영화의 액션은 단순히 승패를 가리는 격투로만 보이지 않는다. 무협형화의 액션은 협객의 시적 기질, 인격적 정신을 표출하는 통로가 되기 때문에 각 등장인물은 예술적 미를 바탕으로 자신의 성격과 부합하는 다양한 무술 액션을 부여받는다. 이러한 맥락에서 무술 동작은 무협 영화의 가장 중요한 구성 요소라 할 수 있다.[16]

레온 모세나크(Leon Mosnak)는 영화의 리듬을 내부 리듬과 외부 리듬으로 구분하였다. "내부 리듬은 일종의 감각이라 할 수 있는데 내러티브 영화에서 시나리오의 플롯을 결정하는 그 무엇이고, 영화 장면에서는 오히려 시각적인 주제를 결정하는 것이다. 이런 감각은 연기와 세트, 조명, 여러 가지 경치에 힘입어 표출된다." 또한 "외부 리듬은 장면과 장면의 편집 박자를 말한다"[17]라고 하였다.

중국의 저명한 편집 기술자인 푸정이(傅正義)도 영화의 리듬은 "규칙적이고 층차적이며 운율이 있는 운동 과정, 운동 형태, 운동규율인 동시에 독특한 리듬감이 넘치는 예술미로서, 관객의 관심을 움직이고 인도하며 혹은 제어할 때도 있고 자극하기도 하는 감정의 충격파다"[18]라고 설명했다.

두 학자의 말을 종합하면, 내부 리듬은 플롯이 발전하면서 생기는 갈등의 충돌과 주체의 감정 변화에서 비롯된 리듬이다. 관객이 스토리를 알아가며 더 많은 예술적 아름다움을 얻을 수 있도록 하게 하는 일종의 서사 구조라 할 수 있다. 한편 외부 리듬은 화면 조형과 편집을 통해 만들어진 리듬으로 주로 몽타주, 편집, 카메라의 움직임 등으로 표현할 수 있다. 이로써 영화의 리듬에 영향을 미치는 요소들이 그만큼 복잡하다는 것을 알 수 있는데 다음에서는 무협영화의 동작과 편집 사이에 형성된 리듬에 대해서만 주로 다루도

---

15) 吳瓊,『影片分析—華語武俠電影文本細讀』, 中國電影出版社, 2014, p.77.

16) 賈磊磊,『武舞神話 : 中國武俠電影縱橫』, 中國人民大學出版社, 2014, p.8.

17) 多賓,『電影藝術詩學』, 中國電影出版社, 2001, p.124.

18) 傅正義,『영상편집예술』, 中國傳媒大學出版社, 2009, p.43.

록 한다.

보통 영화의 편집은 매 초당(24프레임)을 기본 편집 단위로 하지만 무협영화의 감독들은 인물의 뛰어난 동작을 구현하고 영상의 시각적 충격을 높이기 위해 더 빠른 편집을 구사하는 편이다. 후진취안 감독의 경우 스스로를 8mm렌즈로 무협영화를 만든 최초의 감독으로 칭한다. 그는 하나의 완전한 동작을 분리해 표현해내는 편집에 능하고 카메라의 움직임에 빠른 박자를 만들어 관객들이 화면 리듬에서 긴장감을 느끼게 하고 협사들의 높은 무공을 느낄 수 있게 하는 데 빼어나다. 감독은 영화 〈충렬도(忠烈圖)〉(1975)의 날카로운 발차기 장면에서 이 수법을 사용했다. 또한 이휘민(李惠民) 감독의 〈신용문객잔〉(1992)에는 오프닝부터 동창(東廠)[19]과 그들의 사냥매, 사냥견(鷹犬們)들이 말을 몰아 달리는 장면이 나온다. 진행 방향이 카메라에 따라 달라지는 역동적인 화면이 펼쳐지며 관객들은 순식간에 몰입된다.

내레이션이 스토리의 배경을 설명한 뒤 화면은 동창의 수하들이 죄수를 추격하며 활을 쏘아 죽이는 장면으로 전개된다. 이 대목은 1분도 채 되지 않지만 빠른 서사 기조가 이미 정해진 것이다. 그러나 모든 무협영화가 이렇게 빠른 편집을 선택하는 것은 아니며, 중국 무술의 진정성을 보여주는 영화에서는 롱테이크 방식으로 편집하여 상대적으로 느린 리듬을 보이기도 한다. 예를 들어 〈소림사〉(1982)는 액션 장면이 롱테이크로 표현되었고, 감독은 최대한 중국 쿵후를 사실적이고 온전하게 스크린에 구현하고자 했다.

〈와호장룡〉의 대나무숲 결투 장면은 변화무쌍하다. 이모백과 옥교룡이 대나무 숲에 들어가서 그곳을 떠나기까지 약 2분 14초 동안, 결투 씬을 표현하는 액션 쇼트는 60개, 비교적 정지 화면에 해당하는 쇼트는 20여 개로 구성된다. 〈와호장룡〉의 리듬은 상대적으로 평온하며 일반 무협영화의 아슬아슬한 액션과 뚜렷이 구분되는데, 이러한 방식은 결투 장면을 화면에서 더욱 예술적으로 돋보이게 할뿐더러 관객이 양자의 실력 차를 직관적으로

---

19) 동창(東廠)은 명대의 특권 감찰기구이자 특무기관 혹은 비밀경찰기관이다. 명 성조는 영락(永樂) 18년(1420)에 동집사창(東緝事廠, 약칭 동창)을 설치하고 측근 환관(桓官)을 수령으로 삼았다. 동창은 경사(京師, 지금의 베이징) 동안문의 북쪽에 위치했다. 명 중엽 후기 금의위(錦衣衛)는 동서창과 나란히 활약하게 되었는데 이 둘을 합쳐서 '창위(廠衛)'라고 불렸다. 동창의 권력은 금의위의 위에 있었으며, 황제에게만 책임을 지고 사법기관의 승인 없이 마음대로 신민을 검거, 감독할 수 있었는데 명나라 환관들의 국정농단의 단초가 되었다. 王毓銓,『中國通史16第9卷中古時代明時期下』, 上海人民出版社, 2015, pp.1409-1412.

파악할 수 있게 해준다.

한편, 고의로 폭력을 희석하려 할 때도 느린 장면을 사용한다. "슬로우 모션은 주로 아득하고 서정적이며 시적인 수사효과를 준다."[20] 슬로우 모션이 순간의 리듬 감각을 강조하며 동작을 늦추고 증폭시켜 하나의 느림을 강조하는 것도 느림을 통해 관객에게 일정한 상상의 공간을 주고 그 안의 운치와 감정을 음미할 수 있게 하기 때문이다. 그래서 화면 속에 느린 장면이 나타날 때 관중은 영화의 서정적인 어휘에 자극을 받아 심미적인 정취를 느끼게 되고, 우아하고 서정적이며 시적인 느낌을 받게 된다.

예를 들어 〈영웅〉의 비설(飛雪)과 여월(如月)이 호양나무 숲에서 결투하는 장면에는 슬로우 모션을 사용한 수사(修辭)가 여러 차례 사용되고 있다. 슬로우 모션을 활용한 결투 동작과 노란 나뭇잎이 느릿느릿 허공에 분분히 날리는 정경, 비설이 고개를 천천히 돌리는 등의 동작이 일련의 슬로우 모션으로 이어지면서 무협 액션의 동적 표현을 부드럽게 구현하고 시적이고도 서정적인 느낌을 준다. 그러면서도 그 안에 담긴 절절한 한과 비애를 강하게 여운으로 남긴다.

이 영화에서 슬로우 모션은 단순한 근접 몸싸움이 주는 급박한 느낌과는 달리, 현실을 초월하여 영화의 주제를 전달하는 시적인 효과를 부여하고 있다. 협객의 대의와 그 정신적 소재를 명확히 밝히고 있으며, 강력한 시적 표현 능력을 갖추고 있는 것이다. 그밖에도 슬로우 모션 화면은 캐릭터 내면의 감정을 은유하는 기능이 있어 관객이 극중 캐릭터의 감정에 쉽게 동일시해 영향을 받을 수 있게 한다. 움직이는 슬로우 모션은 주인공의 마음이 출렁이고 고통스럽고 막막한 상태에 있을 때 자주 활용된다. 느린 모드로 이 상태를 드러낼 때 주인공의 감정이 격화되는 동시에 이를 시각적 아름다움으로 전환할 수 있다.

20) 李顯傑,『電影修辭學 : 鏡像與話語』, 中國電影出版社, 2005, p.65.

# 3. 중국 무협영화 음악의 민족 요소

민족성이란 한 민족의 정신적 기질과 특성을 반영한 가치관, 사고방식, 국민성, 인격의 추구, 윤리와 정취 등 사상 문화적인 본질적 특징을 말하는 것이며, 한 민족의 풍모와 기질을 집약적으로 표현한 것이라 할 수 있다.[21] 예술의 전달 매체 중 하나인 영화에도 민족성을 어떻게 전달할 수 있을까의 문제가 존재한다. 이에 대해 펑지샹(彭吉象)은 "근본적으로 영화에서의 민족성은 스크린에서 민족문화를 어떻게 구현하느냐의 문제다. 영화는 민족성을 가질수록 국제성을 얻을 수 있다. 그러므로 영화가 민족의 역사와 현실에 대해 깊이 있게 성찰하고 현대적인 의식을 살려 전통문화를 관조하고 초월해야 한다"[22]라고 말한 바 있다.

영화음악의 분류에서 알 수 있듯이, 무협영화 음악은 무협영화가 등장할 때 함께 탄생했으며 무협영화를 위한 전문적인 음악이다. 영화음악의 기능과 마찬가지로 무협영화음악도 특정한 메시지와 내용, 정서 및 인물 이미지, 플롯 구현의 필요에 맞게 유기적으로 결합하고 있고 내용과 정서상에 어떤 특정성을 보인다. 무협영화음악은 무협의 특정한 배경 분위기를 조성해 시각적 효과를 심화하는 역할을 한다. 분위기를 띄우는 기능을 할 때는 음악이라는 청각적 수단을 통해 영화 일부분 혹은 전체적으로 어떤 분위기를 만들어 주고 청각을 증진시켜 몰입감을 느끼게 한다. 이러한 분위기는 음악과 화면에 있어서 추상적이면서도 구체적인 것인데, 무협영화음악은 오히려 이런 종잡을 수 없는 감정적 색채를 일정한 음악적 이미지로 표출한다.

무협영화는 관객의 경험에 의거해 상상으로 보충해야만 했던 초기의 무성기(無聲期)에서 다소 딱딱했던 순무협(純武術)의 시기를 지나 서양음악과 민속 전통음악을 제각기 고집하며 주장하는 오늘날에 이르기까지 매우 다양한 음악으로 발전해왔다. 중국무협영화와 무협영화음악은 서로 부축하며 앞으로 나아가고 있고, 영화의 주요 요소인 영화음악이 발전하는 과정은 중국 무협영화에 있어서 또 한 번의 돌파구이기도 하다. 그러나 무협영화음악이 아무리 발전해도 그것의 민족성과 철학성을 빼놓을 수 없다. 이는 중국 전통 색채 표현의 철학 사상과 일치한다.

21) 張麗麗,「文化自信視域下傳統文化現代化的價值取向」,『勞動保障世界』, 2017, p.73.

22) 彭吉象,「傳統文化與現代意識的沖突與融合—跨文化交流中的華語電影」,『電影藝術』, 2001, p.4.

무협영화의 가장 두드러진 특징은 민족성과 의협정신의 구현이었다. 무협영화음악 역시 중국 전통문화와 민족의 미학적 심리에서 깊은 영향을 받아 남다른 민족적 특색을 보이고 있다. 무협영화음악은 전통 악기를 활용하고 음악적 소재도 전통음악적 요소를 주로 사용하며, 황매희(黃梅戲)나 경극(京劇)으로 대표되는 희곡의 종류도 종종 배경음악으로 삼는다. 무협영화는 '망망한 하늘 끝', '드넓은 황무지', '고독한 그림자', '쓸쓸한 표정'을 통해 영상 속 협객의 고독한 모습을 구성하고 협객의 전설적 이미지와 의협 정신을 화면에 담아낸다. 반면 무협영화음악은 '아득한 곳에서 들려오는 퉁소', '맑고도 고요한 고금(古琴) ', '부드러운 피리', '공허한 고쟁' 등의 중국 민속악기로 협객의 비장함과 숙명을 청각적으로 그려낸다. 무협영화음악의 발전에 따라, 오늘날엔 민속음악을 기초로 중국과 서양의 악기가 서로 융합된 다원화의 음악 방식이 형성되었다.

유구하고도 깊고도 넓게 온축된 중국문화는 무협영화음악에 대화합(大和), 천인합일(天人合一) 등의 독특한 심미적 가치를 부여하였다. 유가의 의경(意境), 도가의 '강유상제(剛柔相濟, 견강함과 유약함이 서로 보완함)', 선종의 '공적(空寂, 천지가 텅 비어 있어 적막함)' 등은 무협영화음악에 자주 등장하여 무협영화음악의 미학적 표현의 발판이 되었다. 무공은 경지를 중시한다. 고수는 꽃을 날리고 잎을 따는 것만으로도 사람에게 무형의 해를 입힐 수 있다. 협객은 덕행을 중시하기에 폭력을 사용함에 천도를 지켜 공정한 사회를 이루고자 하는 명분이 따른다. 꽃과 풀, 나무 등의 자연과 천도를 실천하고 지키고자 하는 사람들이 결합하여 천인합일의 무협영화 및 무협영화음악을 만든다.

## 오음과 오색

앞에서 이미 언급했듯이 중국의 고대 사상사에서 오행 학설은 매우 중요한 위치를 점했다. 그것은 고대 중국인의 세계관이며 당시 사상가들이 세계를 분석하는 토대가 되었던 이론적 무기였다. 그들은 木, 火, 土, 金, 水가 물질세계를 구성하는 가장 기본적인 다섯 가지 자연 원소라고 생각했고, 이들의 상생과 상극을 통해 천지 만물이 생기고 물질세계가 형성되었다고 보았다. 오행의 '행'은 자연의 운행을 말한다. 사물 자체가 나타내는 규칙적이고 지속적인 운동으로서 불가항력적인 자연의 힘이다. 다시 말해 세상 만물이 공통의 패턴 구조를 가지고 공통적인 운동 법칙을 따른다는 것인데, 이른바 '사람과 천지가 함께 참여(人與天地相參)'하는 것이다.

중국의 옛사람들은 음악과 천지, 해와 달, 별, 비바람, 사계절 등이 모두 조화를 이루며 천지 간에 운율과 생명이 있음을 깨닫게 해준다고 생각했다. 천지 간 음양의 기운이 합쳐져 만물을 자양하니 오행이 생겨나게 되었다고 보는 것이다.

송나라의 음악 이론가 주장문(朱長文)은 "성인이 오행의 각 상(象)을 하늘과 연결지어, 오진(五辰)의 기(氣)로 시간을 운용하였고, 오재(五材)의 형상을 세상에 이용하였으며, 이로써 궁 · 상 · 각 · 치 · 우를 만들어 그 소리를 시험하였다"[23]고 말했다. 사실 이것은 오성률이 오행에서 비롯되었음을 명백히 설명하고 있는 것이다. 중국에서는 아주 이른 시기부터 전통의 오색인 청색 · 적색 · 황색 · 백색 · 흑색이 전통의 오음인 각 · 치 · 궁 · 상 · 우에 해당한다는 설이 있다. 『손자병법 · 세편(勢篇)』은 오색과 오음의 관계에 대해 다음과 같이 말하고 있다. "오색과 오음은 기이하게 잘 맞아떨어지며, 변화가 끝이 없다. 서로 전환될 수 있고 상호 사용될 수 있다."[24]

| 오행(五行) | 오음(五音) | 오색(五色) | 오방(五方) |
|---|---|---|---|
| 목(木) | 각(角) | 청색 | 동쪽 |
| 화(火) | 치(徵) | 적색 | 남쪽 |
| 토(土) | 궁(宮) | 황색 | 가운데 |
| 금(金) | 상(商) | 백색 | 서쪽 |
| 수(水) | 우(羽) | 흑색 | 북쪽 |

중국 오음, 오색, 오행의 관계

색채는 시각 예술이고 음악은 청각 예술이다. 물론 감각 면에서 다른 지각체험에 속하지만, 동일한 내적 감정과 관련된다. 중국의 전통 오색과 오음의 조식은 옛사람들의 생활

23) 李平, 「《周易》与《樂記》」, 『周易研究』, 1995, p.66.

24) 潘紅蓮 · 李杰, 「論色彩通感在數字美術中的色調量化表述」, 『綿陽師范學院學報』, 2017, pp.98-101.

경험을 총화한 것이며, 소박한 직관성과 친절한 감성을 갖추었다. 그것은 중국 전통사상에서 중시하는 음양의 조화 관념 및 중용과 조화로운 사회 이데올로기에 의해 파생적으로 발전하였다.

## 중국 전통음악과 전통악기

피리

생황

훈

고금

고쟁

비파

얼후

후루쓰

퉁소

날라리

북

종

완판

무협영화는 민족적 특성 때문에 중국의 전통음악 특징과 민속 악기를 많이 사용하여 여러 협객의 이미지를 형상화한다. 때문에 캐릭터의 내면적 감정과 성격적 특성을 좀 더 깊이 있게 느끼려면 중국의 고대 음악 이론체계와 민속 악기에 대한 이해가 필요하다.

중국 전통음악은 중국인의 민족 고유의 방법을 취하고 운용하여 창작한 음악 혹은 민족 고유의 형태적 특징을 지닌 음악을 말한다. 중국음악은 대략 기원전 21세기에서 기원전 3세기 전후, 왕조에 대응해보면 하, 상, 서주에서 춘추전국, 진한 시대 즈음에 형성되었다.[25] 중국 전통음악이 중시하는 최고의 경지는 의경(意境)이다. 창작자가 추구하는 아득하고 아련한 경지를 함축적이면서도 담담하게 드러내며, 이로써 더 많은 상상과 깨달음의 공간을 선사한다. 이 점이 무협영화음악에서 가장 뚜렷하게 드러나는 것이다.

중국 고대 음악의 이론 체계에서 가장 중요한 구성 요소는 율학(律學)이다. 율학에서 최초로 등장한 악률 시스템이 오음십이율(五音十二律)인데 이후 이것이 중국 율학의 가장 기초적인 이론이 되었다. 중국은 예로부터 지금까지 5음 음계는 중요한 위치에 있다. 이는 중국에서 최초로 나타난 음계 형식으로, 즉 궁(宮), 상(商), 각(角), 치(徵), 우(羽)(정음)를 기본으로 하고 현대 음계의 C, D, E, G, A에 각각 대응된다. 5음 음계의 음정 관계를 보면, 오성 음계의 인접한 두음의 음정 관계가 2도 또는 3도 정도 차이 난다. 서양의 조 체계가 첨예한 불협화음 음정과 강한 반음을 해결하고자 하는 성향을 띠고 있는 것에 비해, 중국의 오성 음계는 불협화음 음정을 포함하고 있지 않기 때문에 중국 전통문화의 "조화는 음의 기본(和爲音之本)"[26]이라는 미학적 사상이 잘 드러나고 있다.

---

25) 喬建中,『中國傳統音樂』, 上海音樂學院出版社, 2009, p.6.

26) 『노자』의 '음성상화(音聲相和)'는 미(美)에 대한 옛사람의 심미적 인식에 변증법적인 영향을 미쳐 '이화위미(以和爲美)'의 미학적 전통으로 체현되었다. '화(和)'는 『노자』에 총 일곱 번 등장했고, 제2장에 "음성과 소리는 서로 동시적으로 화답하여 전달되고 앞과 뒤는 서로 상대를 따라가게 된다(音聲相和, 前后相隨)"라 기록되어 있다. 노자의 화(和)의 영향이 중국 고대 예술미학에서 미적 의식으로 드러나는데, 예를 들면 『여씨춘추』는 '악(樂)의 의무는 마음을 조화롭게 하는 데 있다.'고 하였고, 여기서의 조화로운 마음은 심미적 주체를 말한다. 한편 중국 고대예술은 '합(合)'의 미적 이상을 시종일관 추구해왔다고 할 수 있다. '합(合)'은 하늘과 사람의 합일, 예와 도의 합일이고 즉 '대음희성(大音希聲)'의 경지에 대한 끊임없는 추구로 표현된다. 무한한 '도'가 예술적 감성으로 표현될 때 여기서 '미'가 생긴다. 그러므로 옛사람들의 심미적 평가도 '和'와 '合'의 장력과 통일 속에서 전개된다. 何艷珊, 「老子音樂美學思想与相關藝術審美」, 中央音樂學院博士學位論文, 2011, pp.60-61.

악률학이 발달함에 따라 5음 음계에 두 개의 새로운 음계가 더해졌다. 그 둘은 바로 2개의 변성(변궁變宮, 변치變徵)인데, 이는 서양 음계의 F와 B에 해당한다. 비록 중국 몇몇 지역(서북지역과 서북지역 소수민족)에서 7음 음계가 전해지기는 하지만 중국의 대부분 지역에서는 5음 음계를 더 많이 사용한다. 이처럼 5음 음계는 '정성'이고 추가한 2개의 음은 '변성'이라 한다. 이 정성과 변성의 구별은 중국 5음 음계 체계의 특징적인 것으로 유럽의 7음 음계 체계와 구별하는 가장 중요한 요소이다. 이같이 5음 음계에 깃든 민족적 특색을 갖추면서 현대와 공존하는 음악 언어를 모색하기 위해 중국 작곡가들은 끊임없는 도전을 하고 있다. 서양의 화성학에 바탕을 둔 작곡기법과 중국 전통음악의 효율적인 결합은 이미 거스를 수 없는 흐름이 되었다.

오늘날 중국의 주류 전통 민속악기 중에는 먼 옛날부터 내려온 훈(塤), 고금(古琴) 등이 있고 서역이나 북방 유목민족으로부터 유입되어 개량된 비파나 얼후(二胡) 등의 악기도 있다. 그 종류가 다양하기 때문에 주나라 말부터 청나라 초까지의 3천여 년 동안 주나라의 '팔음(八音)' 분류법이 그대로 사용되어왔다. 팔음은 金(종, 북 등), 石(경(磬) 등), 土(훈(燻) 등), 革(북 등), 絲(거문고나 비파 등), 木(축(柷), 어(敔) 등), 포(匏)(생황, 피리 등), 竹(피리, 관, 소)를 말한다.[27)]

지난 수천 년 동안, 중국의 음악이 발전하면서 악기의 종류는 더 다양해졌고 악기의 음색도 각양각색이다. 『시경』의 기록에 따르면 서주 시절에 29개의 악기(樂器)가 전해졌다고 한다. 당시의 악기재료는 '금, 석, 사, 죽, 포, 토, 혁, 목' 8가지로 구분할 수 있다. 악기는 진동상태로 구분하여 볼 때 막(膜)진동과 판(板)진동의 악기가 고, 종(편종), 경(편경), 령(방울) 등 21종으로 가장 많았고, 기주진동(氣柱振動)의 악기가 그 다음으로 소(배소), 관, 생, 훈 등 6종이였다. 현(弦)진동의 악기는 극소수로 금, 슬 2종이다. 또 당시 각종 악기의 합주의 악대가 있었다.[28)]

중국 고대에 최초로 등장한 악기는 관악기다. 그중에서도 가장 오래된 것은 허난성(河南) 우양(舞陽)에서 발굴된 뼈로 만든 피리다. 같은 시기에 적지 않은 타악기도 출토되었고, 이후 현악기가 출현했는데 문헌에는 슬(瑟)로 기록되어 있다. 중국음악과 고대 악기의 장

27) 狄其安,『電影中的音樂』, 上海音樂出版社, 2008, p.97.

28) 繆天瑞, 심지우 역,『율학(律學)3』, 한국음악문화연구 제8집, 2016, 124.

구한 발전은 중국의 문명사와 맥을 함께 해오며 이어져 내려왔다.

일반적으로 그러하듯이 중국의 악기도 독특한 음색을 중시하며 대체 불가성을 강조한다. 악기들은 각기 다른 음색에 따라 다양한 특징을 지니며 듣는 사람에게 천차만별의 감정 경험을 선사한다. 만약 한 악기가 다른 악기와 음색이 비슷해지면 실전되거나 사라질 수 있다. 예를 들어 슬의 음색은 쟁(箏)과 매우 비슷하지만 쟁보다 표현범위가 넓지 않아 훗날 점차 사람들에게서 자취를 감추었다. 오늘날에 이르기까지 전승되는 중국의 전통악기는 수적으로 감소되었다. 중국의 전통 악기들도 서양의 악기 분류식으로 크게 현악기, 관악기, 타악기로 분류할 수 있다. 현악기로는 고금, 쟁, 비파,[29] 얼후가 있고, 관악기로는 피리, 생황, 훈, 소수민족의 후루쓰(葫芦絲), 퉁소, 날라리 등이 있다. 타악기는 북, 종, 완판 등이다.

이처럼 무협영화음악은 영화음악의 한 장르로서 무협영화의 등장과 함께 탄생했다. 무협영화가 수천 년의 중국 민족문화를 담지해 온 영화인만큼, 무협영화음악도 중국의 전통 민족음악과 가장 밀접한 관계를 맺고 있다고 할 수 있다. 거의 모든 무협영화음악에는 테마곡부터 장면음악, 배경음악에 이르기까지 민족적 성향이 짙게 드러난다. 이런 관점에서 볼 때 색채와 음악이 민족사상과 중국 전통문화를 표현하는 데 있어 공통점이 많다는 것을 알 수 있다.

29) 수당대에 비파(琵琶)의 악기 성립이 이루어졌고 당대에 해금의 전신인 호금이 출현한다. 음악이 가장 융성하던 시기는 당(唐) 왕조의 시기로 대형의 악부와 각종 종류의 형태를 갖춘 대비파, 주비파, 5현 비파, 대5현 비파와 소5현 비파 등이 있었다. 이러한 악기들의 출현은 음악의 표현력을 향상시키고 악기 발전에 일조를 하였다. 또한 악기 제작에 뛰어난 명장들의 출현과 더불어 이 시기의 악기들이 더욱 발전하는 데 큰 역할을 하였다. 음악과 악기의 발전에 따라 율학연구도 음계, 조식 등 새로운 연구 성과들을 내어놓기 시작했다.

# 3장

# 〈와호장룡〉 애절한 사랑, 영웅과 전설

# 1. '중서융합'의 세계관을 가진 감독, 리안李安

리안은 대만의 전통적인 가정에서 태어났고, 교육자이자 전형적인 유교 문화적 배경을 지닌 부친에게서 자랐다. 성장 후 미국에 건너가 영화를 전공했고 캘리포니아에 정착해 살고 있지만, 서구화되는 과정에서도 동양의 정서를 붙들고 전통에 뿌리를 내리고 있다. 그는 서양의 내러티브 맥락에서 중국의 고전 문화를 새롭게 해석하고 성찰한다.

리안은 2000년 〈와호장룡〉으로 세계적인 흥행과 더불어 2001년 제73회 아카데미 외국어영화상과 골든글로브 감독상을 거머쥔다. 이렇게 리안은 작품성과 흥행성을 두루 갖춘 감독으로 전 세계인의 사랑을 받기 시작했다. 2006년엔 두 남성의 동성애를 담은 〈브로크백 마운틴〉으로 첫 번째 아카데미 감독상을, 2차 세계대전 당시 상하이를 배경으로 남녀의 비극적인 사랑을 담은 〈색계〉는 중국에서 화제를 모으며 2007년 베니스영화제 황금사자상의 영예를 안았다.

리안은 일찍이 그림, 음악, 연기 등 다방면에서 부각을 냈다. 국립 대만 예술전문학교에 입학한 그는 문학과 연극이론에 대한 체계적인 지식을 습득하였다. 졸업하고 그는 미국으로 건너가 일리노이 대학에서 감독학을, 2년 뒤 뉴욕대학에서 영화제작을 공부하면서 영화에 대한 열정을 보였다.

통시적으로 리안의 작품을 볼 때, 그의 영화적 주요 표현 모식을 '동양과 서양문화의 융화와 충돌'이라고 할 수 있을 것이다. 중국의 전통 쿵푸를 다룬 〈쿵푸선생(推手)〉(1992)이나 동성애를 소재로 한 〈결혼피로연(喜宴)〉(1993)과 중국 전통 요리사인 아버지와 세 딸과의 갈등을 다룬 〈음식남녀(飮食男女)〉(1994), 심지어 무협 〈와호장룡〉과 치정 멜로 〈색계(色戒)〉에 이르기까지 결혼, 가족 전통, 음식문화, 윤리 철학 등의 주제에서 끊임없이 중국의 전통문화를 학습하고 성찰하는 창작자의 태도를 발견할 수 있다.

그는 동서양 문화의 비교를 기반으로 중국의 전통문화의 함의 및 가치에 대해 파고든다. 리안 자신도 "반드시 이국적인 정서를 다룰 필요는 없다. 당신의 본질적인 특색이 무엇인지 자랑스럽게 꺼낼 수 있어야 한다. (중략) 이것이야말로 당신이 설 수 있는 가장 중요한 포인트다"[1]라고 말한 바 있다.

리안이 천착한 주제 중의 하나는 동양의 전통적인 욕망관이다. 남송의 주희는 자신이 집대성한 성리학적 세계관을 바탕으로 일찌기 "천리를 보존하고 인욕을 없애야 한다(存天理, 滅人欲)"라는 주장을 펼쳤는데, 원대 이후 그의 학문이 관학이 되면서 이 구절은 봉건 왕조가 끝날 때까지 중국인들의 윤리 의식에 지대한 영향을 미쳤다. 그의 영화 속에는 금욕을 강조하는 전통적인 욕망관과 자유분방한 현대 서구적 욕망관이 자주 충돌하는 것을 볼 수 있다.

리안은 헐리우드로 진출한 뒤에도 여전히 가족과 세대 간의 갈등을 주로 다루어왔다. 영국의 유명 소설가 제인오스틴의 원작을 영상에 옮긴 〈센스 앤 센서빌리티〉는 그가 할리우드에서 만든 첫 영화인데, 가족 간의 갈등이 주요한 테마 중의 하나이다. 1997년에 제작한 영화 〈아이스 스톰〉은 미국의 한 도시를 배경으로 역시 가족 관계와 그 위기를 다룬 영화다. 할리우드에서 본격적으로 상업영화 감독으로서 입지를 굳힌 리안은 드디어 인문학적 색채가 농후한 〈와호장룡〉이라는 무협영화를 통해 오랜 기간의 탐구로 터득한 중국 전통 사상과 미학을 자신만의 독특한 중서합벽의 영화 미학으로 세상에 널리 알렸다. 그리고 2003년에 제작한 블록버스터 〈헐크〉 또한 리안이 추구해온 인간의 보다 근원적인 소재를 영화 속에 녹여내고 있다.

1) 李安,「站在好萊塢與中國電影之間」,『上海大學學報』, 2006, pp.8-11.

## 2. 탄둔의 음악 테마 : 첼로 협주곡

탄둔은 〈와호장룡〉을 동양 스타일로 완곡하게 풀어내면서 '와호장룡' 스코어를 탄생시켰다. 주요 음악 테마인 '와호장룡' 선율은 첼로 독주 또는 기악 협주곡으로, 오프닝과 엔딩 및 작품 전체를 관통하며 길거나 짧게 단락을 확장해 나간다. 이 재료를 확장하여 만든 음악 테마는 '천월죽림(穿越竹林) · 실크로드(絲綢之路) · 영원한 서약(永恒誓約) · 남행(南行) · 아미산 영별(峨眉永別)' 등 배경 테마와 주제가 '월광애인(月光愛人, A Love Before Time)' 솔로곡이 있다.

# Tan Dun

## CROUCHING TIGER CONCERTO

for cello, percussion and chamber orchestra



Performance Position

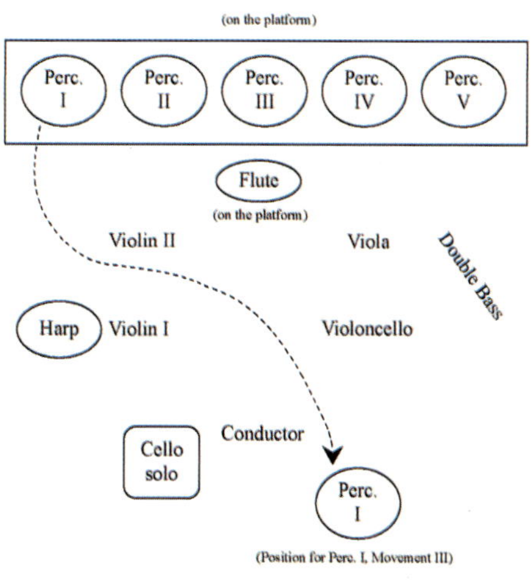

## '와호장룡' 첼로곡

大提琴与钢琴奏鸣曲

# 卧虎藏龙

（为大提琴家马友友而作）

Sonata for Violoncello and Piano

***Crouching Tiger, Hidden Dragon***

(For Yo Yo Ma)

谭 盾
Tan Dun

1. 卧虎藏龙
Crouching Tiger, Hidden Dragon

(hold guitar pick in mouth between lips)
dolce molto
(dolce)
s.p.
Sul C
pizz.
rubato
use guitar pick (optional)
(start very slowly)
(♩= 65)
(from slow to fast)
arco
sim.
ord. → s.p.

## '월광애인(月光愛人)' 솔로곡

탄둔 작곡 리원李紋 노래

| | |
|---|---|
| 깨어나 보니 달빛 속에서 자고 있었네요 | 我醒來 睡在月光里 |
| 하현달은 당신을 그립게 하는군요 | 下弦月 讓我想你 |
| 깨고 싶지 않아요, 누가 알까요 | 不想醒過來 誰明白 |
| 눈을 뜨면 당신이 없을까봐 두렵네요 | 怕眼睜開 你不在 |
| 사랑하는 마음이 바다 깊이 | 愛人心 深入海 |
| 나를 데려가 그것을 찾아주기를 | 帶我去 把它找回來 |
| 나를 사랑해주세요, 만 년 동안 마음을 다하여 | 請愛我 一万年 用心愛 |
| 사랑은 달빛의 선물이네요 | 愛是月光的礼物 |
| 천사의 연서를 기다려요, 사랑한다고 말해주기를 | 我等待天使的情書 說你愛我 |
| 사랑을 위해 깊이 잠들고 싶어요, 깨어나지 않기를 | 我愿爲了愛沉睡 別醒來 |
| | |
| 영원이란 있는 것인가 | 永恒哪 在不在 |
| 놓지 못하는 내 마음을 탓하죠 | 怪我的心 放不開 |
| 북극성이여, 나를 데려가요 | 北极星 帶我走 |
| 숨지 말고 사랑을 찾아줘요 | 別躲藏 把愛找出來 |
| 당신을 사랑해요, 매일 밤 기다리며 | 我愛你 每一夜 我等待 |
| 내 마음 당신을 위해 달의 바다에 잠들죠 | 我的心 爲了愛 睡在月之海 |
| 외로운 내가 그대를 그리워하는지, 누가 알까요 | 孤單的我 想念誰 誰明白 |
| 달빛 아래서 눈물을 흘리며 | 我在月光下流泪 |
| 깊이 잠들더라도 후회가 없으리 | 我也在月光下沉睡 沒有后悔 |
| 진심 어린 사람의 입맞춤으로 깨워주기를 | 等待眞心人把我吻醒 |
| 내가 잠든 꿈 속의 하루는 | 我在睡夢中一天 |
| 기억 속의 일 년이기도 하죠 | 也是在回憶中一年 |
| 사랑한다고 말해줘요 | 說你愛我 |
| 사랑을 위해 나는 영원히 잠들기를 | 我愿爲了愛沉睡到永遠 |

## '월광애인' 악보

# A Love Before Time

### From 'Crouching Tiger, Hidden Dragon'

Music by Tan Dun

1

B♭maj7 Dm Am7 B♭ B♭/C C7
molto
F C/E B♭ Dm Am/C
B♭ C F C/E B♭
molto f
Dm Am/C B♭ C Am7
lightly
Dm(add 9) B♭ Gm7
mf
A7sus4 Am7 Dm(add 9) Dm/C B♭ Am7
Gm7 Gm/F B♭ A7sus4 Am7 Dm
mp
2

# 3. 리안과 탄둔이 펼친 한 폭의 수목화

왕두루(王度廬)의 동명소설을 각색한 이 영화는, 무당파(武當派)의 일대 종사인 이모백(李慕白)이 강호를 은퇴하고 득도를 위해 수행하고자 마음 먹는 것에서 시작된다. 그는 자신의 결심을 증명하기 위해 홍안지기 유수련(兪秀蓮)에게 자신의 보검인 청명검을 맡기고, 자신을 대신해 패륵야(貝勒爺, 만주족의 세습 작위로 친왕보다 높은 지위)에게 전달해 달라고 부탁한다. 그런데 뜻밖에 유수련이 패륵부(府)에 보검을 건네준 그 밤, 거침없는 성정의 옥교룡(玉嬌龍)에게 검을 도둑맞는다. 이때부터 보검을 둘러싸고 여러 가지 사건들이 전개되며, 긴 세월에 얽힌 강호의 은원과 애증의 갈등이 펼쳐진다.

리안 감독은 유가와 도가의 이미지를 겸비한 이모백, 욕심도 많고 자유에 대한 갈망이 많은 옥교룡,무공과 고전적 여인미를 겸비한 유수련 등의 주요 캐릭터를 적절하게 형상화하여 자연스럽게 갈등과 대립을 이끌어낸다. 와호장룡에도 무협영화에서 단골로 등장하는 강호의 은원과 선악 대립은 있지만, 그것이 뚜렷하게 부각되지는 않아 보다 현대적인 느낌을 준다. 리안 감독은 거기에다 섬세한 심리묘사와 몽환적이고 동양적인 영상미학을 더하여 무협영화의 예술성을 크게 격상시켰다.

리안은 자연환경에 젖어 들게끔 만드는 동양 문화의 모식을 차용하여 영화에 운용하였다. 담담하면서도 균형을 이루는 외부환경을 묘사함으로써 격렬한 극 중의 충돌 장면을 대신하고 이로써 중국 고전의 미학적 특질을 체현한다. 영화는 의상(意象)을 표현하기 위해 대나무숲, 차관, 대저택의 정원 등의 배경을 선택했다. 허정(虛靜)의 의경을 표현할 수 있는 내러티브의 시공간을 골라, 강남의 작은 마을이든 베이징 같은 황성이든 카메라의 속 공간에서 마치 안개비가 보슬보슬 내려 깨끗이 씻어낸 듯한 우아한 아름다움을 보여준다.

리안은 "고전적인 중국 수묵화 효과를 원했기 때문에 우리는 저(低) 반차 필름을 사용하였고, 세트와 조명에서도 이를 표준으로 삼았다"고 말했다.[2] 영화에 깊게 몰입된 관객

2) 宋婷婷,「進入龍的世界—導演李安談〈臥虎藏龍〉」,『北京電影學院學報』, 2002, p.66-70.

의 상상 속 공간을 살리기 위해, 감독은 색채 사용에 있어서도 화면 내의 색채 간의 대조를 줄이고 중간 톤을 사용했다. "우리는 파란색을 거의 사용하지 않았는데 특히 밤 장면을 찍을 때 그러했다. 따라서 극이 진행될수록 판타지적이고 공허한 느낌이 드는 화면을 구현하게 되었다"[3]라고 말한 대로다. 이처럼 수묵의 운치를 추구하는 시각적 효과는 공령(空靈)의 미학을 서사 안에 깊이 심어 놓는다. 이 때문에 영화에서는 채도가 높은 색상대비를 찾아보기 힘들다. 자연을 활용해 인위적인 색채 대비를 줄였기 때문에 화면 속 자연은 보다 포용적이고 조화로우며 이와 모순된 색채가 드물다.

저(低) 반차 화면 색채 처리

영화 속에서 감정의 핵심 인물이 옥교룡이며 그녀를 중심으로 사제애와 자매애, 가족애와 남녀 간의 사랑이 교차함을 알 수 있다. 서사 구조로 이 작품을 보면 기존의 무협영화처럼 무게 중심을 정의와 악의 힘겨루기에 두지 않는다. 그보다는 복잡미묘한 남녀의 감정, 도와 자유에 대한 갈망 등이 영화의 중심 주제가 되고 있다. 영화의 표면상 줄거리(明線)[4]는 이모백의 청명검을 둘러싼 이야기다. 청명검을 얻음-도둑맞음-검을 찾고자 함-검을 되돌려 받음-다시 도둑맞음-뺏김 등의 과정을 이야기하며 끝없는 서스펜스를 자아낸다. 한편 스토리의 내면적 줄거리(暗線)[5]는 옥교룡이 품었던 강호에 대한 환상이 철저히 파멸

3) 宋婷婷,「進入龍的世界—導演李安談〈臥虎藏龍〉」,『北京電影學院學報』, 2002, p.66-70.

4) 스토리의 明線(표면상 줄거리)은 일반적인 스토리라인을 말한다. 누가 어떤 배경에서 무엇을 했고 그것이 결국 어떻게 되었는지에 관한 것이다. 표면적 줄거리는 관객에게 스토리의 전개와 발전을 이해시키기 위해 존재한다.

5) 스토리의 암선(暗線)은 여러 가지가 있을 수 있다. 스토리 속 인물의 심리 변화일 수 있고, 주인공의 사유 과정의 변화일 수 있으며, 인물과 인물 사이의 감정적 변화일 수도 있다. 이러한 실마리들이 보이지 않게 스

되기까지의 심리 역정이라 할 수 있다. 이 과정에서 이모백과 벽안여우의 관계가 옥교룡이 끊임없이 자아정체성을 추구하도록 추동하는 주요 실마리가 되고 있다. 정의로운 이모백과 사악한 벽안여우와의 이미지는 서로 대립되는데, 양자의 관계에는 이모백의 사부를 죽인 원한 관계와 더불어 옥교룡이 선과 악을 인지하게 되면서 겪는 모순도 담겨 있다. 유수련과 이모백, 옥교룡과 나소호, 채구 부녀와 벽안여우의 원한이 서브플롯으로 메인 플롯에 얽혀 있다.

토리 속에 흐르며 역동적으로 움직인다. 그러나 보이지 않는 흐름이 어떤 형태로 나타나든, 감정을 둘러싸고 변화되기 때문에 '감정선'이라고도 부른다.

# 4. '와호장룡' 첼로 테마 : 인물의 의상 색채와 음악

## 유가와 도가를 겸비한 협객 이모백

영화 〈와호장룡〉의 핵심 캐릭터인 이모백의 형상화에는 중국의 전통문화적 요소가 많이 가미되어 있다. 오프닝에서 감독은 대화의 형식으로 이모백의 성격을 형상화한다. 그는 속세의 공명을 내려놓고 득도를 위해 오랫동안 수련하고 있었다. 유수련과의 대화에는 그가 최고의 심미적 체험을 추구하던 모습이 면면히 드러난다. 이제 그가 강호의 원한을 내려놓고 홀로 무당산에 가서 수행을 하려 함은 '도'의 진제(眞諦)를 깨닫기 위해서이다. 그는 득도의 과정 중에 자신의 잡념을 모두 떨쳐버리고 일심으로 무아의 경지에 들어섰는데, 이러한 정신 상태는 노자가 내세우는 '척제현감[6](滌除玄鑒)', 장자의 '심재좌망(心齋坐忘)[7]'과 상당히 일치한다.

무당파의 일대 종사이기도 한 이모백은 단순한 협객이 아니라 유가와 도가의 미덕을 두루 갖춘 고아한 협객의 경지를 보여주고 있다. 온화하고 강직하며, 무슨 일이 생겨도 침착하고 냉정하다. 그는 옥교룡이 겨누는 검 끝에 생명이 위태로웠음에도 불구하고 전혀 흐트러짐 없이 침착하게 행동하며 편안한 안정감을 보여준다. 감정에 있어서도 예절에 부합하는 한에서 발현하는 데에 그친다. 진중하고 차분하며 표일(飄逸)한 행동거지는 바로

---

6) '척제현감(滌除玄鑑)'은 사람들이 온갖 주관적인 욕망과 사념을 버리고 내면에 깃든 선입견과 욕망, 미신을 검은 거울을 깨끗이 씻듯이 닦아 내어 묶는 때를 씻어 일체의 사물을 있는 그대로 비추어 잡념 하나 없이 공허하고 평화롭게 만든다는 의미다.

7) '심재좌망(心齋坐忘)'은 장자의 주장으로서, 눈과 귀 같은 감각적 능력을 제거하고 마음으로 자연의 허와 실을 깨우쳐야 한다는 초심령적인 체험의 경지를 뜻한다. 장자의 '심재'와 '좌망'은 후대의 시와 회화에 영향을 끼쳐, 시인과 예술가들이 추구하는'意'와 '道'의 정신을 산수시와 산수회화에 관철할 수 있도록 하였다. 사물을 대하는 장자의 태도는 자연의 물성을 존중하는 도가의 전통을 극대치로 발전시켰으며, '심재'와 '좌망'의 실체는'여물위춘(與物爲春)'을 실현하려는 도의 경지에 있다. 이 경지가 인간에 반영된 것이'심경(心境)'이며 철학에 반영된 것이 '도경(道境)'이다. 趙東, 『自然之道與美學—論莊子哲學的美學轉化』, 西南大學 博士學位論文, 2010, p.59.

위풍당당한 대협의 면모라 할 수 있다. 이모백은 중국의 전통 문화적 요소를 융합한 복합적인 인물이며 전통 협객의 인문적 풍격을 재현하고 있다고 할 수 있다.

## □ 의상 조형과 색채

영화 속에서 인물의 의상 색채는 개성 있는 인물을 형상화하는 데 큰 도움을 줄 뿐 아니라 뿐 아니라 문화나 풍속 등을 체현하면서 은유와 상징의 기능을 감당하기도 한다. 따라서 의상 색채는 감정을 전달함에 있어 반드시 어느 정도의 주관성을 띠고 있는데, 시각적 연출로 캐릭터 내면의 변화를 암시하고 관객이 영화 분위기를 더 잘 느낄 수 있도록 하여 스토리 전개에 대한 이해를 제고하기도 한다. 따라서 중국 무협영화의 의상 색채를 제대로 이해하려면 먼저 중국의 전통적인 색채관에 대한 기초 지식이 있어야 한다. 이는 중국 무협영화가 '협객의 색채'를 구축할 때는 중국의 전통적인 색채관을 그대로 활용하거나 그를 응용하는 경우가 많기 때문이다.

서구의 색채관이 객관적 현실의 물리적 색채에 바탕을 둔 것이라면, 중국의 전통 색채관은 주관적 심리세계와 사유체계에 더 많은 영향을 받고 있다. 그것은 시종일관 의상(意象)의 관점에서 객관적 물상의 색채를 관찰하고 표현한다. 객관적 물상의 색채를 관찰하고 표현할 때 외부 변수의 영향에서 벗어나 사물의 표상과 외피를 꿰뚫어 객관적 물상의 내재적 본질(즉 고유색)을 직접 표현해야 한다. 앞에서도 간략하게 언급했듯이 의상이란 물상의 색채에 대한 주체 혹은 자아의 내면 정서를 분류하고 귀납하여 인간의 주관적인 감정과 정신을 구현하는 제2의 자연이며, 주관과 객관의 완벽한 통일이다. 주체가 심리나 의식(意識)을 통제해 여러 물리적 속성을 선택하거나 종합하여, 정서나 의(意), 색, 물상 사이에서 같은 구조를 모색한 후 이를 색과 의(意), 색과 정(情), 색과 물(物), 색과 시(時) 등의 합일로 귀결한 것이다.

〈와호장룡〉에서 인물 복식의 주요 색채는 중국의 오색(五色)과 겹친다. 오색(五色)은 오정색(五正色)과 오간색(五間色)으로 나뉘는데, 여기서 말하는 정색과 간색은 서양의 것과 완전히 다르다.

영화의 주요 인물인 이모백의 복장은 주로 흰색을 위주로 하고 있는데 흰색의 옷과 인물의 심경이 하나가 되고 있다(이모백(李慕白)이라는 이름 자체가 흰색을 흠모한다는 뜻이다). 흰색은 노자 사상에서는 소박미와 통한다. 노자는 일찍이 현소포팍(見素抱樸)을 강조했는데, 여기서 소는 염색하지 않은 실을 말하고 박은 도끼를 댄 적 없는 통나무를 가리킨다. 소와 박은 결국 아무런 인공적인 가공이 없는 자연스러운 상태를 말한다. 그리고 색깔 가운데 소박과 가장 가까운 색은 흰색이다. 그러므로 흰색과 소박함은 서로 의미가 통하고 대협의 성품과도 관련된다.

리안 감독은 인터뷰에서 다음과 같이 말했다. "나는 (이모백)에게 단순한 이미지를 부여해 일종의 기백을 형상화하고자 하였다. 그래서 그의 옷은 시종일관 같은 형태였다."[8] 이 때문에 극 중에서 이모백의 의상은 단순하면서 화려한 색채가 드러나지 않는다. 그저 회색과 흰색 사이의 의복으로 유가의 문아(文雅)한 인물 유형을 형상화하고 있다. 또한 이모백의 일거수일투족의 행동거지에도 도가 사상의 동(動)과 정(靜), 강(强)과 유(柔), 유(有)와 무(無), 무위(無爲) 등의 사상이 체현된다.

오프닝의 휘파(徽派) 건축

등장인물에 있어서 첫 등장은 매우 중요하다. 관객은 인물의 의상 스타일과 주변 환경을 통해 그 인물에 대한 첫인상을 갖게 되기 때문이다. 특히 인물의 대사가 없을 때, 관객은 모든 정보를 화면의 카메라 시선에 의해서만 판단할 수 있다. 이때 색채는 조형의 중요한 요소로서 매우 큰 역할을 한다.

영화의 오프닝 쇼트는 카메라가 휘파(徽派) 건축[9]을 롱숏으로 잡으면서 시작한다. 화면

8) 李瑞,「〈臥虎藏龍〉的美術設計風格芻評」,『電影文學』第21期, 2011, p.129.

9) 휘파 건축은 중국 한족의 전통건축 중 하나로 휘문화를 이루는 가장 중요한 구성 요소 중 하나이며 '흰 벽과 검은 기와'를 특징으로 꼽는다. 휘저우(徽州)의 전통촌락에는 마을과 마을 사이 또는 마을과 외부 사이에 작은 강이 흘렀고 강 위에는 작은 다리가 있어 마을 내,외부를 서로 연결해주었다. 이렇게 구성된 휘저우 특유

은 작은 다리, 흐르는 물, 푸른 산 등으로 구성된 중국의 수묵 풍경화 같다. 이 장면은 또한 영화의 전반적인 색채 기조를 확정짓고 있다. 풍경을 담은 이 쇼트를 통해 이야기가 벌어지는 지점을 알려주고, 고풍스럽고 소박하며 우아한 영화 스타일을 말해준다. 가옥이 밀집한 곳은 화면의 위쪽에 자리 잡고 화면의 약 3분의 1을 차지하며, 화면의 대부분은 반짝거리는 물로 채워져 있다. 그 물 위에 목선(木船) 한 척이 화면의 우측 하단에서 천천히 움직이자, 화면 아래 쪽에 위치한 물결이 잔잔하게 출렁인다. 저 멀리 보일 듯 말 듯한 산의 모습이 평안하고 고요한 느낌을 준다. 그러나 평화롭고도 상서로워 보이는 화면은 회색의 운용으로 인해 일말의 불안함과 슬픔을 느끼게 한다.

리안 감독은 이모백이 등장하는 장면의 색채를 설계하면서 화면 속의 번잡한 색을 피하고 바탕색의 수법으로 강남 수향(水鄕)의 자연 경치를 표현했다. 어찌 보면 만물 순환의 자연스러운 운동 법칙을 그대로 체현했다고도 볼 수 있다. "나리가 오신다!"는 소리와 함께 수수한 회색 무명 적삼을 입은 남자 주인공, 이모백이 말을 끌고 검은 기와와 흰 벽이 특징인 소박하고 우아한 마을로 천천히 들어온다. 그 느릿느릿한 걸음걸이와 온화한 기품은 전통 무협영화의 괴력을 지닌 캐릭터 이미지와는 전혀 다르게 도가의 문인다운 '협객'의 진실한 모습만 남겨둔 것이다. 감독이 이해한 수도(修道) 과정이 이모백의 형상을 통해 투영되고 있다는 것을 알 수 있다.

실제로 리안은 인터뷰에서 자신이 도교를 선호하며 '도(道)'의 관점에서 자신의 이야기를 하고 싶었다고 밝힌 바 있다.[10] 이 때문에 영화 속에서 이모백의 의상 색채부터 등장하는 장면의 화면 배경 색조까지, "담연무극이중미종지(澹然無極而衆美從之)"[11]의 도가(道家)의 미

---

의 수구(水口) 공간은 마을 시작을 상징하고 취락공간 환경의 서막을 열었다. 수구 공간은 영화의 서막이나 오프닝에 자주 등장하는데, 수구공간 자체가 갖는 상징성 뿐 아니라 시공간적 배경을 함의하기도 한다. 휘문화는 남송 시기 이후에 일어나 명청 시대에 전성과 번영을 누렸기 때문에 휘파건축물이 등장했다는 것은 스토리의 시간적 배경을 자연스럽게 역사 속으로 끌어들인 것이며 영화의 시작부에서 역사적 시공간을 세팅하는데 사용된 것이다. 王璐子·李早,「影像作品中徽派建築的文化傳達」,『建築與文化』, 2022, pp.255-256.

10) 李東然,「來自東方敘述者的西方故事」,『生活周刊』, 2012.11.9. http : //www.lifeweek.com.cn/2012/1109/39120_2.shtml, 검색일 : 2021.10.7.

11) "담연무극이중미종지(澹然無極而衆美從之)"라는 말은『장자(莊子)·각의(刻意)』의 "澹然無極而衆美從之, 此天地之道, 聖人之德也"에서 나온 말이다. "덤덤함과 무욕이 극에 달하면 수많은 미덕이 모여드는데, 이것이 천지의 도요, 성인의 덕이다"라는 뜻이다. 즉 명예와 이익에 무심한 것이 사람으로 하여금 여러 우수한 덕성을 갖게 한다는 것이다. 錫三,『《莊子》』的跨文化編譯 : 自然·氣化·身體』, 台灣大學出版中心, 2019, p.135.

학 이념이 나타난다. 또한 이모백의 의복 색채는 수수하고 정갈하며 전체 배경화면과 하나로 아우러져 '도인의 본심'을 외화하고 있는데, 이른바 '스스로 드러내지 않기 때문에 밝게 드러난다(不自見故明)'[12]고 할 수 있다.

음악 설계에 있어서, 탄둔은 첼로를 메인 악기로 선택해 저음을 내는 중국의 민속 악기 음색을 모방하고 미끄러지는 음(滑音), 떨리는 음(顫音) 등 중국 악기의 연주법을 가미했다. 중국의 현악기 및 서양 악기로 테마 '와호장룡'이 노래처럼 연주된다. 울거나 호소하는 것 같은 음색을 띠고 슬픈 정서를 표현할 수 있는 첼로는 중국 민속의 소음계를 사용해 연주된다. 이모백이 등장할 때 '와호장룡' 테마 1악단이 천천히 등장하면 음악과 화면이 하나로 합쳐지면서 한 폭의 아름다운 산수화 같은 느낌을 준다.

**Crouching Tiger Concerto**

for cello solo and chamber orchestra

music from the original sound track of Ang Lee's film Crouching Tiger, Hidden Dragon

1.Crouching Tiger, Hidden Dragon

Tan Dun

12) 원전에는 "不自見, 故明"이라고 나와 있고, 이를 해석하면 '내가 표현하지 않아도 시비가 분명하다'라는 것이다. 이를 차용하면 〈와호장룡〉에서 이모백의 소박한 복색을 통해 그가 도를 수련하고 있음을 자연스레 꿰뚫어 볼 수 있다는 것이다. 탕장핑(湯漳平)·왕차오화(王朝華) 역주, 『노자(老子)』, 中華書局, 2018, p.86.

## 높은 무공과 고전적 여인미를 겸비한 유수련

리안은 유수련이란 인물을 외양내음(外陽內陰)의 여성으로 형상화하고 싶었다고 한다.[13] 극 중의 유수련은 강호를 활보하는 여협이며, 표국(鏢局)을 돌보는 등 남성의 일을 하면서 생계를 꾸린다. 하지만 동시에 뼛속 깊이 여자라서 가정을 꾸리고 안정된 삶을 살고 싶어 한다. 표면적으로는 강호를 원하는 것 같지만, 내면에는 전통 예교를 따르는 유가의 피가 흐르고 있다. 그녀는 이성적이면서도 자신의 욕망을 절제하고 억압하는 강호의 여협이다. 그러나 강호에서 융통성을 배우고 세상 물정에 밝은 사람으로 단련되었기에, 강호의 음험함도 알고 있고 노련하기도 하다. 하지만 여전히 유가의 강상(綱常)과 예교를 수호하기 위해 시시각각 자신의 감정을 억누르고 있다.

유수련을 냉철하면서도 세련되게, 또한 중국 전통 여성의 단아함을 표현하기 위해, 그녀의 의복은 푸른색 계열 · 베이지톤 · 연보라색의 단아한 색조로 설계되었다.

미술감독 예진텐(葉錦添)은 두 가지 방면에서 그녀의 복식을 설계하였다고 한다. 먼저, 그녀가 쌍도를 무기로 사용하는 협녀이기 때문에 남성적인 특징을 가미한 옷을 디자인하였고, 넓은 소매라든가 면마 재질의 옷감을 사용했다. 다음으로, 유수련이 단아한 청대의 한족 여성이기 때문에 화려한 복식도 몇 세트 마련하여 여성성을 드러나게 한 것이다. 보라색은 고아하고 신비롭다. 영화 속에서 유수련은 이모백과 함께 있을 때 주로 연보라색의 옷을 입고 있는데 이는 이모백을 향해 억누르며 숨겨둔 감정을 표현한 것이다. 이처럼 의상 조형과 색채를 달리함으로써 유수련의 다른 면모를 볼 수 있고, 표국의 책임자로서 강호를 떠도는 여인과 전통 예교 속에서 욕망을 억누르는 여인 사이에서 방황하는 그녀를 적절하게 시각화할 수 있었다.

유수련은 집에서 푸른색의 심플한 옷을 입고 머리에 별다른 장식도 없이 혼자 침대에 앉아 옷을 개는 모습으로 영화에 등장한다. 카메라는 미디움 클로즈업으로 그녀의 모습을 담고 파노라마 샷으로 방을 비춘다. 유수련의 푸른색 옷과 미색의 침대 가리개 외에 화면에 존재하는 기타 번잡한 색은 없다. 전체적으로 소박하고 단아한 느낌을 준다. 유수

13) 張靚蓓·李安,『十年一覺電影夢 : 李安傳』, 中信出版社, 2014, p.453.

련의 등장 신은 그녀가 중국의 전통 여성임을 느낄 수 있게 해준다. 그러다가 "이모백 나리가 왔어요"라는 하인의 말을 듣고 은근히 기뻐하면서도 긴장하는 표정을 보인다. 곧이어 이모백이 하인을 따라 집으로 들어오자 유수련은 전혀 다른 모습으로 등장하는데 분홍색 테두리가 있는 미색의 옷으로 갈아입고 머리를 감아올린 채 비녀를 꽂은 모습이다. 의상의 색깔과 배우의 표정 변화를 보면 유수련이 이모백을 향해 감정을 억제하고 있다는 것을 알 수 있다.

유수련은 이모백의 바로 다음에 이어 등장한다. 그래서 영화음악 역시 '와호장룡'의 음악 테마가 계속되며 첼로 독주 악기가 음악을 이끌어 나간다. 음악은 바장조이며, 첼로 독주 주제 선율은 '파, 솔, 시b, 도, 레' 중국의 5음 음계인 '궁, 상, 각, 치, 우' 펜타토닉 스케일이 사용됨을 알 수 있다. 악보를 보면 이는 영화 전 편의 핵심 악단이기도 하다. 테마는 전체 3악구로 구성되었고 앞의 두 악구는 평행 확장 구조이고, 뒤의 악구는 앞의 악구와 대비된다. 전체 악단의 리듬은 당김음이 주를 이루며, (한마디 내에서의 당김음, 붙임줄에 의한 당김음 등의 형식을 포함) 순환하고 반복되는 멜로디로 호흡의 긴장과 완화의 조화를 이룬다. 음악은 끝날 때까지 5음 음계의 민속적인 특성으로 진행되며, 비록 서양악기이지만 중국 전통 선법으로 연주하도록 적용하여 동양적인 색깔이 많이 묻어난 것이 특징이라 할 수 있다.

'와호장룡' 테마

곡조 전체의 완만한 빠르기는 약간의 색채를 띠면서 화면의 톤과 잘 어울린다. 탄둔은 연주자들에게 각 음정마다 슬라이딩 기법을 사용하도록 하였고, 두 번째와 세 번째 악구 끝부분에 큰 폭의 비브라토를 사용하도록 하였다. 이렇게 하여 악단의 전체가 애절하고 정감이 넘치는 분위기를 구현했다. 이 세그먼트는 유수련과 이모백 사이의 비극적인 결말을 암시하며 두 인물이 등장할 때 동일하게 연주된다. 그러나 영화의 엔딩에서 옥교룡의 비극적 결말을 보여주는 장면에 다시 이 주제 선율을 소환한 것은 오프닝 음악과 조화를 이루고자 한 것임을 엿볼 수 있는 대목이다.

## 천진하고 방종한 양면성을 지닌 옥교룡

리안은 옥교룡을 외음내양(外陰內陽), 유수련을 외양내음(外陽內陰)으로 형용한 바 있다.[14] 영화에서 감독은 이모백, 유수련과 옥교룡의 관계를 굳이 정(正)과 사(邪)의 대결로 연출하기보다 인물의 내면세계에 치중해 인성 깊숙한 곳에 자리잡은 진실을 탐구하고자 하였다. 옥교룡은 유수련의 전통적인 여협 이미지와는 달리 정파와 사파 사이에서 동요하고 전통적인 예교와 자유로운 사랑에서 갈등한다. 옥교룡에게는 태생적인 반역의 요소가 있고 이기적이고 제멋대로인 면이 있는 것처럼 보인다. 그래서 그녀의 이미지는 생생하고 사실적이며 세 주인공 중에서도 가장 독립적이고 자주적이며 개성도 뚜렷하다. 그녀는 본래 높은 관리의 여식이라 신분이 높다. 저택 내에 신분을 숨기고 지내던 벽안여우(碧眼狐狸)를 어린 시절부터 스승으로 모셨고, 무공비적(武功秘籍)을 보며 상승 무공을 익혔으며 한낱 죄수처럼 부(府)에 갇혀 살길 싫어해 청명검을 훔쳐내고 홀로 강호를 떠돌고자 한다. 어떤 규칙과 속박에도 묶이지 않고 제멋대로 살고 싶은 것이다.

옥교룡은 무림의 정도(正道)에 속한 자가 아니다. 정의를 위해서가 아니라 오직 자신만을 위해 싸우기 때문이다. 그녀는 강호를 떠돌며 청명검에 의지하지만, 오히려 이것이 그녀를 파멸로 이끄는 단서를 제공한다. 영화에서는 일찍이 이에 대해 암시한 바가 있는데,

14) 張靚蓓·李安,『十年一覺電影夢 : 李安傳』, 中信出版社, 2014, p.453.

옥교룡이 강호에 대해 물을 때 유수련이 '도의(道義)'라는 2음절로 대답한 부분이다. 이모백은 옥교룡의 성정이 제멋대로이기 때문에 머지않아 그녀의 뛰어난 무공이 스스로를 '독룡(毒龍)'으로 만들 것이라고 담담하게 예언하기도 하였다. 무협 정파인 유수련과 이모백의 눈에 강호의 생태는 인의로 유지되는 것이다. 때문에 그들은 옥교룡의 방종함과 악랄한 성품이 강호에서 비극적인 결말을 맞게 될 것임을 간파하였다.

〈와호장룡〉에 나오는 옥교룡의 이미지 형상화에 대해, 미술감독 예진텐은 다음과 같이 말했다.

"극 중 옥교룡 캐릭터는 극의 기복을 결정하는 초점이다. 그녀는 환경에 따라 다른 성격을 드러내는데, 그 중에서도 잠재된 성적 욕구(sex allure)와 인간관계에 따른 다른 대응이 끊임없이 해체되고 재구성되면서 서서히 그녀의 이미지를 만들어가고 매력적으로 만든다. 본인 스스로도 통제하지 못하는 정욕, 순발력, 원동력과 내재된 순진무구함을 표현해야 한다고 생각했다."[15)]

이 때문에 이모백과 유수련의 성숙하고 안정된 스타일과 영화 전체의 소박한 화면에 비해, 옥교룡의 의상은 다소 복잡하고도 화려하다. 하지만 영화의 마지막 장면에서 옥교룡의 옷차림은 수수하면서도 단순하다. 진회색의 개방형 두루마기에 우윳빛의 한인 장삼, 연갈색 넓은 바지를 입었다. 전체적으로 크고 넓되 세련된 윤곽을 강조하며 여타 군더더기 장식이 없다.

옥교룡의 의상은 색이 복잡하고 화려하지만, 여기에서도 여전히 의경 그려내기가 중시된다. 패륵야 부(府)를 배경으로 영화에 처음 등장할 때의 갈색 만주족 의복, 황혼에 입었던 검은색 야행복, 사막에서의 주홍색 치파오와 혼례식의 홍의, 남장할 때 입었던 연한 갈색 옷, 그리고 이모백과 드넓은 대숲에서 대결할 때 입은 미색의 짧은 저고리에까지 상황에 맞는 의경을 잘 담고 있다. 이러한 의상들의 조형적 변화는 그녀의 심리상의 변화를 암시하고 있으며, 복식의 변화는 플롯의 전개를 추동함으로 중요한 서사적 기능을 담당한다.

첫 등장 신에서 옥교룡은 만주족 귀족의 옷을 입고 우아하고 정숙한 자태를 뽐낸다. 이는 옥교룡과 서민과의 거리감을 잘 드러내며 점잖고 단아한 고관의 여식다운 면을 유지

---

15) 葉錦添,『神思陌路』, 中國旅遊出版社, 2010, p.40.

하고 있는 것이다. 하지만 그녀는 청명검을 훔치기 위해 검은 상하의의 야행복 차림으로 분장을 한 뒤, 복면으로 얼굴을 가리고 사냥꾼 같은 두 눈만 드러내기도 한다. 사방을 돌아보는 그녀로부터 위태로운 기운이 풍겨 나온다. 그녀는 추녀 사이를 날아다니고 벽을 오르내리며 패륵부에 잠입한 후, 유수련 등과 맞붙게 되면서 관객들에게 무공 실력을 보여주는데, 그녀의 다변적이고 의심스러운 행보에 대해 관객들은 궁금증을 일으킨다. 이 장면은 이후 이모백과의 연결을 위한 복선으로 작용하기도 한다.

사막에서 옥교룡은 부모를 따라 이동하던 중 나소호 일당의 강도 떼를 만난다. 그녀는 강도들과 사투를 벌이게 되는데, 이때 그녀가 입은 옷은 청나라 한족의 기본 여성복 흰색 상의와 긴 바지다. 이 옷엔 검붉은 색으로 수가 놓여 있다. 광활한 황토색의 사막 속에서 그녀의 옷차림은 크게 눈에 띄고, 소호와 싸우다가 실수로 말에서 굴러떨어져 흙 위에서 나뒹굴며 화가 나서 땅을 주먹으로 내리칠 때는 온통 흙먼지투성이었다. 머리카락마저 헝클어진 옥교룡의 모습은 패륵야 부에서 봤던 단정하고 꼿꼿한 이미지와 사뭇 다르다. 흙투성이 얼굴과 머리를 하고 있는 '미친 소녀' 같은 이미지는 왜 신분 높은 관료의 여식이 야밤에 청명검을 훔치게 되었는지에 대해 답해준다. 옥교룡은 원체 험한 것을 두려워하지 않고 세상 물정을 모르며 천진하고 발랄한, 고집불통 소녀였던 것이다.

옥교룡의 스타일링은 가장 대조적인 성격의 설계라 할 수 있다. 본시 관가의 귀한 아가씨인 이 캐릭터에는 양면성이 있다. 유수련과 달리, 옥교룡은 겉으로는 고귀한 금지옥엽이지만 내면엔 강호에 대한 원대한 판타지가 가득하고 천지를 자유롭게 활보하고픈 야망이 가득하다. 패륵부에서 유수련을 처음 만날 때 옥교룡은 온몸에 화려한 비단옷을 걸치고 있었다. 이는 호화롭고 부귀한 삶을 추구하는 황족이나 귀족의 취향에 어울린다. 하지만 소매와 하의에 놓은 자수는 고대의 산수화 문양이다. 옥교룡이 비록 금의옥식(金衣玉食)을 하며 화려한 저택에 지내더라도 산수 자연에서 맘 놓고 살 수 있는 자유를 갈망하고 있다는 것을 드러낸다.

머리 위에 장식한 붉은색 모란과 고풍스러운 화면 색조는 어울리지 않는다. 이는 오프닝부터 중성적이고 차가운 색조를 띠던 영화의 분위기와 어긋나면서 어떤 불안한 메시지를 관객들에게 전달하는 장치다. 옥교룡이란 인물에 대한 반전을 예고하고 있다. 그녀의 갈색[16] 옷은 중국의 전통 색채로 흙과 자연을 연상시킨다. 생명력과 감성이 충만하고 저항력이 있는 색깔로 여겨진다. 갈색은 옥교룡이 첫 등장할 때 입은 옷색인데, 이로써 그녀의 내면 깊숙하게 숨겨진 반역과 반항을 느낄 수 있다.

바우/음악 색채

옥교룡의 테마음악은 유수련과 잠시 대화를 나눈 뒤 그녀가 멀어질 때 흘러나온다. 탄둔은 이 곡을 설계하며 바우(巴烏)[17]의 아름다운 멜로디로 연주하게 하였다. 바우는 중국 서남쪽 지대의 소수민족의 취주 악기로 대나무 대롱으로 만들어졌다. 소리는 작지만 음색이 부드럽고 아름다워 옥교룡의 이미지와 잘 어울린다. 저음 악기는 아랫줄의 반음 라인을 연주하는데, 이것과 바우의 연주는 대위 관계를 이루며 불길한 징조와 대립을 나타낸다. 음악은 29초 길이로 짧은 편이지만 줄거리를 암시하는 역할을 하고 있다. 이는 수려한 외모를 지녔음에도 오만하고 제멋대로인 옥교룡의 양면적인 모습을 드러낸다.

16) 갈색은 빨간색과 노란색 사이에 위치한 색이다. 어느 정도의 검은색과 옅은 회색빛을 띠고 있다. 갈색은 홍갈색, 커피색, 차색 등으로도 부르는데 빨간색과 녹색, 오렌지색, 초록색 또는 노란색과 보라색의 안료를 섞어 만든다.

17) 바우는 중국 윈난성 하니족(哈尼), 이족(彝), 먀오족(苗), 바이족(白), 더앙족(德昂), 다이족(傣) 및 아창족(阿昌) 등의 소수민족에서 유행하는 민속 취주 악기이다. 하나의 리드(簧片)와 음관으로 구성된 바우는 목관 악기다. 공기압으로 단일 리드에 충격을 주고 취관 내 공기 기둥을 자극하는 원리로 소리가 난다. 그것은 일종의 두 가지 진동이 결합된 악기이다. 외관상으로는 중국의 피리를 닮았으나 피리처럼 취구와 음공이 한 선상에 놓여 있지 않고, 취구와 음공이 45도 각도를 이룬다. 취구에는 혀끝 모양의 리드가 들어가 있어 연주자가 그것을 입에 물고 연주한다. 중국 민간에서 바우는 독주 · 합주로 연주되거나 춤이나 서사가(敍事歌) 등을 위한 설창 반주로도 많이 쓰인다. 바우는 음역이 좁고 음량이 작지만 음색이 부드럽고 민족적인 색채를 띠기 때문에 연인들 사이에 감정을 호소할 때 쓰는 악기다. 연주 소리는 슬프기도 하고, 사모의 정을 말하기도하고, 울거나 하소연을 표현해서 여운이 그윽하다. 楊馬轉, 「中國民族樂器寶庫裏的明珠 : 巴烏與葫蘆絲」, 『中國音樂(第2期)』, 2004, pp.114-115.

## 5. '천월죽림' 테마 : 공간 화면과 음악

"공간(Space)이란 무한한 3차원의 범위를 말한다. 이 안에 물체가 존재하고 사건이 발생하며 각자 상대적인 위치와 방향이 있다." 공간은 곧 사건이 일어나는 장소다. 저우청런(周承人)의 『영화미술개론』에 의하면, 영화의 세트장은 "자연경관과 인간의 건축물"[18]로 구분된다. 이 개념을 차용해서 영화의 공간에 적용해보면 극을 위한 자연환경 공간과 실내공간으로 해석할 수 있다. '공간'이란 개념 자체가 자연환경과 인간의 건축물을 동시에 포함하는 것이기에 그 안에 존재하는 사물과 인간을 포함해야 하며 이 둘을 완전히 갈라놓는 것은 불가능하다.

공간 구조 면에서 색채를 고찰해보면 장면과 공간의 색채 모두 무협 영화의 물질세계 밑그림을 완성하고 있다. 양자는 강호라는 허구의 물리적 외양을 구축하는 동시에 무자(武者)와 협자(俠者)의 정신세계를 지향하며 포섭한다. 무협영화에서 장면에 걸맞은 색채를 구상할 때는 강호, 묘당과 관련한 여러 색채 관계를 종합해서 결정한다. 창작자 내면의 이미지(意象)를 무림 강호라는 허구적 공간에 녹여내야 할 때, '수류부채(隨類賦彩)[19]'의 색 사용 원칙을 환경, 빛, 고유의 색 등에 녹여낸다. 장면의 색채는 그저 단순한 배경화면에 그치지 않는다. 다양한 화면 쇼트의 조합을 통해 정과 의리, 의협심 등을 장면의 색채에 녹여내 관객의 눈앞에 드러내는 것이다. 하지만 장면의 색채 역시 고정불변한 게 아니라, 상황이나 인물에 따라 유연하게 바뀐다. 장면 음악도 공간, 장소와 밀접하기 때문에 다음에는 영화 속 전형적인 장면 몇 개를 골라 그 색채와 음악을 분석하고자 한다.

---

18) 周承人,『電影美術導論』, 中國電影出版社, 1997, pp.136-137.

19) 수류부채(隨類賦彩)는 중국의 회화 전문 용어로서, 남조의 사혁(謝赫)이 『고화품록(古畫品錄)』에서 제안한 채색 방법이다. 일종의 회화의 창작 원리이자 감상 기준이라 할 수 있는데, 중국화의 색 사용에 관한 기본 원칙을 말한 것이다. 당시에는 주로 인물화의 채색 방법에 대해 다루었다. 내용을 정리하자면 사물의 객관적인 고유색을 존중하되 그것을 주관적으로 단순화하고 귀납하라는 것이다. 정리하자면 수류부채란 관념의 귀합과 감정의 개괄에 따라, 주관화된 '의상색(意象色)'을 추구하는 것을 말한다. 예술 창작에 있어 정신적 측면의 자유를 극도로 중시한 것이다. 중국 전통의 문인화가는 주체가 터득한 본래의 진리과 우주관, 철학관을 개체에 맞는 인생관에 잘 반영하여, 색채와 삶의 서정성을 풍부하게 하였다. 수류부채의 '류'는 물질과 정신의 종합임에 틀림없다. 劉瑤,『隨類賦彩新解』, 中國藝術研究院 博士學位論文, 2013, pp.5-19.

### 1) 신장의 황량한 사막

옥교룡이 부모를 따라 이리(伊犁)로 가는 여정에서 화면에는 조용하고 황량한 벌판이 펼쳐지고, 파노라마의 부감(俯瞰) 쇼트로 황량한 사막의 특징이 시각화된다. 그러나 이때 들려오는 음악은 이와 강렬한 대조를 이루며 매우 역동적이다. 따라서 생명력이 왕성한 젊은 여협 옥교룡을 두드러지게 하는 예술적 효과가 뚜렷하게 드러난다.

이 시퀀스는 옥교룡과 나소호의 추억을 서술하는 장면이다. 시공간적 변화로 인해 화이트 밸런스 모드를 과도하게 사용하고 이어 카메라는 곧 신장의 사막 장면으로 전환된다. 감독은 파노라마 샷으로 옥교룡과 가족들이 이리로 가는 길을 카메라에 담았다. 앞 장면의 화이트 플래시와 연결되기 때문에 첫 번째 컷의 색채는 옅은 다갈색이고 파노라마 샷이 스토리의 배경을 알려준다. 두 번째 파노라마 샷의 색채는 다갈색(낙타색)이다. 다갈색[20]은 중국 전통 색상으로 낙타의 털빛과 같은 연한 갈색이고 착실하고 친근한 느낌을 준다. 색채 심리학에서 황토색은 베이지색 톤 계열에 속한다. 베이지색은 그레이스톤(石色)색에서 다갈색(카멜)까지 확장될 수 있는 중성적인 색이며 우호적이고 친근한 메시지를 전달하기 때문에 사람들이 가장 쉽게 수용하는 색이기도 하다. 이 장면의 톤은 다갈색 계열이며 어둡다가 밝아지고 차갑다가 따뜻해진다. 앞의 회색 톤 화면과 달리 전체적으로 억압적인 느낌이 들지 않는다. 왜냐하면 다음에 발생하는 사건이 옥교룡과 나소호의 만남과 사랑이기 때문이다. 이렇듯 장면의 전환과 정서의 변화가 색조에 의해서도 구분된다.

신장 사막 장면/화면 쇼트 배색

20) 낙타색(카멜)은 중국 전통의 색상이고 대자연에서 비롯하였다. 낙타의 털색과 같은 옅은 다갈색을 말한다, 『漢典』, https://baike.baidu.com/reference/, 검색일: 2021.10.7.

## □ 음악적 색채

이 단락의 음악은 매우 짧다. 중국 서역풍의 서정적인 멜로디가 느린 템포로 진행되고 화면에서 표현되는 색과 같이 조용하고 나른하게 표현된다. 이때의 배경음악을 주하는 악기는 잉글리쉬 호른이다. 이 악기는 부드럽고 매끄러우며 함축적이다. 잉글리쉬 호른은 중국 신장 지역의 구성진 민속 가락을 연주한다.

신장의 민속 멜로디는 아름답고 감동적이며, 리듬이 명랑하면서도 뚜렷한 대칭 구조를 가지고 있어 열정적이면서 매우 흥겹다. 수고(手鼓), 돔부라(dombra),[21] 레와브(rewab),[22] 철고(鐵鼓) 등이 합주로 들어간다. 이 세그먼트에서 반주 악기는 수고와 신장 수고(신장 다부達蔔)인데, 신장 지역의 여러 소수민족들이 풍년과 명절 등에 축하하는 분위기에서 사용하는 단골 악기이다. 다부는 그 음향을 따서 명명한 악기며 이 대목에서 큰 소리로 연주되지는 않지만 흥을 돋워주며 신나는 분위기를 조성하고 있다. 음악의 색채는 따뜻한 톤을 띤다.

잉글리시 혼 선율 (탄둔 '와호장룡' 총보에서)

잉글리시 혼/음악 색채

21) 돔부라는 터키어로 Dombrara, 카자흐어로 ообрра, 위구르어로는 Dombira, 동간어로는 унура, 이현금이라고 한다. 중앙아시아 지역의 전통 현악기로 카자흐스탄, 키르기스스탄 및 중국 신장의 카자흐족에서 특히 유행한다. 활대는 가늘고 길며 악기 통은 표주박 모양과 납작한 모양 두 가지가 있다. https : //zh.wikipedia.org/w/index.php?search=%E5%86%AC%E4%B8%8D%E6%8B%89&title=Special : %E6%90%9C%E7%B4%A2&profile=advanced&fulltext=1&ns0=1, 검색일 : 2021.10.7.

22) 레와브는 중앙아시아의 현악기로 위구르족, 우즈베크족, 콜크쯔족, 타지크족, 아프가니스탄 민간에서 유행하며 집회, 모임(Meshrep)에서 연주하는 데 많이 쓰인다. https : //zh.wikipedia.org/w/index.php?search=%E7%83%AD%E7%93%A6%E7%94%AB&title=Special : %E6%90%9C%E7%B4%A2&profile=advanced&fulltext=1&ns0=1. 검색일 : 2021.10.7.

신장 수고/음악 색채

돔부라(dombra)

## 2) 대나무 숲

대숲에서의 결투는 〈와호장룡〉의 명장면으로 꼽힌다. 이모백과 옥교룡이 입은 미색 옷과 청명보검의 자루 장식에 있는 노란색을 제외한다면, 화면은 대나무의 초록색으로 꽉 차게 된다. 예진텐도 "순녹색과 뚜렷히 대응되도록 만들기 위해 하늘하늘한 느낌이 드는 캐릭터 의상을 설계했고, 이모백과 옥교룡에게 미색 옷을 입혔다"[23]고 밝힌 바 있다. 노자와 장자는 '색(色)'을 경계의 대상으로 꼽는다. 대표적으로 '오색은 사람의 눈을 멀게 한다(五色令人目盲)', '용모와 움직임, 낯빛, 논리, 기분, 정의 이 여섯 가지는 마음을 속박하는 것이다(容動色理氣意六者謬心也), "무늬를 없애고 색채를 흩고 이주의 눈을 감겨 버리면 세상 사람들의 눈이 밝아진다(滅文章 散五彩 膠離朱之目 而天下始人含其明矣)" 등이 있다.

노자와 장자가 심신을 해친다며 색을 경계한 까닭은, 그것이 시각을 자극하여 사람의 마음을 어지럽히기 때문일 것이다. 녹색은 기본색인 노란색과 파란색이 서로 어우러지면서 만들어진 색깔이기 때문에 안정적이고도 중성적인 느낌을 준다. 노자와 장자의 색채관념은 바로 〈와호장룡〉의 바탕색에 운용된 녹색으로 전환되어 드러난다. 화면 바탕색의 운용은 본래 영화의 기법 자체의 일부로 내재화된 것임에도, 고의적으로 사용한 흔적을 없애 아예 화면에 색채를 사용하지 않은 것처럼 보이게 하는 것이다. 감독은 이렇게 자연이연(自然而然)의 방법으로 평화롭고 조용한 의경(意境)을 관객에게 전달하고 있다. 한편 대

23) 葉錦添,「著名美指葉錦添談〈臥虎藏龍〉」, http : //blog.sina.cn/dpool/blog/s/blog_576a179c0102dwd6.html, 검색일 : 2021.10.9.

나무 숲은 공(空)하고도 허(虛)한 공간이다. 이곳에서 하늘거리며 이리저리 날아오르는 캐릭터의 이미지는 망망대해 같은 대나무숲의 배경 구도에서 녹색의 평온한 성격을 공고히 하고 있다.

익스트림 롱샷의 정적인 화면에서 영화는 초록색 화면 톤을 대나무 숲에 배치하며 탈속의 초연한 물리적 환경을 만들어냈다. 한편 이모백과 옥교룡이 싸우는 역동적인 장면에서는 바람에 흔들리는 대나무 끝을 따라 녹색의 푸른 생명력이 솟구쳐 오른다. 이모백과 옥교룡은 대나무 끝에 서 있다가 돌연 신과 같은 경공으로 대나무숲 사이를 뚫고 지나기도 한다. 이모백은 옥교룡에게 자신을 스승으로 모셔 무공 심법을 전수할 것을 요청하나 옥교룡은 제멋대로 반발하며 그와 무예를 겨룬다. 두 사람은 흔들거리는 초록의 대나무 위에서 애매한 분위기를 보여주는데 색채의 정(靜)과 동(動) 사이에 이모백과 옥교룡 내면의 감정과 욕망이 파동을 일으키고 도덕적 자아(Super-ego)로 구속하려는 배척과 균형이 은유되고 있다.

녹색은 동태와 정태를 고루 지니고 있는 특이한 색이다. 그래서 대나무 숲의 녹색은 인물 자체의 성격과 특수 상황에서의 복잡한 심리 변화를 드러내기에 효과적이다. 자연 경물을 바탕색으로 활용하여 영화 속 인물의 내면과 삼투하면서, 인간과 자연이 합일하는 미학적 체현을 시각화하는 것이다. 영화의 이러한 창작 기법은 색채와 인물의 깊숙한 내면을 연계하면서 도가의 '도법자연(道法自然)'과 '물아(物我) 관계'의 사상을 표현하고 있다. 즉 대나무 숲의 초록색이 지니는 동태와 정태적 양면성은 이모백이란 인물의 욕망과 절제, 물(物)과 아(我)의 대응 관계를 이루는 것이다. 도가 사상은 색에 대해 "욕심을 일으킬 만한 것을 보여주지 않으면 백성들의 마음이 어지럽지 않게 한다(不見可欲, 使民心不亂)"[24]는 태도를 견지하였고, 쟝청칭(薑澄清)은 『중국색채론』에서 이런 도교의 색채관을 '취소론(取消論)'[25]으로 특징지은 바 있다. 리안 감독은 도가 문화에 대한 개인적 성향을 영화의 스타일

24) 『道德經』 3장.

25) 도가의 대표적 인물인 노자는 겉모습을 오안육색(五顔六色)으로 꾸며 사물의 본질을 가리는 것에 반대하며, 진정한 색채의 미란 사물의 본질을 반영할 수 있는 것이라고 보았다. 도가의 "취소론"은 욕망을 절제하고 없애는 소극적인 태도로 중국적 예술 색채를 실현할 것을 요구하였다. 도가에서 수수함과 질박함에 대한 추구는 필수적이다. 장자는 천하의 어떤 것도 소박한 아름다움을 이겨낼 수 없다고 하였다. 薑澄清, 『中國人的色彩觀』, 貴州大學出版社, 2013, p.87.

링에서부터 지극한 함의에 이르기까지 표출하였고 도가의 핵심인 '자연'을 여실히 드러내었다.

### □ 음악적 색채

대나무숲 장면의 영화음악은 먼저 오케스트라가 불안한 코드를 연주하는 것으로 시작된다. 하나의 화음으로 된 짧은 도입부와 12개의 음표의 모티브 형태로 구성되어 있다. 퍼스트 바이올린, 세컨드 바이올린, 비올라는 서로 비슷한 음을 연주하되 퍼스트 바이올린은 온음계의 4도를 연주하고 세컨드 바이올린은 반음 떨어진 4도 음정, 비올라는 반음 올라간 4도 음정을 연주하도록 구성하고, 첼로가 아랫줄에 있는 반음을 뒷받쳐주어 이렇게 결합한 짧은 도입부가 날카로운 화음을 만들어낸다. 이어지는 모티브는 쌍궁 계통으로 음계가 이동한 것 같은 느낌이 들게 하면서도 청악(淸樂 : 청각(淸角)과 변궁(變宮))과 아악(雅樂 : 변치(變徵)과 변궁(變宮))의 음계가 교체하는 것처럼 만들었다. 첼로와 콘트라베이스는 장음으로 연주해서 분위기를 조성한다.

뒤따라 들려오는 중음 플루트는 중국소(中國簫)[26]의 음색을 모방하여 긴장감과 다급한 느낌을 자아낸다. 음량이 크지 않고 부드러운 음색과 가볍고 부드러운 멜로디가 들릴 듯 말 듯 이어지며 무림의 신비를 담아낸 듯한 정취와 선적 의경을 담아내고 있다. 플루트의 음색은 매끄럽고 부드러우며 아름답고 청량한 느낌을 준다. 음악에서는 푸르른 대자연의 풍경을 묘사할 때 자주 이용된다. 영화에서 옥교룡과 이모백은 자신을 대나무의 일부분으로 만들어 그 운율에 따라 춤을 추듯 무공을 펼친다.

---

26) 소(簫)는 동소(洞簫)라고도 하는데 중국의 오래된 취주악기다. 홑관의 형태로 세로로 세워 불며 관을 열거나 모서리음으로 발성하는 게 특징이다. '소'는 당나라 이전에는 배소(排簫)를 가리키던 것이었다. 하지만 당송 이래로 홑관의 세로로 부는 소가 유행하면서 편관소(編管簫)를 배소(排簫)라고 구별해 따로 부르게 되었다. '동소'라는 명칭은 관의 밑부분에 구멍이 뚫렸기 때문이다. 음색이 매끄럽고 부드러우며 아늑하고 단아하다. 소는 독주, 금소(琴簫)합주, 사죽악(絲竹樂) 연주에 많이 쓰인다. 袁靜芳, 『民族樂器』, 高等教育出版社, 2004, p.74.

'천월죽림' 도입부

플루트 / 플루트의 음악 색채

이 장면의 '천월죽림' 음악은 테마곡 '와호장룡'의 도입 부분의 고음 파트를 발전시켜 리듬과 타이밍, 조성을 바꾼 것이다. 이후 중국의 희곡에서 사용되는 타악과 유사한 사운드를 가미하였다. 텍스트는 3개의 층으로 구성된다. 하프가 5도 음정으로 나누어 화음을 맞추며 가볍고 날렵하게 연주하고, 3도 중첩한 바이올린 파트가 아래로 2도 활주하고, 비올라가 모티브와 호응을 이루며 정과 동의 선명한 차이를 이룬다. 대나무 잎새의 흔들림과 극중 인물의 날렵하고 가벼운 몸놀림을 부각하는 동시에 도입부의 성격을 유지한다. 느리게 연주되던 첼로는 바람이 부는 것처럼 저음부에서 가볍게 연주된다. 오케스트라의 악기 배치는 영화의 정경을 묘사하면서도 민속악기를 재모방하면서 이중의 모방 효과를 내고 있는데 매우 특색있다. 끝부분에서는 전 오케스트라가 연주하는데, 앞의 음악과 달리 힘차고 역동적이다. 화성의 사용은 불협화음의 코드를 위주로 했으며 중국 타악기인 판고(板鼓)가 다시 삽입되어 이 단락의 음악을 절정으로 끌어 올리면서 전곡을 마무리한다.

테마음악 '와호장룡' 도입부

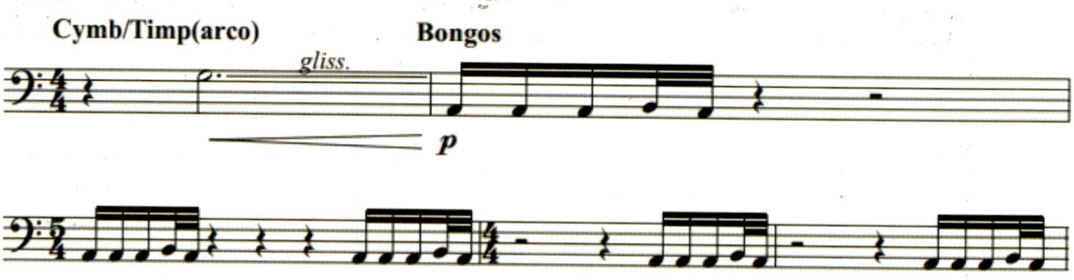


타악기 악보

'천월죽림' 음악

### 3) 동굴

영화의 마지막 부분에서 이모백은 벽안여우가 데려 가버린 옥교룡을 찾기 위해 그가 살고 있는 동굴을 찾았다가, 벽안여우와 접전 끝에 그만 독침을 맞고 사망하게 된다. 이모백이 수도자이기 때문에 감독은 클라이맥스 장면을 산속의 동굴 안으로 세팅하였고, 전체적인 색조는 검은색 톤으로 구성하였다. 이곳을 공간적 배경으로 삼은 이유는 중국의 도가 사상 때문이다. 이모백은 도가 계열의 협객이며 도가 사상은 음양을 중시하여 도를 수행하여 신선이 되고자 한다. 신선이 되기 위해서는 세상의 모든 욕망을 끊어야 한다.

동굴

도교에서는 음이야말로 만물이 생성하는 근원이며 모든 오묘함이 나오는 문이라고 여겼다. 음양이 순환하는 이치에 따르면 가장 순수한 양(陽)이 최후에 해탈할 수 있느냐 마느냐의 관건은 음에 달려 있다고 한다. 그래서 동굴은 이모백이 마지막으로 죽은 곳이자 음의 극 지대, 순수한 음(陰)의 영역이다.

한편 동굴은 음양오행을 모두 갖추고 있다. "병기(兵器)는 금(金)이요, 후경에는 땔감을 모아 놓은 곳이 있으니, 이는 목(木)이다. 앞쪽에 장작을 지펴 불을 쬐니 즉 화(火)요, 동굴의 천장이 새 빗물이 똑똑 떨어져 물이 고여 있으니, 즉 수(水)다. 수와 화는 서로 섞이지 않는다."[27] 여기에서 화면 전체에 검은색 톤을 적용한 것은 오행에서 검은색이 물과 상응하는 색이기 때문이며, '귀가'나 '종결'을 함의한다.

27) 張靚蓓,『十年一覺電影夢—李安傳』, 人民文學出版社, 2008, pp.167-249.

그밖에 불빛의 노란색은 양(陽)을 의미하고 있는데, 이모백이 임종할 때쯤 그의 얼굴에 비친 불빛은 양이 쇠하고 있으며 그의 생명의 경각에 붙어있음을 은유한다. 이모백이 쓰러지는 순간 얼굴에서 불빛이 사라진 것은 이모백이 마음 편히 운명을 받아들였고 무아의 정신적 경지에 이르렀음을 잘 보여주고 있다. 이 장면에서의 색채 변화는 영화의 주제와 인물의 정신세계를 한 단계 승화시킨다.

### □ 음악적 색채

이 장면에서의 음악은 기복이 큰 편이다. 먼저 금관 악기와 현악기로 연주되는 긴장감 넘치는 음악이 나온다. 불협화음의 코드를 연주하는 음악은 불길한 정서를 드러낸다. 이어지는 음악은 산만하지만 리듬은 흐트러지지 않은 채 긴장된 감정과 불길한 조짐을 음악 속에 고스란히 드러낸다. 금관 악기로 연주되는 음악은 벽안여우의 음흉하고 간교한 모습(벽안여우가 처음 등장했을 때부터 금관 악기로 연주되는 음악으로써 그녀의 이미지를 표현함)을 의미하며, 삶의 경각의 순간에 이모백이 유수련을 향한 마음을 고백했을 때, 첼로의 슬픈 멜로디가 흘러나오며 두 사람의 비극적 색채를 묘사한다. 이는 오프닝의 슬픈 첼로곡과 대응되는 것이다.

# 6. '남행' 테마 : 결투 화면과 음악

영화 속에서 벌어지는 다양한 사건들은 상술한 바와 같이 공간의 조성이나 인물의 행위와 불가분의 관계에 놓여 있다. 그러나 영화 속의 사건은 등장인물의 입장에 따라 생기거나 전개되는 게 아니다. 사건은 감정을 배제하고 관객이 최대한 편견 없이 관람할 수 있도록 전개되는 게 특징이다.[28] 무협영화의 사건 발생과 전개에는 멋진 액션 장면이 필수적으로 포함된다. 이것이 다른 장르 영화와 다른 점이다. 무림 고수들 간의 번쩍이는 칼과 검의 대결, 추녀 사이를 날아다니고 벽을 오르내리는 대결이 가장 눈길을 끈다. 대부분 대사가 없는 액션 장면인지라 분위기를 조성하기 위해선 액션화면이 주는 긴장감 외에 음악의 역할이 긴밀히 요구된다. 아래에서는 영화에서의 몇몇 액션 결투 장면을 골라 화면의 색채와 음악 간의 관계를 분석해 보고자 한다.

## 1) 야간 결투

영화 첫 부분에서 발생하는 결투는 옥교룡이 검을 훔쳤기 때문에 생겨난 선동적 사건이며 이는 서사의 첫 갈등을 야기한다. 이 씬은 베이징 성의 패륵부에서 시작되기 때문에, 먼저 파노라마 샷이 경성의 밤과 주변 환경을 비춘다. 첫 장면에서 보았던 강남 수향(水鄕)의 수묵화 같은 표현과는 달리, 경성의 밤은 진하고 무거워 보인다. 이후 검은 그림자(옥교룡)가 유태보(劉泰保)의 머리 위를 휙 스치며 밤의 정적을 깨뜨린다. 옥교룡이 검을 훔친 뒤 발각되고, 그를 쫓던 유수련은 옥교룡의 집(九門提督府)까지 닿게 된다. 흥미진진한 결투가 바로 이 지점에서 펼쳐진다. 무술 감독 위안허핑(袁和平)은 이 장면을 좀 더 효율적으로 찍기 위해 영화 속 인물들이 경공을 펼칠 때를 대비해 발디딤을 많이 배치해 두었다.

---

28) 박희원, 「영화 시나리오에 의한 장면 분류와 그에 따른 영화음악 작곡기법연구」, 명지대학, 2017.

패륵부

이 영화의 인물들은 이전의 무협 속 인물들처럼 한 번 발을 디뎌 몇 리(里)를 날아가지 않는다. 인물이나 이야기 자체에 보다 밀착하여 더 신뢰감이 가는 액션을 설계하였기 때문에 자연스럽고 원활하다. 성벽 위에서 경공을 쓰면서 추격하는 신은 리안 감독의 대담한 시도라 할 수 있다. 일반적으로 액션 영화에서 경공이라 함은 한 번 번쩍이다가 사라지는 것이라서 기립, 비행, 착지 등의 세 동작 중 하나만 보여줄 뿐 전 과정을 보여주지 않는다. 무협영화에서 자주 등장하는 경공은 현실적인 동작과는 거리가 멀기 때문에 롱테이크로 찍는다는 건 사실상 금기시되어왔다.

하지만 리안은 이와 정반대로 이동 촬영을 활용해 경공의 전 과정을 담아냈다. 왜냐하면 경공 액션을 이용해 인물의 성격을 표현하고 싶었기 때문에 이 부분을 생략해 찍을 수 없었기 때문이었다. 장쯔이의 동작은 가볍게 일렁이는 것 같고 양츠충(楊紫瓊)은 힘차고 무게감이 있다. 그들이 집 위에서 아래로 뛰어내리거나 날아오르는 장면에서 배우들의 경중(輕重)이 시각적으로 잘 대비된다.

무엇보다 중요한 것은 두 여배우의 액션 특징이 이 첫 장면에서 다 드러난다는 점이다. 이들의 형상화는 영화 후반부에 이르러야 완성된다. 하나는 젊으며 세속에 물들지 않았고, 다른 하나는 오랜 경험이 있고 호오(好惡)가 분명한 성격인데 이 첫 장면의 대결 씬은 이와 서로 부합한다. 그래서 5분 동안 지속되는 무술 액션이 결코 지루할 틈이 없으며, 옥교룡이 도망가고 나서야 끝나게 된다. 카메라가 결투의 끝을 하이 앵글의 롱 쇼트로 담아내자, 유수련만 사방이 둘러쳐진 담장 한가운데 홀로 서 있게 된다. 음악도 갑자기 툭 끊기는데 관객도 이때야 비로소 숨돌릴 틈이 생긴다. 하지만 텅 빈 화면을 보며 유수련의 실망감에 공감하게 된다.

## □ 동작 리듬과 음악

옥교룡이 유태보의 머리 위를 스쳐 지나갈 때부터 시작해 영화의 템포가 빨라지기 시작한다. 북을 두드리는 소리가 뚜렷하게 들리기 시작하는데, 산판(散板)[29]을 사용한 느릿하고 자유로운 리듬이 면면히 이어진다. 이런 음악적 정서는 겉으로는 느긋한 듯하나 긴장감을 지속적으로 자아내는데 중국 전통 악곡에서 많이 사용하는 표현 형식이다.

유수련의 등장 후 리듬은 더욱 빨라진다. 북소리는 점점 더 촘촘하게 울려 퍼지면서 첫 결투 씬이 끝날 때까지 쉬지 않고 계속 울린다. 유수련이 옥교룡을 뒤쫓는 상황이라 인물이 계속 오르락내리락하며 빠르게 움직이고 있기에 카메라 촬영감독도 이를 따라 움직인다. 박자가 빠르니 편집도 빨라 이 장면은 실로 긴장감의 연속이다. 화면에 싸움이 등장할 때 사용된 연주 악기는 중국의 타악기인 대고(大鼓)[30]다. 북소리의 두드림 속도와 강도

---

29) 산판(散板)은 중국 음악 용어로 느린 템포의 불규칙하고 자유로운 장단을 가리킨다. 전통 기악이나 중국 민요, 희곡에도 많이 활용된다. 산판이 적용된 최초의 악곡은 진(晉)나라 때로, 기보가 있는 고금곡(古琴曲)과 당나라의 아악(雅樂)을 들 수 있다. 당나라의 아악은 "서(序) · 파(破) · 급(急)'로 구성된다. 여기서 서(序)가 산판(散板)이고 파(破)는 만판(慢板)이며 급(急)은 쾌판(快板)이다. 많은 중국음악이 이와 유사한 구조를 가지고 있는데 일본의 아악과 한국의 판소리에도 영향을 미쳤다. 서양음악에서 산판과 비슷한 의미로 쓰이는 단어는 Senza Misura(자유박자)와 Ad libitum(내키는대로)이다. 그러나 산판(散板)에서 '산(散)'은 박자가 뒤죽박죽이나 제멋대로라는 뜻이 아니다. 나름의 규칙성과 음악적 리듬을 내포한 자유판(自由板)이 산판이다. 왕홍메이(王紅梅) · 리나이핑(李乃平), 「산판음악연구(散板音樂探究)」, 『中國音樂』(第4期), 1995, p.23.

30) 대고(大鼓)는 중국의 전통악기 중 대당고(大堂鼓)를 말하며 가장 자주 사용되는 타악기다. 일본의 태고(太鼓), 한국의 태극고(太極鼓)와 비슷하다. 중국고의 소리는 웅장하고 소리가 멀리까지 전해져 고대 중국인들이 일찍이 군대의 사기를 돋울 때 활용하곤 했다. 북은 정신의 상징이고 춤은 힘의 표현이다. '금, 석, 토, 혁(革), 사(絲), 목(木), 박(匏), 죽(竹)'은 고대 궁중아악의 여덟 가지 종류인데 그 중에서 북은 혁에 속한다. 북은 팔음 중 으뜸이라 연주하기 전에 먼저 북이 음을 맞추어주어야 한다. 『주역(周易)』의 "북을 두드리고 춤을 추며 신(神)을 다한다"는 기술에서 알 수 있듯이, 이미 은주시대에도 원초적인 고무(鼓舞) 형식이 있었고, 북과 춤이 결합된 악무형식이 사람들의 단결을 고무하고 격려하는 정신력이 되었다는 것을 알 수 있다. 대고의 외관은 붉은 색이 많으나 검은색 혹은 목재색도 더러 있었다. 국악, 희곡, 무술 경연장, 축제, 묘회, 제사, 진두(陣頭), 용춤과 사자춤의 반주로 사용되었으며, 옛날에는 궁중연회, 승당(升堂), 새벽 기상, 전쟁 등에 사용되었다. 흔히 볼 수 있는 연주 조합은 대고와 동발(鈸)이다. 陳利宏, 「大堂鼓與小軍鼓發展探究」, 『當代音樂』(第6期), 2021, pp.193-194.

가 화면과 하나가 되어 싸움이 격렬해질수록 북소리에는 두 개의 층차가 생긴다. 동시에 두 개의 북이 연주되는 것이다. 마치 옥교룡과 유수련이 서로를 추격하고 있는 것처럼 두 북의 리듬도 서로 잘 어우러지면서 청각과 시각을 긴밀하게 융합하고 있다.

중국 대고

대고의 음악 색채

## □ 화면 색상과 음악

야간 배경의 장면이기 때문에, 화면의 전체 색상은 검은 톤이다. 검은 대저택과 화면 속 인물들이 입은 검은 야행복이 신비로운 색채로 화면을 물들인다. 하지만 옥교룡이 등장하기 전, 패륵부의 야간 순찰대가 등롱을 들고 지나가면서 온통 검은 바탕에 노란빛이 반짝인다. 감독의 이러한 설계는 옥교룡이 청명검을 훔치고 난 뒤 패륵부가 발칵 뒤집어진 순간에도 등장하는데 하이 앵글로 찍은 파노라마 샷이 더 많은 노란색 불빛을 화면에 드러낸다.

패륵부 야간 순찰

앞 장에서 서술한 것처럼, 중국 전통적 색채관에 근거하면 검은색과 노란색의 배합에도 고정된 의미가 있다. "무릇 현황(玄黃)이라 하는 것은 하늘과 땅이 섞임이니 하늘은 검고 땅은 누르니라(夫玄黃者, 天地之雜也, 天玄而地黃)"[31]에서, '천현지황'이란 말에는 세상을 인식

31) '천현지황'은 하늘과 땅이 서로 섞인 색채를 뜻한다.『역경』은 용 두 마리가 서로 싸우는 비유로 하늘의 빛이 현(玄)이고 땅이 황(黃)이며, 음양의 전환과 천지의 교태(交泰) 등과 같은 철리를 상징적으로 표현한다.

하고 깨닫고 관찰하는 도가의 음양 방법론이 내포되어 있다. 앞 동굴 장면에서도 이미 이야기했지만, 검은색은 음(陰)을 의미한다. 중국적 색감에서 검은색은 심리적으로 부정적인 영향을 끼쳐 음산하고 비통하게 하나, 깊은 생각을 하게 하고 고요한 느낌을 주는 등의 긍정적인 영향을 끼치기도 한다.

한편 등롱의 노란색은 앞 절의 동굴 속 불더미와 같이 양(陽)을 의미하며, 검은색이 뒷받쳐주니 뚜렷이 대비되어 색감과 광감을 충분히 나타낸다. 검은색과 노란색의 어울림과 대립을 통해 도가의 음양 사상을 영화 속 조형과 내용에 잘 녹여내었다.

옥교룡은 두 번째 등장에서 처음과는 확연히 다른 모습으로 나타난다. 의상 조형과 색채의 변화로써 반항적인 그녀의 또 다른 성격이 두드러진다. 유수련의 복색은 자주색으로 그녀의 차분한 성격을 일관되게 보여준다.

이 장면에서 음악은 두 종류가 설계되었다. 옥교룡이 등장하기 전, 이곳이 패륵부라는 것을 알려줄 때의 음악은 그녀가 처음 등장했을 때의 그 서정적 음악이다. 이것은 옥교룡이 곧 등장할 것을 예고하는 것이다. 하지만 화면이 바뀌며 검은 그림자(옥교룡)가 지붕 위로 날아갈 때 음악의 정서는 긴장감 넘치는 고악(鼓樂)으로 바뀐다. 음악의 정서적 변화와 화면에 보이는 긴장되고도 격렬한 결투는 서로 보조를 맞춘다.

## 2) 객잔에서의 결투

객잔은 협객들이 강호를 떠돌 때 찾는 휴식처이다. 유동적인 서사 공간을 보여주며 협객과 비협객을 한 공간에 풀어놓고 강하게 대비한다. 객잔은 밀폐된 공간에서 협객의 몸짓과 성격을 드러낼 수 있는데, 이는 협객 자신이 지닌 개성의 표현이며, 또한 객잔에서의 처세는 협객의 의리와 수신양성(修身養性)을 집약적으로 표현한다. 객잔에서 갈등이 심화되고 이것이 해결되는 방식은 협객의 쿵푸 기량의 외재적 표현이며 무협영화의 중요한 표지가 되었다. 장저 · 후진취안 · 류자량(劉家良) · 청룽(成龍)에서부터 쉬커와 리안에 이르기까지 무협영화 속 객잔 대결 장면은 계속 업그레이드되고 있다. 그중에서도 후진취안의 무협영화 속

---

서로 싸울 때 흘러나오는 피를 현황이라고 함은 하늘과 땅의 피를 뒤섞는다는 뜻이다. 고대 중국어에서 현(玄)은 흑(黑)과 통한다. 楊天才·張善文 역주, 『주역(周易)』, 中華書局, 2011, p.35.

위치가 중요한데 심지어 객잔을 중심으로 불후의 명작 〈용문객잔〉까지 찍었다.

그러나 〈와호장룡〉에서의 객잔은 결코 중요한 위치를 차지하지 못한다. 강호에 처음 발을 들여놓은 옥교룡이 두세 초식을 날리자마자 명성이 자자한 강호의 고수들을 우수수 나가떨어지게 하더니 객잔마저 순식간에 산산조각나게 만들어 무너뜨리기 때문이다.

객잔

리안은 〈와호장룡〉을 통해 후진취안의 무협영화 속의 객잔에서 볼 수 없는 점을 발굴했는데, 그것은 강호를 떠돌고 객잔에 머문다고 해서 그들 모두가 '와호장룡'은 아니라는 사실이다. 오히려 대부분은 자화자찬과 허명을 앞세우는 '강호의 고객'일 뿐이다.

객잔은 밀폐된 공간이며 탁자와 의자, 대들보와 계단, 술 항아리와 사발 등으로 더 협소한 느낌을 줄 수 있다. 때문에 무공을 겨루기에 어느 정도의 제약을 주게 마련이다. 하지만 객잔의 모든 시각적 요소를 효과적으로 배치한 미장센(mise-en-scène)에 힘입어 이 공간은 더욱 다양한 모습으로 설계될 수 있다.

카메라는 먼저 파노라마 샷으로 객잔의 1층에서부터 시작해 그 내부와 옥교룡의 등장을 비춘다. 이어 달리 샷(dolly shot)과 팔로잉 샷(following shot), 크레인 샷(crane shot) 등으로 옥교룡을 따라가며 객잔의 2층으로 올라가게 되는데, 이 장면의 롱테이크는 매우 자연스럽게 운용되어 객잔의 환경과 옥교룡의 움직임을 일사천리로 표현한다. 시청자들은 이 상황에 몰입되면서 대결을 앞둔 객잔에 강한 인상을 갖게 된다.

객잔 내경

이어지는 촬영 속도는 방금 전보다 살짝 느려지면서 강호 인사들의 등장을 맞이한다. 이들로 인해 희희낙락하던 객잔의 분위기는 다소 굳어진다. 이때 이동 촬영을 하던 카메라는 고정 촬영으로 바뀌며 사건의 전개를 담게 된다.

객잔의 인물

옥교룡이 소위 강호 인사들에게 둘러싸여 결투가 시작됐을 때, 카메라는 고정 촬영에서 다시 이동 촬영으로 바뀐다. 옥교룡은 마치 한 마리의 용처럼 객잔의 1, 2층을 누비며 초식 몇 개를 휘둘러 무리들을 나가떨어지게 만든다. 관객들도 이 장면에서 통쾌함을 느낀다.

객잔 결투

## □ 동작 리듬과 음악

앞에서 분석한 화면의 촬영기법에서 알 수 있듯이, 이 장면의 촬영 템포는 빠름-느림-빠름으로 구성되고, 음악과 카메라의 촬영 설계가 환상적이다. 처음에 음악은 중국의 민속 악기인 대나무 피리 소리와 한 여자의 은은한 희곡 소리로 시작되는데 화면 내 음악인 것 같은 느낌이 든다(카메라 속에는 드러나진 않지만 객잔 안에서 부르는 노래 같은 정경이다.). 일부 강호 인사들이 객잔의 분위기를 깨자 음악 소리는 작아지고 팽팽한 긴장감이 감돌게 된다. 이어 옥교룡에게 강호 인사들이 차례차례 도전하기 시작하자 음악은 잠시 멈추고 관객들이 쌍방의 대화에 집중하도록 해준다. 옥교룡과 이들은 처음에는 앉아서 싸우다가 급기야 일어나서 크게 싸우게 되는데, 이 과정에서 카메라와 음악의 속도는 모두 빨라진다. 한 사람이 옥교룡에게 맞고 객잔 2층에서 튕겨 나가떨어질 때 음악에는 북소리까지 첨가되고 대피리 소리도 리듬과 속도가 빨라진다. 하지만 매우 경쾌하다.

객잔 결투 장면

북

대피리

### □ 화면 색상과 음악

이 장면에서 객잔의 내부의 메인 색조는 사막의 장면과 흡사하다. 단지 색상이 좀 더 짙어졌을 뿐 모두 갈색 계열이다. 객잔 내의 기타 인물들의 의상 색깔도 주로 갈색인데, 여기에는 의상 디자이너와 스타일리스트의 섬세하고 고증적인 설계가 들어 있다. 중국은 이미 주나라 시대에 예악 제도를 중심으로 신분제 사회제도를 확립했다. 색채도 예악제도의 틀 안에서 존비와 고하를 구분하는 문화적 특징을 가지고 있는데, 엄격한 규율로 신분 등급을 표시하는 기호로서의 상징 기능을 담당해왔다. 색채는 일상의 전반에 걸쳐 영향을 끼쳤고 그중에서도 복식과 주거 등 겉으로 드러나는 조형이 예(禮)를 구성하는 중요한 요소로 중국 전통색채의 특성이 되었다. 수천 년 동안 색채를 사용해 자리 잡게 된 예악제도는 풀뿌리 민간 속에서 하나의 민속이 되어 독특한 색채문화 경관을 형성하였다. 예컨대 『천공개물 · 내복(天工開物 · 乃服)』에서는 하층민에게 마(麻) 재질의 거친 옷을 입고 회색빛의 어두운 갈색 옷을 입으라고 요구하고 있다. 이렇게 하여 상류층의 복식과 재료, 색채면에 시각적인 차이를 둔 것이다.[32)]

32) 『천공개물(天工開物)』은 1637년(명 숭정(崇禎) 10년)에 처음 출간되었다. 저자는 책에서 인간은 자연과 조화를 이루고, 인력이 자연력과 조화를 이뤄야 한다고 강조한다. 이 책은 중국의 과학 기술에 관한 사료 중에서 가장 풍부한 자료를 지녔으며 수공업에 착안하여 기술한 탓에 자본주의의 태동 시기인 중국 명대 말기의 생산력 상황을 잘 반영하고 있다. 세계 최초의 방직업 생산에 관한 종합 저서이며, 중국 고대의 종합 과학 기술 저서이며 명나라 과학자 송응성(宋應星)이 지은 책이다. 내복(乃服)에 대해서는, 한나라 한영(韓

옥교룡이 음식을 주문할 때 점원과 나눈 대화를 통해 이 객잔이 서민들이 먹고 쉬는 곳이지 호텔처럼 고급스러운 장소가 아니란 것을 알 수 있다. 사람들의 의복 색깔도 서민의 장소에 부합하는 것이다. 반면 옥교룡은 처음 강호에 발을 들여놓으며 자신이 높은 신분의 귀한 아가씨임을 숨기느라 갈색 옷을 입었지만, 옷감 재질은 여전히 귀티나는 남성복을 입고 등장했다.

대피리와 음색

갈색은 따뜻한 색상에 속한다. 갈색의 속성 때문에 이 장면은 대결 씬인데도 자극적이거나 잔인하게 느껴지지 않는다. 이 장면의 음악은 중국 전통 취주 악기인 대피리로 연주된다. 대피리는 천연 대나무[33]로 만들었고 진동으로 발성하는 피리의 막 부분 역시 자연 재질의 갈대로 만든 것이다. 때문에 대피리는 멀리서 나는 사람 소리 같기도 하고 기물의 소리에 가까운 음색을 지녀 자연의 다양한 소리를 모방하는 데 적합하다. 또한, 구멍으로 소리를 내고 막을 진동시키는 발성 원리 자체가 대피리의 음색을 소박하고 청명하게 만든다. 대나무 피리의 고음 음역대는 맑고 깨끗하며 투과력이 뛰어나 시공간을 뚫을 수 있으며, 저음 음역대는 순박하고 소박하며 화려하지 않다. 즉 청아함과 소박함을 모두 맛볼

---

嬰)의『한외전(韓外傳)』에 다음과 같은 구절이 나온다. “그러자 황제는 황의(黃衣)를 입었다(於是黃帝乃服黃衣乃服).” 또한 양(梁)나라 주흥사(周興嗣)의『천자문』에도 “내복의상(乃服衣裳)”이라는 구절이 나오는데, 여기서 “내복(乃服)”이란 ‘옷을 짓다’는 의미로 해석된다. https : //baike.baidu.com/item/天工開物 · 乃服/4264104?fr=aladdin, 검색일 : 2021.12.7.

33) 중국 전통문화에서 대나무는 사군자(四君子)의 하나로 ‘세한삼우(歲寒三友)’ 중 하나다. 중국 문인들은 속이 비어있는 대나무를 “마음을 비움(虛心)”으로 해석하였는데, 백거이(白居易)의『양죽기(養竹記)』에는 “대나무는 속이 비어 있는데 빔으로써 도를 체득한다. 군자는 그 속을 보면서 비워서 받아들이기를 배우고자 한다(竹心空, 空以體道, 君子見其心, 則思應用虛受者.)”고 하였다. 대나무의 마디는 “절개(氣節)”로 해석되었다. 대나무는 내한성이 강해 항상 푸르기 때문에 “불굴(不窟)”의 절개를 상징한다고 여겨졌고, 그 꼿꼿한 자태는 떳떳함(昂然)으로 여겨졌기에, 대나무는 맑고 수려하며 뛰어난 군자로 해석되어 왔다. 이처럼 대나무가 갖고 있는 특수한 문화, 심미적 가치 때문에 대나무 피리도 고대의 군자, 문인과 묵객, 선비들의 정신을 대표하는 경우가 많다.

수 있다. 대나무 피리 음색 특유의 기질은 근대 중국 무협영화나 드라마의 의협지사가 산림을 호령하고 강호를 비웃는 정신적 품격에 잘 대응된다. 또한 대나무 피리는 자연의 녹색도 표현할 수 있고 약간 차분하고 무거운 색깔마저 표현할 수 있는 이점이 있다.

강호 인사들이 옥교룡을 찾아 무예를 겨루는 객잔 씬에서 영화 음악은 민속적인 상(商) 조식을 이용하여 4/4 박자로 연주한다. 대나무 피리 연주음을 고음대에 배치하고 모르덴트(波音) 및 16분음표를 많이 사용해 비약적인 리듬을 구사한다. 이는 옥교룡의 호전적이고도 불복을 싫어하는 이미지를 관객 앞에 시각화한 것이다. 또한 피리의 리듬과 템포가 옥교룡의 무술 초식과 싸움의 강도에 따라 교묘히 달라지는데, 이렇게 하여 관객들도 부지불식간에 시각과 청각 두 방면 모두에서 그녀의 통쾌한 액션을 느낄 수 있다. 이 장면에서 변방의 특색이 짙은 중국의 고악(鼓樂)도 가미되어 대나무 피리 소리와 함께 빨라지거나 느려지는데, 리듬은 매우 단순한 편이다. 이로써 강호에 처음 입성한 옥교룡의 오만함을 경쾌하고 재치 있게 묘사하고 있다.

'남행' 대피리 세그먼트

중국고 리듬

## 3) 옥교룡의 투신

리안 감독은 일찍이 "책에서 옥교룡이 절벽에서 몸을 날려 투신하는 대목을 읽을 때, 『와호장룡』을 영화로 찍어야겠다고 결심했다"[34]고 밝힌 바 있다. 옥교룡의 투신은 사실상 영화에 있어서 정신의 승화라고 할 수 있는 중요한 부분이다. 노자는 최초로 무의 중요성을 강조한 사상가이다. 게다가 노자는 『도덕경』의 1장에서 "이 둘은 서로 같은 곳에서 나왔으나 이름이 다르다(此兩者, 同出而異名)"라고 말했고, 2장에서는 "유와 무는 서로를 낳는다(有無相生)"라고 말했다. 그래서 옥교룡의 절벽 투신은 스스로 목숨을 끊은 것이라기보다 '득도(得道)'로 해석할 수 있다. 그녀의 생명은 투신으로 인해 무화(無化)되었다. 하지만 그 정신은 기(氣)로 세상에 남아 또 다른 형태의 유(有)가 된다. 옥교룡은 겹겹이 쌓인 구름과 산 사이에서 자연에 귀의하길 선택했고 천인합일의 상태에 들어간다. 그러면서 진정으로 자유로운 비상을 꿈꾸고 마침내 비상할 자유를 얻었다. 감독은 영화의 결말에서 有와 無의 전환을 통해 생명의 형이상적 사고 및 형이하적 사고를 보여준다.

옥교룡이 투신하는 비극적 장면에서 감독은 하이 앵글과 로우 앵글의 방식으로 시적인 슬로우모션을 사용하였다. 도포를 펄럭이며 떨어지는 옥교룡은 하얀 구름, 안개와 하나가 된다. 이어지는 빈 화면들에는 한 개체로서 느끼는 감정과 생명의 역정이 은유되고 있다. 이 장면을 구성하는 쇼트가 많지는 않지만 느린 템포로 인해 관객들에겐 사고와 성찰의 시간이 생긴다.

### □ 동작 리듬과 음악

영화의 결말인 옥교룡의 투신 장면에는 영화가 표현하려는 정신의 핵심이 응집돼 있다. 따라서 카메라 촬영이나 배우의 액션 리듬도 함께 느려진다. 감독은 비극적인 결말로 삶의 가치와 의미에 대한 화두를 던진다. 옥교룡은 이때까지 보여줬던 액션과 달리, 성급하거나 제멋대로 굴지 않고 성숙함과 득도의 평온함을 보여준다. 그녀는 허공에서 사지를

---

34) 張靚蓓, 『十年一覺電影夢—李安傳』, 人民文學出版社, 2008, p.173.

완전히 편 채 그저 허공에 몸을 내맡겨 대기와 하나가 되는 모습을 보여준다.

이 장면의 음악과 화면의 박자는 일치한다. 메인 악기는 첼로다. 옥교룡이 훌쩍 뛰어내릴 때 첼로 소리가 슬로우모션의 화면에 맞춰 테마곡 '와호장룡'을 천천히 연주하며 울려 퍼진다. 첼로는 음역대가 낮고 음색이 부드럽고 우아하여 동양의 정취를 충분히 잘 살려 낼 수 있다. 탄둔은 첼로 연주를 사용하면 짙은 동양적 감성을 살리고 스토리의 정서를 더욱 잘 느낄 수 있을 것이라 생각했고, 아울러 첼로의 음색과 영화 고유의 비극적 색채가 잘 어우러져 영화의 주제를 충분히 부각할 수 있다고 여겼다. 첼로는 서양 악기지만 이 영화에서 첼로 소리는 서양의 악기라는 것을 잊게 하고 오히려 중국의 민속 악기인 마두금(馬頭琴) 같은 소리를 낸다. 이는 리안 감독이 찾던 소리였다. 첼로 소리도 사람 소리에 가깝기 때문에 매우 서정적인 악기이고, 만남과 이별을 연주하며 듣는 이의 공감을 이끌어낸다.

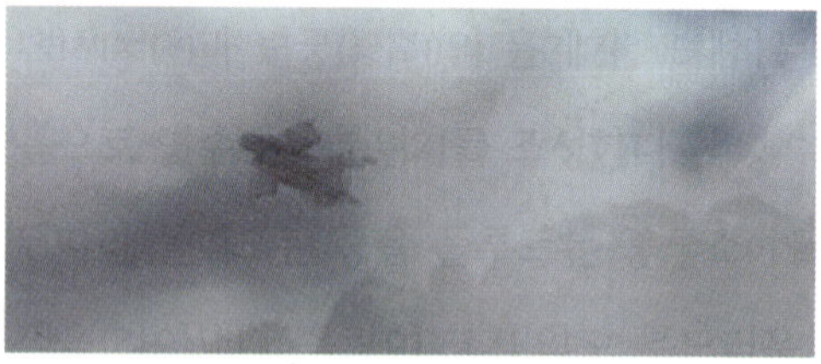

옥교룡의 투신

첼로

마두금

### □ 화면 색채와 음악

이 장면의 영화 화면에는 흰색이 큰 비중을 차지한다. 그래서 화면이 더욱 텅 비어 보이고 초연해 보이기도 한다. 흰색은 특별한 양면성을 지닌 색채다. 극도로 충실하지만 다른 한편으로는 물체의 빛을 모두 반사하여 형성되었기 때문에, "모든 물성의 색채를 소멸해 버리고"[35] 허무하게 보인다. 흰색의 '충실함'과 '허무'는 이원적인 요소를 통일하는 도가의 '유무' 변증법의 사유 과정과 상응하는 것이다. 흰색의 운무는'무형무색'의 경지를 상징하면서 "만물 만상이 모두 공허로부터 나왔으며 공허로 돌아간다(萬象皆從空虛中來, 向空虛中

35) Wassily Kandinsky, 餘敏玲 역,『藝術的精神』, 重慶大學出版社, 2011, p.95.

去)"[36]는 분위기를 조성하고 있다.

이 화면에서의 흰색은 사실상 도를 이야기하는 방식이며 스토리와 연결되어 영화의 정신적 내핵을 드러낸다. 옥교룡은 강호의 애증과 원한을 겪은 끝에 자신의 욕망에서 해방돼 진정한 내면의 자유를 지향하였고, 도복의 회백색은 공중의 흰 안개와 서로 완벽하게 어우러지며 아득한 허공에 옥교룡의 뒷모습만 보이며 흐려진다. 객관적인 풍경의 현현과 옥교룡의 사라지는 모습의 교차는 유에서 무로 전환되는 사상의 변화이며 서로를 부각해준다.

다음은 안개가 낀 산 끝이 출현하며 희끄무레한 경치가 화면에 비췬다. 장자의 사상에는 '명(明)'과 '광(光)'에 대한 개념이 있다. "마음이 태연히 안정된 이는 안에서부터 자연의 빛, 즉 天光이 나온다. 천광이 빛나는 사람은 자신의 참모습을 드러낸다(宇泰定者, 發乎天光. 發乎天光者, 人見其人)"[37]라고 하였다. 다시 말해 '명(明)'과 '광(光)'은 만물을 직접 투시할 수 있어야 하며, 우주 천지에 통한다는 뜻이다. 내면을 교란시키는 외물을 벗겨내 '허(虛)', '정(靜)'으로써 '명(明)'을 얻는 것이다. 화면 속에서 큰 비중을 차지하는 흰색 공간은 지고하고 심원한 심리를 조성할 수 있으며, 여기서의 "흰색은 마음의 절대적 고요함을 주는 작용을 하고 있다. 음악으로 치자면 선율이 멈춘 것과 같다. 이러한 멈춤은 죽음을 의미하는 게 아니라 여러 가능성을 품고 있다."[38] 옥교룡의 결말은 화면에 흰색이라는 독특한 색상을 사용하였기에 더욱 다채로운 은유로 쓰였으며, '허'와 '정' 속에서 사라짐은 재탄생의 가능성을 내함하고 있다.

이 장면의 음악은 도입부터 단적(短笛)과 하프, 탬버린이 사용되어 마치 막을 내리는 것 같이 전체 악장을 연주하고 있다. 옥교룡이 훌쩍 뛰는 지점에서 첼로가 호소력 있게 테마곡 '와호장룡(臥虎藏龍)'을 연주하고 단적은 중국 피리의 음색을 본떠 연주되며 여기에 탬버린이 가세하여 첼로의 선율과 대비를 이룬다. 10소절에서 테마가 다시 출현하며 비교적 낮은 음역대의 첼로 소리가 나타나는데, 이때 잠시 단적과 하프가 멈추며 현악기만이 담담하게 피치카토로 연주되면서 첼로의 깊은 소리가 두드러진다. 28소절은 멜로디를 고조시키며 타악기가 당김음으로 연주되면서 강에서 약으로 통일된다.

---

36) 宗白華,『美學散步』, 上海人民出版社, 1981, p.148.

37)『莊子 · 庚桑楚』

38) Wassily Kandinsky, 餘敏玲 역,『藝術的精神』, 重慶大學出版社, 2011, p.96.

운무가 서린 산봉우리

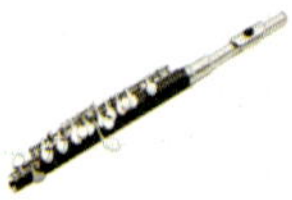

단적

하프

탬버린

마치 멀리 들리던 말발굽 소리가 점점 가깝게 들리는 것처럼, 더욱 거칠고 높아졌음을 음악으로 예고한다. 여기서 말발굽 소리는 장면 묘사로서 메인 멜로디와 서로 상통한다. 한편 타악기와 현악단의 피치카토로 묘사되는 장면은 28소절 동안 계속되는데, 첼로가 5도 높은 멜로디를 반복하면서 처음 테마로 돌아가면 음악이 점점 잔잔해진다.

'Farewell' 도입부

'와호장룡' 테마 에피소드A

'와호장룡' 테마 에피소드 B

'와호장룡' 테마 에피소드 C

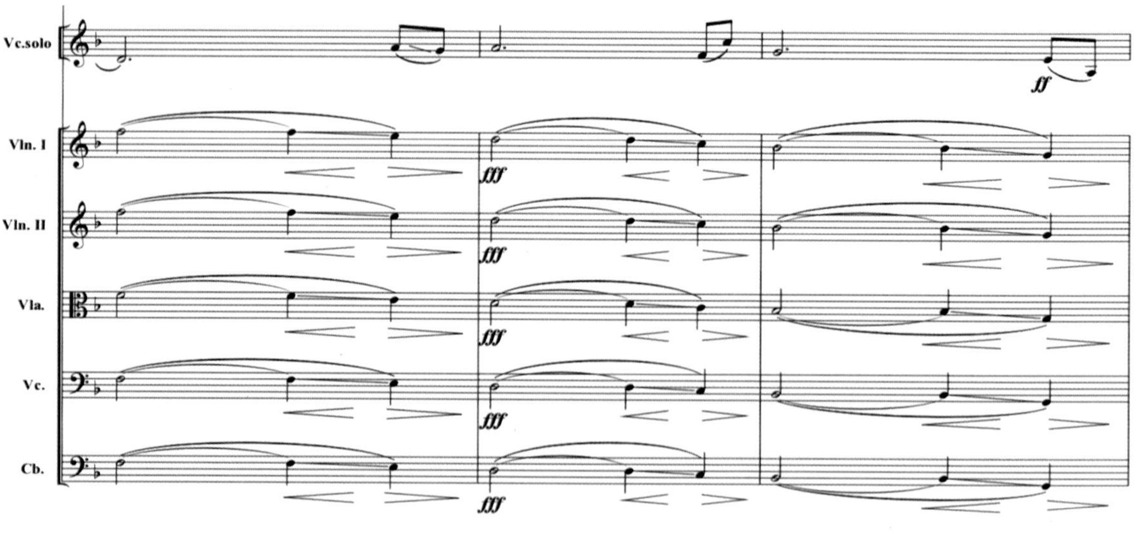


'와호장룡' 테마 에피소드 D

이처럼 메인 서사는 옥교룡이 '상상하던 강호'와 '현실의 강호'가 맞물리는 구조를 이루고, 여기에 옥교룡의 사랑 이야기가 삽입되면서 더욱 풍성해진다. 이렇게 영화는 결말에서 다시 오프닝과 호응을 하면서 옥교룡의 투신 장면에 테마곡 '와호장룡' 주선율을 잔잔하게 연주하면서 '아미산 영별' 음악 테마로 영화가 막을 내린다. 이같이 탄둔은 중국 전통 악기의 독특한 질감과 첼로를 메인 악기로 한 서양 오케스트라의 풍부한 사운드를 혼합하여 중국 특색의 '블록버스터' 음악 시대를 개척하였다. 첼리스트 요요마(馬友友)를 솔리스트로 둔 이 음악은 낭만적인 영화음악의 싹을 틔우면서도 중국 전통 음악의 매혹적이고 섬세한 소리를 통해 영화의 액션과 분위기를 반영했다.

## 소결

〈와호장룡〉에서 주요 인물들의 색채는 중국의 오색(五色)과 겹친다. 리안 감독은 영화 속에서 유가와 도가의 이미지를 겸비한 이모백의 의상 색채를 도가(道家)의 문인다운 '협객'으로 형상화하였다. 그리고 무공과 고전적 여인미를 겸비한 유수련은 단아한 색조로 협녀와 전통 예교 속에서 욕망을 억누르는 사이에서 방황하는 여성으로 시각화하였다. 반면 욕심도 많고 자유분방한 옥교룡의 의상 색채와 조형은 복잡하고 화려하며 동시에 복식의 다양한 변화를 통해 이모백과 유수련과의 대조적인 성격을 부각하였다.

리안이 〈와호장룡〉에 반영한 협(俠)은 유가와 도가를 겸비한 의협(義俠)이며, 그중에서도 구속받지 않는 자유로움을 중시하였다. 중국 전통 미학은 예술적 의경(意境)의 창조를 강조한다. 의경은 문예 작품에 묘사된 생활 도경(圖景)과 사상 및 감정이 한데 어우러져 이루어진 예술의 경지를 말한다. 경치 속에 감정이 있고 감정에 경치가 담겨 정(情)과 경(景)이 어우러져 있는 것이 특징이다. 감상자(독자 또는 관객)를 감동시킬 수 있는 예술은 언제나 대상의 경지를 반영하면서도 작가의 심경을 이미지로 표현하고 그 안에 심경을 담아낼 수 있는 것이다.

탄둔 역시 영화음악 속에 중국 전통의 미학 사상인 "음악이란 천지의 조화다(樂者, 天地之和也)"를 표현하려고 시도했다. 그는 서양 악기로 중국 전통 어법을 적절히 활용하며 실제의 강호를 상징하는 '와호장룡' 첼로 독주와 협주곡을 만들었다. 동양적이면서도 서구적인 다원화적 '와호장룡' 주제 선율은 오프닝에서부터 출현하여 영화 전체를 확장해간다. 비록 오프닝 화면이 화려한 것은 아니지만 탄둔이 첼로로 이끌어낸 오프닝의 주제곡 선율과 우울한 정서는 작품 전체를 관통하고 있고, 연출자가 의도한 외로움의 정서가 음악으로 여실히 구현되고 있다. 따라서 영화음악 전체를 통솔하는 것은 이 곡이라 할 수 있다.

그동안 대부분의 무협영화는 배우의 액션에 강한 박자의 음악을 맞추고 강렬한 배경음악을 통해 관객의 시청각적 자극을 유도하였기에 액션과 타악이 무협영화의 불가분의 감상적 요소였다고 할 수 있다. 하지만 〈와호장룡〉의 많은 액션 씬에서는 피비린내 나는 장면이 드물고, 오히려 중국의 도가 및 선종의 미학과 서구의 낭만주의 감성이 충만하게 표현된다. 이는 음악감독 탄툰이 영화음악을 처리하는 방식과도 절묘하게 맞닿아 있다. 요약하면 영화의 음악적 처리와 화면상의 '자연' 표현이 일치하고 있고, 화면과 음악의 완벽한 조화가 〈와호장룡〉이라는 고전적 작품을 만들었다는 것이다.

총체적으로, 영화 속에서 말하는 절망, 고독, 외로움, 욕망, 따뜻함 등이 음악으로 융화되어 점점 더 고독해지는 캐릭터들의 적막감을 관객들도 느낄 수 있게 만들었다. 탄둔은 같은 테마의 재료로 전체 스타일과 다른 곡목을 사용하여 '같음'으로 서사의 실마리를 엮고, '다름'으로 서사가 발전하는 과정에서 영상 구조의 차별적 대비를 이룬다. 즉 같은 테마곡이 서로 다른 서사의 실마리를 엮고 있는 셈이다. 또한 감독 리안과 작곡가 탄둔의 창작 이념이 일치했기에 영화가 전달하고자 하는 중국 무협의 철학 정취를 더 잘 느낄 수 있었던 것이다.

4장

# 〈영웅〉 강렬한 중국적 색채, 천하의 시작

# 1. 색채의 대가, 장이머우張藝謀

장이머우와 그의 영화에 대해서는 일일이 열거할 수 없을 정도로 여러 각도에서 지속적인 논쟁거리가 되어 왔다. 1987년 〈붉은 수수밭〉으로 38회 국제 베를린영화제에서 황금공상을 수상하면서 '장이머우 신화'는 시작되었다 할 수 있다. 이어진 〈국두〉, 〈홍등〉, 〈인생〉 등 초기 영화부터 강렬한 민족적 색채로 관심을 모았고 여성과 농촌, 소시민들의 삶과 애환을 집중적으로 담아 중국영화의 부흥을 주도했다. 그 뒤로 〈트라이어드〉, 〈책상서랍 속의 동화〉, 〈집으로 가는 길〉, 〈좋게 말로 하자고〉, 〈행복한 날들〉 등 작품들을 통해 새로운 방향을 모색하였다.

드디어 2002년 〈영웅〉을 기점으로, 초기작들에 보인 감성과 소시민에 대한 시각 대신 시각적 화려함이 극에 달한 자신만의 색채 미학을 구사하며 감탄을 자아내는 스펙터클을 구현하면서 화려한 변화를 시도하였다. 이 작품을 계기로 이른바 중국식 블록버스터 영화들이 본격적으로 출발했다.[1] 이처럼 장이머우는 중국 영화산업계에 혁혁한 공을 세운 감독으로, 이제 명실공히 중국의 대표적인 감독으로 문화계에서 막강한 영향력을 행사하고 있다. 그는 일찍이 영화를 전공하면서 세계영화 사조의 세례를 받았다. 또한 다양성과 충돌이라는 영화적 성장 배경을 통해 생명력 넘치는 예술표현을 시도할 수 있었고, 보다 개방적이고 인본주의적인 사고를 할 수 있었다.

장이머우는 영상 작업을 하면서 색채 표현 및 시각 조형에 부단한 탐색을 시도했는데, 중국 전통색채 이론과 회화 이론이 그의 창작에 지대한 영향을 주었다. 때문에 색채 조형이나 화면의 표현 형식 면에서 볼 때 그의 작품엔 중국 회화다운 면이 있다. "중국 전통미학의 관점에서 볼 때, 그림은 입의(立意)가 중요하다. 붓을 들기 전에 그림에서 말하고자 하는 뜻을 세우는 게 먼저다. 나는 촬영도 이와 같다고 생각한다"[2]라고 인터뷰에서 밝혔듯이, 장이머우는 입의(立意)를 논리의 기점으로 삼고 색채와 머릿속의 정서를 절묘하게

---

1) 이종철, 『중국영화의 거장들』, 학고방, 2008, 29.

2) 張明, 『與張藝謀對話』, 中國電影出版社, 2004, p.9.

결합해 시각 화면으로 표현한다.

입의(立意)란 '뜻을 세우다'라는 뜻인데, 전통예술의 창작 이론에 있어 입의란 단순히 작품의 기본 구도를 세우는 것만이 아니라 창작의 전 과정과 밀접한 관련이 있다. 예를 들어 회화에서의 '입의'는 그림 전체의 구상뿐만 아니라 형태와 색깔 및 재료의 선택이나 운용과도 밀접한 관련이 있다. 또한, 입의의 '의'는 의경과도 직접적인 연관성이 있다. 이미 언급했듯이 의경은 객관적인 물질세계에 인간의 주관적 정서를 투영한 것으로 생명이 없는 사물에 예술의 생명력을 부여하는 것이다. 장이머우는 입의를 매우 중시했기에 그의 영화에서는 색채가 감정을 전달하는 중요한 언어적 기능을 하고 있다.

그가 시종일관 탐색하는 영원한 주제는 바로 인성, 운명 등이다. 역사에 대한 성찰과 현실에 대한 관심 등에서 우러난 우환(憂患) 의식, 우주에 대한 철학적 사고 및 인간에 대한 궁극적인 관심이다. 하지만 그의 영화가 심각하기만 한 것은 아니다. 심오한 의미를 전달하되 형식의 혁신과 과장된 색채를 통해 수용자가 즐기면서 강렬한 미적 체험을 할 수 있도록 이끈다.

장이머우는 유미주의 시풍의 화면과 선명한 색채로써 극도로 고양된 시각 스타일을 창조하는 제5세대 감독[3]이다. 5세대 감독(1983-1999)에는 1982년 베이징영화아카데미 졸업생이 많다. 영화 사업이 문화대혁명의 영향을 그다지 받지는 않았지만, 5세대 감독에게 있어 문화대혁명은 큰 영향을 끼쳤다. 이들은 새로운 영화 문법을 구사해 자신과 사회와의 관계를 표현하고, 국가와 민족의 운명을 탐구하며, 소재 선정 · 서사 · 인물형상화 · 카메라 기법 활용 · 화면 처리 등에서 차별화를 꾀했다. 그들은 영화를 통해 중국 민족문화의 역사와 민족심리를 탐구하기를 열망하였고, 주관성, 상징성, 우의성이 강한 작품들을 많이 선보였다. 적은 수였지만 한 집단으로 등장한 제5세대 감독[4]들은 중국 영화계에 큰 파장을 일으켰다.

---

3) 潘天强,「中國電影的代際問題」,『文藝研究』, 2009, pp.77-89.

4) 대표적인 인물로 천카이거(陳凱歌), 펑샤오강(馮小剛), 장원(薑文), 우쯔뉴(吳子牛), 톈좡좡(田壯壯), 황젠신(黃建新) 등이 있다.

# 2. 탄둔의 음악 테마

탄둔은 〈영웅〉을 동양 스타일로 풀어내면서 주요 음악 테마인 '영웅' 선율을 바이올린 독주 또는 기악 협주곡으로, 오프닝과 엔딩 및 작품 전체를 관통하도록 만들었다. 이 주 선율을 확장하여 만든 음악 테마는 '창(蒼) · 표(飄) · 풍(風) · 천하(天下) · 기관고금(棋館古琴) · 비정의 사막(悲情沙漠) · 영웅의 장례(英雄葬禮) · 물의 한쪽에서(在水一方)' 등이 있다.

이처럼 '영웅'음악 테마는 돌고 돌아 영화의 흐름과 함께 음악을 하나의 이야기로 이어가고 있다. 미국 바이올리니스트 이츠하크 펄먼(Itzhak Perlman)을 솔리스트로 둔 이 음악은 중국 전통음악의 매혹적이고 섬세한 소리를 통해 영화의 역사감과 창망함을 반영했다. 탄둔은 동서양 악기의 소리와 연주법을 적절하게 혼합하여 '영웅' 음악 테마를 탄생시키며 중국 특색의 영웅시대를 개척하였다.

Tan Dun

HERO CONCERTO

for piano, chorus and orchestra

**music from the original sound track of Zhang Yimou's film Hero**



**G. Schirmer, Inc.**
**New York, NY**

## Performance Position

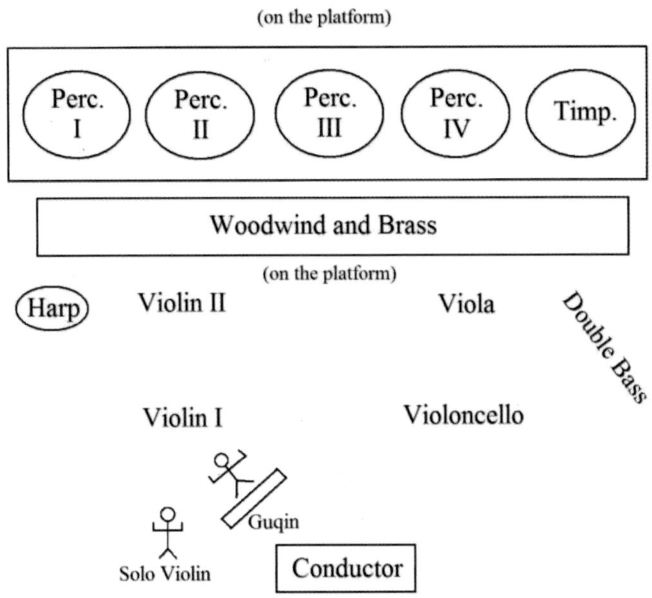

'영웅' 테마 총 악보는 p.273에 첨부함

# Hero Concerto

## for Violin and Orchestra

music from the original soundtrack of Zhang YiMou's film Hero

### 1. Hero

Tan Dun

# 3. 장이머우와 탄둔이 펼친 '영웅'의 시대

〈영웅〉은 예술성과 상업성을 성공적으로 결합한 장이머우의 작품이고, 그의 첫 번째 무협 영화이자 중국 최초의 상업 블록버스터다. 영화의 역사적 배경은 전국시대 말기인데 국력이 가장 강했던 진나라가 6국을 병합해 천하통일을 이루고자 꾀하던 시기이다. 진나라에 맞서기 위해 각국의 협객들은 진나라 왕을 암살할 계획을 세우고, 그중 자객 무명(無名)과 잔검(殘劍)이 진왕을 살해할 기회를 얻게 된다. 하지만 이 상황에서 두 사람은 천하사직의 창생을 위해 여러 해 지속된 전쟁과 역사의 은원을 종식하고자 진왕을 죽이지 않는다. 영화의 주제는 심원하고 추상적이다. 감독은 지대한 경계, 넓은 아량, 진정한 의미의 화(和)를 표현하고자 했다.

사실 〈영웅〉의 천하위공(天下爲公) 사상은 중국 유가의 인(仁)에서 비롯한다고 볼 수 있다. 仁은 혈연 관계를 가진 가족에 대한 사랑 뿐 아니라, 연못과 초목, 금수 등의 자연에 대한 사랑, 더 나아가 사해(四海)의 모든 인간에 대한 사랑을 말하기도 한다. 주인공 무명(無名)은 仁에서 비롯한 책임 의식을 느꼈기 때문에 천하의 백성을 위해 생사를 두려워하지 않는 기개를 지녔고, "살신성인의 신념은 그가 단순한 협객이 아니라 선비임을 보여준다"라고도 할 수 있다. 영화는 진나라 왕의 지고하고 막대한 권력과 음습하고 교활한 그의 성격을 표현하기 위해 진나라 궁 내전의 대들보 머리 · 대들보 기둥 · 계단 · 바닥 벽돌, 외전의 기와, 병사들의 갑옷 · 관료 복식 등 진왕과 관련된 거의 모든 화면을 검은색으로 표현하였다. 압도적인 검은색의 화면은 매우 장엄하고 엄숙해 보인다. 이는 당시 흑색을 숭상하던 진나라의 색채관을 보여주고 있다.

영화의 서사 수법에 대해 장이머우는 "세 개의 스토리, 세 개의 색이 교차되는데 … 각 스토리는 색채의 차별적 사용에서 구별된다. 색채 각각의 기능 때문에 관객도 이를 한눈에 알아볼 수 있다"[5]고 말한 바 있다. 영화에는 빨간색, 파란색, 흰색 등 색깔별 스토리가

5) 張亞敏, 「對電影〈英雄〉設計藝術的解讀」, 『視覺影視文學』, 2013, pp.105-106.

전개된다. 이처럼 색채를 이용해 서사 구조를 구분한 것은 중국 영화의 전통적인 서사 패러다임을 돌파하려는 새로운 시도라고 볼 수 있다.

여기에서 무엇보다 중요한 것은 극중 인물들의 생각과 감정이 색채로 전달되고 있다는 점이다. 예를 들어 극 중 장서각(藏書閣) 대결 신에서 진왕과 무명의 이야기는 각각 다른 색깔의 이야기로 구술된다. 진왕이 추측하는 이야기는 파란색을 사용했고 무명이 구술하는 이야기는 흰색을 사용해 전개된다. 진왕이 짐작하는 이야기는 사실이 아니다. 그는 잔검과 비설이 서로에게 깍듯하고 관대한 대협이라고 보았기 때문에 이 스토리 리듬은 평화롭고 고요하며 우울한 정서도 잔잔히 흐른다. 차가운 색인 파란색은 고요함과 평온함을 상징하는 한편 우울함을 뜻하기도 한다. 이러한 파란색의 양가성은 캐릭터의 성격과 서술적 필요에 잘 부합하고 있다. 한편 이 장면은 무명의 최후 진술이자 스토리의 진상이 밝혀지는 부분인데, 복수심에 불타다가 평화로운 마음으로 변하는 무명의 심리 역정과 정신 승화를 볼 수 있다. 하얀색은 진실과 순결 및 내면의 정화와 승화를 상징하기 때문에 인물의 성격과 서사에 정교히 부합된다.

또한 감독은 색채를 세심하게 설계하고 배치하여 스토리에 층차감을 주었고, 영상의 시각적 임팩트를 강화하여 독특한 색채 서술의 언어를 통해 영화의 표현력을 확장하였다. 스필버그는 〈영웅〉을 평가하면서 "나는 중국어를 전혀 모르지만 색채를 통해 장이머우의 〈영웅〉을 이해할 수 있었다"[6]고 말했는데, 그의 말처럼 본 영화에서 색채는 서사와 영화의 주제를 성공적으로 표현하고 있다.

## □ 영화 색채의 서사구조

〈영웅〉의 서사는 〈와호장룡〉과 달리 형식상 '극 중의 극(劇中劇)'수법을 차용하였다. 주 스토리는 무명이 궁전에 들어가 진왕을 시해하고자 하는 것이다. 하지만 이 과정에서 무명과 진왕이 장공(長空), 잔검(殘劍), 비설(飛雪)에 대해 문답을 하면서 진실과 허구가 전개된다. 극중 인물관계는 비교적 단순하다. 서사 구조에서 본 작품은 순환식 구조 모식[7]을 차

6) 李宏垣,「〈影〉的審美分析」,『戲劇之家』, 2019, pp.5-6.

7) 순환식 구조란 다층적으로 서술되는 단서를 서사의 동력으로 삼아, 시간상 순환 및 왕복을 주도하는 구조

용하고 있는데, 이는 인과관계로 스토리를 추동하거나 플롯을 복잡하게 구상하는 데 치중하는 게 아니라 여러 나레이터의 다양한 관점으로 이야기를 끌어내 관객으로 하여금 다각도로 생각할 수 있게 하는 구조다.

영화는 메인 플롯과 서브 플롯 두 부분으로 구성된다. 메인 플롯은 무명이 진왕을 암살하고자 하는 시도와 무명과 진왕 사이에 전개된 대화로 구성된다. 서브 플롯은 대화 속의 3개의 스토리로 구성된다. 이야기가 한 차례씩 바뀌며 전개될 때마다 서술자의 목적에 따라 사건의 진상이 달라지고, 서술자와 스토리 내 인물, 가문, 조국 및 인간에 대해 품는 이념과 사상, 이상이 드러나고 있다.

서브 단락은 크게 세 개의 스토리로 구성되어 있다. 첫째 스토리는 무명이 진왕에게 잔검과 비설을 처치한 사실을 서술하는 것이고, 둘째 스토리는 이에 대해 진왕이 의문을 제기하며 자신의 입장을 이야기하는 것이다. 그리고 마지막 스토리는 무명이 진실을 밝히는 것이다. 이렇게 굴직한 세 개의 스토리 라인에는 각각 세 개의 짧은 부가적 스토리가 있다. 첫째는 무명이 잔검과 비설을 처치하기 위해 먼저 장공을 찾아가 장공을 제거하는 내용이고, 둘째는 진왕이 장공의 이야기에 의문을 제기하는 내용이고, 셋째는 무명의 이야기 속의 잔검의 이야기로서 천하의 대의를 위해 진왕의 암살을 포기했다는 내용이다. 이상을 표로 정리하면 다음과 같다.

| 서사 층위 | 주요내용 | | 색채 |
|---|---|---|---|
| 메인 플롯 | 무명이 진왕 암살을 기도하고 진왕과 대화함 | | 검은색 |
| 서브 플롯 | 보조 스토리1 | 잔검과 비설을 처치하기 위해 먼저 장공을 제거한 이야기 | 흑회색<br>흑백색 |
| | 주된 스토리1 | 잔검과 비설을 처치하는 과정 | 빨간색 |
| | 보조 스토리2 | 장공이 고의로 져준 것이라 짐작 | 흑회색 |
| | 주된 스토리2 | 잔검과 비설에 대한 진왕의 추측 | 파란색 |
| | 주된 스토리3 | 무명이 진실을 밝힘 | 흰색 |
| | 보조 스토리3 | 무명의 스토리 중의 잔검의 스토리로서 잔검의 진왕 암살 포기 | 녹색 |

---

를 말한다. 이러한 구조는 사건을 여러 측면과 각도에서 반복서술하면서 '서술' 자체로 깊은 의미를 부각하는 구조다. 순환식 복층구조를 띤 영화는 순환형 시간의 단서, 반복적인 플롯, 오픈 결말을 지닌다. 李顯傑, 『電影敘事學 : 理論和實例』, 中國電影出版社, 2000, p.351.

색채의 운용에서 장이머우는 단색으로 스토리를 표현한다. 여기서 색채는 서사의 요소일 뿐만 아니라 캐릭터의 심리를 표현하고 성격을 형상화하며 분위기를 조성하는 중요한 역할을 담당하고 있다. 순환적인 서사 구조에 맞추어 색채는 검은색-빨간색-검은색-파란색-검은색-흰색-녹색-검은색으로 끊임없이 바뀐다. 컬러 톤의 역동적인 변화로도 진상이 곧 밝혀질 것이 예고되며 서사의 주제는 결국 '협사 개인의 정의'에서 '천하의 대의'로 바뀌게 된다. 그중에서도 검은색이 메인 플롯의 바탕색이자 영화 전체의 메인 톤으로 현실의 시공간을 상징하고 있다.

빨간색, 파란색, 하얀색은 각각 서브 플롯의 스토리 세 개로 구분되며 그중에서 빨간색과 파란색은 허구의 이야기인 비현실적 시공간의 배경색이다. 흰색은 무명이 진상을 밝힐 때의 색조이며 과거의 시공간이다. 주의할 점은 각각의 스토리에 부가된 세 개의 작은 이야기에도 서로 다른 컬러가 개입된다는 것이다. 무명이 장공을 격파할 때는 흑회색이나 흑백색으로 나타난다. 장공이 고의로 무명을 위해 죽을 때엔 흑회색으로 표현된다. 이외에도 잔검과 비설이 처음 만났을 때와 잔검이 진왕의 시해를 포기했을 때는 초록색이다.

이처럼 영화는 창의적인 색채로 스토리의 공간을 확장했을 뿐 아니라 사생취의(捨生取義)의 주제를 힘있게 부각하여, 화면의 의경미(意境美)와 무협 정신이 절묘한 조화를 이루게 하였다.

한편 탄둔은 〈와호장룡〉의 성공으로 인지도가 높아졌고, 영화음악은 그에게 클래식음악과 대중음악, 동양과 서양의 다리를 놓을 수 있게 해주었다. 탄둔이 〈영웅〉의 음악감독으로 발탁될 때, 그의 '거문고 소리와 같은 부드러운 마음과 칼과 같은 날카로운 기백(琴心劍膽)'의 창작관은 장이머우와 부합했는데 장이머우가 영화에서 펼쳐내고자 했던 것도 바로 이러한 의경(意境)이었기 때문이다. 그는 인물 내면의 기백을 무협영화에 담아내고 싶어했기에 영화음악도 이러한 정서를 표현할 수 있길 바랐다.[8]

8) 「打開藝術之門演繹〈英雄〉, 譚盾談電影配樂幕後故事 : 過癮極了」, 『京報網』, 2021.07.08. https : //baijiahao.baidu.com/s?id=1704678411527314948&wfr=spider&for=pc, 검색일 : 2022.01.02.

# 4. ‘영웅’ 바이올린 테마 : 인물의 의상 색채와 음악

〈영웅〉에서 장이머우의 색채 운용이 가장 뚜렷하게 드러나는 곳은 주요 인물들의 의상 색상이다. 매 스토리마다 캐릭터들의 의상 색상에 뚜렷한 변화가 생기는데, 이러한 변화는 분명 장이머우가 의도적으로 고안한 것이다. 하지만 의상 색채의 변화는 감독의 주관적 억측이나 쌍방의 합의에 의해 결정된 것이라 아니라 캐릭터 자체의 성격과 내면의 변화에서 기인한 것이다. 다시 말해 내면과 정서 톤의 색채화 내지 내면 색채의 외화(外化)라 할 수 있다.

## 1) 자객 무명(無名)

본래 고아로 살아 온 무명(無名)은 성격이 괴팍하고 사람들과 잘 어울리지 못해 내향적이다. 속에 혈기를 숨긴 채 온 집안의 원수를 갚고 조나라를 구하기 위해 일심으로 검술을 연마한다. 그가 연마한 단 하나의 초식은 바로 ‘10보 1살’이며 10년 후에 절세의 검법으로 완성된다. 무명은 진왕과 10보 이내의 거리 안에 머물기 위해 장공(長空), 잔검(殘劍), 비설(飛雪)이라는 세 명의 절세의 고수들을 죽여야만 했다. 그래야만 진궁에 들어갈 수 있고, 진왕의 대전 위에 올라가 왕과 함께 대작할 수 있는 조건을 충족하여 목표를 이룰 수 있기 때문이다. 하지만 마지막 순간에 무명은 잔검이 했던 말의 의미를 깨닫고 ‘천하’를 위해 진왕을 살해하려던 목표를 내려놓는다. 진왕 역시 천하통일을 위해 부득불 무명을 사살하라고 명령하게 되고, 무명은 진궁에 묻히게 된다.

외로운 무명의 성격과 자객이자 영웅이라는 이중적 신분 때문에 영화 속 무명의 의복 색상은 검은색으로 설계되었는데, 이는 진상을 밝히는 서사의 시공간에서 무명의 정체성과 비극적 결말을 부각하기 위한 것이다.

## □ 의상 조형과 색채

영화 속에서 무명의 옷은 네 가지 색상으로 나타나는데 실제의 시공간에서 입는 의상은 검은색이고, 나머지 색상은 무명과 진왕이 들려준 이야기의 내용에 따라 빨간색 · 파란색 · 흰색으로 바뀌게 된다. 처음 등장 씬에서 무명은 죽을 각오로 궁에 들어가 진왕을 알현하는 것이라 검은색 베옷을 입는데, 영웅의 결연한 기개를 보여준다.

앞장의 〈와호장룡〉의 결말에서 이모백이 죽을 때의 장면이 검은색임을 분석하였듯이 중국의 색채관에서 검은색은 오행의 물(水)에 해당하며 귀결(宿結)을 의미한다. 따라서 이곳에서 무명이 입은 검은 베옷은 협객의 신비로움의 표현이자 비참한 최후를 예고하고 있다고 볼 수 있다. 빨간색 스토리에서 무명도 빨간색 의상을 입는데 여기서의 붉은색은 무명의 정서를 대변하며 진나라에 대한 원한을 강조하고 진왕에 대한 강렬한 살기와 호응된다. 파란색과 흰색 옷은 각각 진왕이 추측한 스토리(파란색)와 무명이 밝히는 진실의 스토리(흰색)에서 입는다.

## □ 등장화면 색상과 음악

〈영웅〉의 오프닝은 황량한 사막을 달리는 검은 말발굽에 이어 어둡고 깜깜한 하늘, 검은 깃발과 검은색 갑옷을 두른 채 검은 군마를 타고 출정한 진나라 부대의 모습으로 시작한다. 이 모든 시각적 요소들이 영화의 검은색 톤을 구성하면서 스토리가 전개되는 시간적 배경을 알려 주고 있다. 그다음엔 검은색 성장을 한 무명의 클로즈업이 이어진다. 당시의 역사적 배경은 장이머우가 영화 오프닝에서 활용한 검은색과 부합한다.

앞에서 언급했듯이, 중국 고대의 봉건 통치자는 오랜 세월에 걸쳐 오행과 오색을 통치에 사용함으로써 국가 통치의 외현적 형식으로 추앙하였다. 진나라가 검은색을 숭상하는 까닭은 음양오행과 관련이 있으며 왕조의 교체는 종종 왕조를 상징하는 색의 교체로 표면화되었다. 단순해 보이는 검은색(黑) · 빨간색(紅/赤) · 흰색(白) · 파란색(靑/藍) · 노란색(黃)의 교체 뒤에는 중국 왕조 정치에 수천 년간 영향을 끼친 '오덕시종설(五德始從說)'[9]이 뒷받

9) 오덕시종설(五德始終說)은 전국시대 말기, 제나라의 음양가 추연(鄒衍)의 순환 사관에서 비롯된 것이다.

침되고 있다. 주나라는 화덕(火德)을 얻었으니 빨간색을 숭상했고, 진나라는 주나라를 멸했으니 주나라의 수덕(水德)을 얻어 수덕의 색, 즉 검은색을 숭상한 것이다. 오행에서 水는 오색의 검은색과 서로 부합되기 때문이다.

오프닝의 검은색 톤

게다가『사기 · 진시황본기』에 따르면, 진시황(秦始皇)은 "오덕시종설의 순서를 추론하여 주나라가 화덕(火德)으로 천하를 얻었는데, 진나라가 주나라의 덕을 대신했으니 화덕이 이기지 못하는 것을 따라 진나라가 수덕(水德)을 따라야 한다고 하였다. 바야흐로 이제 수덕이 시작되니, 1년의 시작인 세수를 음력 10월로 바꾸고, 조정의 하례식을 모두 10월 초하루에 거행했다. 의복, 깃발, 부절의 색 또한 검은색을 숭상했다"[10)]고 한다.

그러므로 진나라 제도의 상징색이 된 검은색이 진나라의 예복이나 깃발 등에도 쓰였던

---

金木水火土의 오행은 각자에 해당하는 덕성이 존재하고 오행의 상생의 규율에 따라 왕조가 순환한다. 예를 들어 金은 木을 이기고, 木은 水를 이기는 것과 같은 이치다. 왕조의 교체도 이 기계적인 법칙에 따라 움직이고 군웅이 사슴을 다투는 것과 같은 천하의 경쟁에서 이 천운을 계승한 왕조가 결국 승리하고 덕을 계승한다고 여겼다. 薑澄清,『中國色彩論』, 甘肅人民美術出版社, pp.43-45.) 그러나 일부 학자들은'오덕종시설'이 전국시대 말년에 그다지 영향을 미치지 않았을 것이라고 추정하기도 한다. 그 대표적 학자는 쉬푸관(徐復觀)이다. 그는 다음과 같이 말했다." 『전국책(戰國策)』을 보면 당시 조(趙), 연(燕), 양(梁)의 군주가 오덕시종설을 설파한 것은 사실이지만 정치적 변동에 대한 실제적인 해석으로 활용하지는 않았다. 당시 전국을 떠돌며 유세하던 사인 계층도 이것을 유세의 근거로 삼지 않았다. 그래서『전국책』에는 오행에 대한 언급이 한 군데도 없다. 따라서 추연의'오덕시종설'이 소수의 군주와 귀족 외에 다른 사상가들의 관심을 끌었던 것은 아니라고 추정된다. 조정의 정령으로 사용된 것은 진나라가 천하를 병합한 뒤였다." 쉬푸관(徐復觀), 『중국사상사 논집 속편(中國思想史論集續編)』, 上海書店出版社, 2005, pp.224-25.

10) 司馬遷, 吳樹平·李零 역주,『文白對照全譯史記』, 第1輯, 新世界出版社, 2008, p.99.

것이다. 장이머우는 역사를 존중하면서 유가 사상에서 말하는 '불인이란(不仁而亂), 인이 없어 어지러움'의 거대한 사회상을 검은색을 통해 자주, 넓게 사용하면서 생생하게 형상화하였다. 묘당과 강호의 살육을 무광의 검은색으로 표현하여 仁을 잃어버린 처참한 사회를 묘사하고 있는 것이다. 관객은 색채를 통해 시각적으로 이를 직접 깨달을 수 있다.

음악 설계에서 영화는 처음 6초간 검은 화면이 지속되며 소리가 크지 않지만 규칙적으로 들려오는 북소리의 리듬과 함께 시작한다. 중국 고대 전장에는 "북을 두드리면 출격, 징을 울리면 퇴각(擊鼓出擊, 鳴金收兵)"[11] 이라는 말이 있다. 둥둥 울리는 북소리는 무겁고도 가라앉는 느낌을 주어 마치 심장을 울리는 것 같다. 때문에 병사들의 피가 뜨거워지고 당장 전장에 달려들어 용맹하게 싸울 만큼 고양된다. 이처럼 북은 군대의 무력에 특화된 소리의 기능이 있다.

고악(鼓樂) 박자 세그먼트

일본의 태고

이 영화는 검은 화면에 북소리가 울려 나오며 극의 시작을 알리고 있는데 관객에게는 상상의 공간을 만들어 주고 극의 분위기를 고조시키며 스토리를 예고하는 효과까지 겸하고 있다. 그런데 여기에서 특이한 점은 탄둔이 중국의 대고(大鼓)를 사용하지 않았다는 것이다. 작곡가는 일부러 일본의 '고도(鼓童, KODO)[12]'공연단에서 40여 개의 크고 작은 일본 태고[13]를

---

11) '격고출격 명금수병(擊鼓出擊 鳴金收兵)'이란 말은『순자(荀子) · 한병(漢兵)』에서 기원하였다. 그중'문고성이진(聞鼓聲而進), 문금성이퇴(聞金聲而退)'란 말이 있는데, 북을 두드리면 공격하고 금을 울리면 곧 군사를 거둔다는 뜻이다. '격고(擊鼓)'는 전쟁터에서 북을 치는 것이다. 북은 소가죽으로 만들어져 소리가 굵고 장병들을 격려하는 역할을 한다.'명금(鳴金)'은 징을 치는 것을 말한다. 징은 동으로 만들고 종 모양과 비슷해 좁고 길며 입구가 위에 있다. 두드릴 때 맑고 전파력이 강해 먼 거리까지 전달되어 멀리서 싸우고 있는 병사들에도 똑똑히 들려 명령을 지시할 수 있었다. 이로 보아'격고'와'명금'이 고대 군사 지휘자의 호령이었음을 알 수 있다. 薑亞林,「〈詩經〉戰爭詩硏究」, 首都師范大學 博士學位論文, 2007, pp.18-19.

12) 1971년, 혈기 왕성한 젊은이들이 번화한 도시를 떠나 일본해에 위치한 니가타 사도시마에 가서, 일본의 전통 태고(太鼓)를 공연하고 연구하기 시작했다. 이는 유구한 역사를 지니면서도 생동감 넘치는 일본의 태고로 예술의 새로운 지평을 열자는 취지였다. 1981년 이후 고도(鼓童) 공연단이 창단했다. 고도(鼓童, KODO)은 심장 박동소리로, 태아가 엄마의 태중에서 처음 듣는 소리의 의성어다. '도(童)'는 신생아라는 뜻이니, 즉 신생아가 심장이 움직이는 소리를 듣는 것처럼 북소리로 감동을 준다는 뜻이다. 고도는 독특한 고악 리듬으로 때로는

골라 연주에 사용했다. 태고는 크기에 따라 음높이와 소리가 달라서 이를 조합한 북소리는 층차감을 느낄 수 있다. 또한 '태고'를 중국의 장단으로 두드릴 경우 중국의 대고(大鼓)와 비슷한 소리가 연출된다. 이로써 검은 화면의 몇 초간 관객들은 마치 양군이 전쟁을 시작하기 전 각자 진을 치고 있는 듯한 느낌을 받고 북소리로 인해 일순간에 긴장감으로 물든다.

6초간의 검은 화면이 지나면 평균 5초/회 속도로 자막이 천천히 출현하면서 '영웅'이라는 강하고 힘찬 빨간 글씨가 화면을 가득 채웠다가 다시 검은 화면으로 바뀐다. 이때 상전벽해의 정서를 바이올린으로 연주한 영화의 테마곡 '영웅'이 나오고, 이때에도 북소리가 은은하게 깔려 나오며 화면에는 밑에서 위로 천천히 자막이 올라오며 스토리의 발생 시기와 배경을 알려준다. 바이올린이 첫 악구를 절절하게 연주하면 교향악 속 금관 악기의 베이스존과 북소리가 울리며 기세등등한 분위기를 풍기는데 전쟁이 일촉즉발할 것 같은 기세를 느끼게 한다. 바이올린은 테마곡 '영웅'을 절절하게 연주하고 있다.

'영웅' 테마 세그먼트

격렬한 비바람같은 , 때로는 잔잔하게 떨어지는 샘물 같은 선율로 세상을 뒤흔들었다. 5대륙의 37개국을 돌며 2100여 차례의 공연을 펼쳤는데, 설립 이후 매년 3분의 1의 시간을 해외 공연에, 3분의 1의 시간을 국내 공연에, 나머지 3분의 1의 시간을 작품 창작에 할애해왔다고 한다. 고도는 아시아 문화의 보배로서 세계 각지에서 무궁무진한 매력을 발산하고 있다. 百度百科, https : //baike.baidu.com/item/鼓童/15532342?fr=aladdin

13) 태고(太鼓)는 중국에서 시작된 악기로 발랑고(拔浪鼓) 만큼이나 오래되었으며, 의식(儀式)을 위해 쓰이는 소리와 일상의 신호, 지시로 많이 사용되었다. 지금의 태고는 일본의 대표 악기로 크기가 다양하며 맥주통처럼 생겼다. 몸통은 느티목(고급)이나 차추목(저급)을 사용하고 양면에 익힌 소가죽을 씌운 것이며 지름은 30cm에서 1m가 넘는 너비도 있다. 고대 일본인들이 태고를 사용한 목적은 병마를 쫓기 위한 것이었다. 또한 태고는 영신(迎神)용으로도 사용되며, 궁중이나 전쟁, 가무능극에도 태고가 사용되었다. 賴菲菲·胡穎, 「日本"太鼓"考」, 『海南熱帶海洋學院學報』, 2020, pp.123-128.

〈영웅〉의 제목

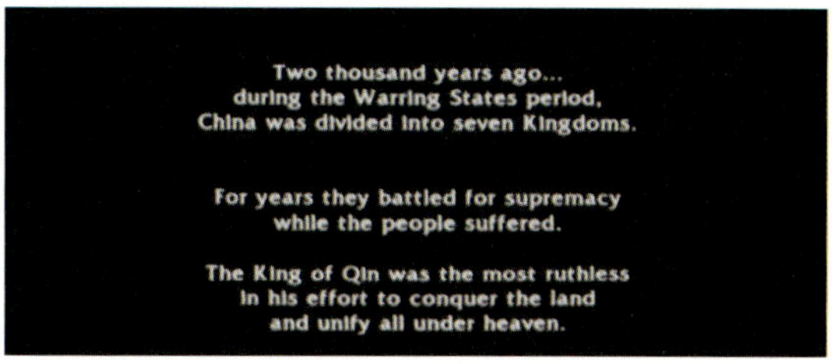


〈영웅〉 오프닝 크레딧

'영웅'의 테마 악단(樂段)은 a+a1+b의 3악구 형식이다. 앞의 두 악구는 재료 a, 뒤의 악구는 재료 b이며, 첫 번째 악구는 F궁조 안에 있고, 두 번째 악구는 F궁조에서 C조로 넘어가고, 세 번째 악구는 C궁조로 들어가면서 메인 조가 서브 조로 옮겨가는 전조 과정을 이룬다.

'영웅'의 테마 악구

멜로디가 휘감기고 굽이굽이 이어지며 작은 음정의 불규칙적인 리듬이 감정의 지속력을 지닌다. 이 단락에서는 G상음(商音)을 중심에 두고 서브조 b선율 재료가 들어간 후 조식의 음계는 같은 주음의 치(徵) 음계로 바뀌어 선율에는 4도 이상의 음정 차이가 나타난다. E-C-A-G의 장음 하행으로 구성되는 악구 구조는 전체가 카타르시스로부터 해방되면서 평온해지고 끝은 G치음(徵音) 위에 머물면서 더 많은 발전 공간이 생겨나 개방적인 음향 구조가 형성되었다.

메인 악기는 첼로와 마찬가지로 가창력이 있는 바이올린이다. 선율 악기로서 바이올린은 사람의 음색에 가깝고 풍부한 표현력을 지녔다.[14] 영화에서 탄둔은 낭만적이고 처량하

14) https : //baike.baidu.com/item/小提琴/184482?fr=aladdin, 검색일 : 2021.11.13

며 비장한 음악적 색채를 기조로 깔면서도, 현재 실전된 진나라의 '진현자(秦弦子)'[15]의 음색을 묘사하고자 했다. 그래서 바이올린의 기존 금현(琴弦)을 뜯어내고 얼후[16]의 현으로 대체하였다. 또한 고금[17]의 조음법으로 편곡했다. 현을 느슨하게 푼 바이올린은 원래의 음보다 한 옥타브 낮아져서 어둡고 처량하며 우울한 소리가 나도록 변화되었다[18]. 그래서 영화가 시작되자마자 울려 퍼지는 바이올린은 검은 화면에 맞춰 스토리의 역사감과 창망함을 연출하게 된다.

바이올린

얼후

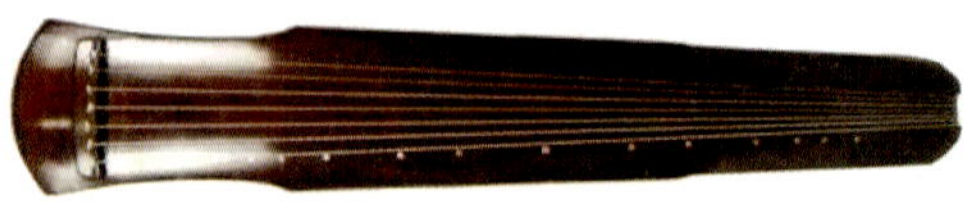
고금

진나라 군대의 말발굽 소리가 등장하는 영화의 오프닝 장면이 전개되면서, '영웅' 테마

15) 진대의 악기, 진현자(秦弦子)는 음색이 무겁고 낮은 소리로 듣는 이의 마음을 울리는 악기였지만 지금은 실전되어 전해지지 않는다. 영화에서 탄둔은 바이올린의 현을 전부 얼후의 현으로 바꿔, 마치 얼후 · 마두금 · 현을 결합한 것처럼 들리게 했다. 연주한 소리는 거칠고도 옛스러워 아득하고 창망한 의경을 표현할 수 있다. 庚威娜,「好曲唱百年—中國電影音樂巡禮」,『音樂生活』, 2005, pp.23-33.

16) 중국 전통의 현악기인 얼후는 청나라의 문헌에서 최초로 볼 수 있는데, 유금조(劉錦藻)의『청조속문헌통고(淸朝續文獻通考)·악고(樂考)』(1912)에 "얼후는 보통 현악에 사용되며 길이는 1척 4촌이고, 뱀가죽을 씌운다. 마호가니 활이 연하고, 중음(中音) 대의 악기다"라고 기록되어 있다. 이것은 얼후에 대한 청대의 유일한 기록이기도 하다. 이 기록에 근거하자면, 얼후는 활로 두 현을 연주하고, 막이 있으며 중음대의 현악기임을 알 수 있다. 얼후의 홈은 마호가니로 만들었고, 몸통은 뱀가죽이며 활은 비교적 부드럽고 약 46.667cm의 길이다. 활로 그어 연주하는데 청말에는 민간 기악합주, 희곡, 설창(탄사(彈詞)) 및 도교 음악에 많이 사용되었다. 吳曉勇,「二胡發音中的情感音色」,『武漢音樂學院學報』, 2000, pp.104-107.

17) 중국 고대에는 고금(古琴)을 '금(琴)'이라고만 불렀고, 고증할만한 최초의 탄발(彈撥) 악기이다.『상서(尙書)』에는 "기(夔)가 가로되 명구(鳴球)를 치며 금슬을 뜯으면서 노래하니(夔曰戛擊鳴球, 搏拊琴瑟以詠)"란 기록이 있고,『예기 · 악기』에는 "옛날 순(舜)이 오현의 금(琴)을 만들어 남풍을 노래하고, 기(夔)가 음악을 만들어 제후가 이를 즐겼다"라고 기록되어 있다. 금이 중국 조상들이 최초로 만든 탄발 악기이며 상고시대의 생활에서 중요한 지위를 차지했음을 알 수 있다. 고금은 음역이 넓고 음색이 깊으며 여음이 아득하다. 張斌,「宋代的古琴文化與文學」, 复旦大學博士學位論文, 2006, p.12.

18)「楊瀾訪談錄—譚盾」, 2020.8.10. https : //haokan.baidu.comv?pd=/wise_natural&vid=16725305885.052567961, 검색일 : 2022.01.05.

곡의 마지막 구절이 끝난다. 갈라지는 듯한 바이올린 소리는 비장하면서도 거친 또 다른 선율의 '창(蒼)'의 연주로 갈음된다. '창(蒼)' 테마는 '영웅 테마'의 제1악구의 재료가 부연되어 만들어진 것이다. 음향 구조에서 팽팽한 장력을 이루며 멜로디 라인이 자유로운 2악구로 구성된 악단구조다. 바이올린 솔로의 자유로운 스타일을 구현하는 특징이 돋보이는데, 이 구조는 필요에 따라 영화에서 길거나 짧게 단락을 확장해 나간다. 이 악단(Period)은 F궁(宮) G상(商) 조식이며 포르타멘토(portamento) 기법을 대폭 운용하여 악단 전체적으로 강한 장력을 유지하고 있다. 16분음표와 음정의 큰 도약도 대거 활용해 전체 악단은 '형식은 자유로우나 주제 의식은 놓치지 않는(形散神不散)' 상태를 이룬다. 이처럼 검은 화면은 처량하고 부드러운 음악에 맞춰 관객들을 1분도 안 돼 순식간에 2000년 전 역사 속으로 끌어들인다.

'창(蒼)' 테마 악단의 기본 구조

### □ 엔딩의 인물 색채와 음악

왕에게 무명을 죽이라고 요구하는 병사들

영화 엔딩의 검은색은 오프닝과 서로 호응을 이루며 실제의 시공간이 묘사되고 있다. 무명이 진왕의 암살을 포기하자 진나라 병사들이 대전으로 시커멓게 몰려드는데 이때의 스크린에는 검은색이 가득 차오르며 무형의 압박감을 주는 동시에 진왕의 내면 갈등을 보여준다. 장병들의 "대왕! 죽일까요?"와 "대왕, 죽이십시오"란 거대한 외침에 밀리면서 진왕은 자신의 권력을 영속하기 위한 정치적 이유로 결국 무명을 죽이라고 명령한다. 이 장면에서의 검은색은 권력의 힘을 은유한다. 결국 셀 수도 없는 검은 화살이 하늘에서 쏟아져 내려 암살을 포기한 무명을 향해 날아갈 때 화면은 온통 검은색으로 점거된다. 침중함이 무명을 향해 꽂히고 관객들에게도 꽂힌다. 농후한 검은색이 불러일으키는 감각적 체험은 생사를 스스로 선택한 무명의 결연함과 협객의 품격과도 부합된다.

무명의 죽음

한편 검은색을 메인 톤으로 삼은 단색 공간 안에서도 감독은 내부 색채 변화와 색 배합의 디테일에 세심한 연출을 보이고 있다. 무명이 죽은 후에 몸에 덮은 것은 일반 장례식에서 사용하는 소마백포(素麻白布)가 아니다. 검은 갑옷을 입고 있는 진군의 병사들이 관을 메고 엄숙하게 장례를 치른다.

병사들에 의해 들려진 무명의 관

검은색과 빨간색을 배합하면 강렬하고 장엄해 보인다. 감독이 이렇게 색채를 배합한 것은 사실상 중국의 민속 색채관과 관련이 있다. 민속색채의 여러 배합 가운데 대중에게 가장 각광 받는 것이 바로 빨간색과 검은색의 조화다. 빨간색과 검은색은 원초적인 본성을 보여주는 색채다. 빨간색은 피를 상징하는 선명한 색깔이며 생명과 일치되어 생명에 대한 공감을 가장 잘 일으킨다. 색상과 순도 면에서도 빨간색은 단연 돋보이는 매력이 있어 무채색인 검은색과 함께 배치하게 되면 설령 검은색이 화폭의 대부분을 차지한다 해도 빨간색이 시선을 끌게 마련이다. 빨간색 천에는 대의를 위해 장렬하게 죽은 협사 무명의 고귀한 희생 정신이 내포되어 있다. 검은색이 영화의 처음과 끝을 모두 주도하고 있지만 시신을 감싼 커다란 붉은 천 때문에 생과 사의 의미는 결국 승화되는 되는 것으로 호응을 이루고 영화는 여기에서 완성된다.

엔딩 장면의 음악은 색채와 마찬가지로 오프닝과 호응 관계를 이룬다. 무명이 진왕에게 진상을 밝히고 담담하게 죽음을 각오하자 바이올린이 슬픈 멜로디를 연주하며 무명의 비참하고도 장렬한 최후를 예고한다. 진나라 군대가 흩어져 왕의 사살 명령을 기다릴

'영웅장례'의 테마 악단의 기본 구조

땐 바이올린 소리가 사라진다. 대신 끊길 듯 간간이 이어지는 약한 북소리만이 남아 천하를 위해 필사의 각오를 다진 무명과 천하의 법도를 위해 어렵게 만난 지음(知音)을 죽여야 하는 진왕의 뒤엉킨 갈등의 심정을 묘사한다. 사살을 명하는 진왕의 동작 끝에 무수히 발사되는 화살 소리에 북소리는 점차 묻히게 되고 검 소리 마저 끊기자 북소리와 함께 모든 사운드는 뚝 끊긴다. 이때 화면은 정지되고 십여 초 동안 세 개의 고정된 카메라 시선이 진왕의 억누른 울음소리만 전달한다.

정지화면의 적막함은 회화의 여백과 같은 수법으로 감상자의 마음을 뒤흔든다. 카메라가 무명을 쏘아 댄 무수한 화살과 검이 꽂힌 대궐 문을 비추자 50명의 남성 베이스로 구성된 허밍음과 바이올린 음악이 은은하게 삽입된다. 남성의 허밍은 '영웅'의 테마곡에서

발전한 '영웅장례'의 테마곡이고 뒤이은 바이올린 연주도 외롭고도 날카로운 선율을 노래한다. 쓸쓸하고 비장한 곡조는 오프닝과 상응하고 있지만 오프닝에 선보였던 교향악의 기세는 사라지고 처량하기만 하다. 곡의 음역대는 5도 내지 8도 이상으로 크게 뛰며 3박자의 장음이 많이 섞여 있다. 그 속에 섞여 있는 북장단 소리는 선율은 없지만 남성 베이스 목소리와 바이올린 사이의 불균형을 잘 녹여준다.

### 2) 자객 잔검(殘劍)

조나라 사람인 잔검은 어려서부터 강호와 사해를 떠돌아 다녔다. 비설이 어릴 때부터 아버지를 죽인 진왕에게 복수를 다짐하며 살아왔기 때문에, 비설을 사랑하게 된 잔검도 진왕을 살해하고자 하는 꿈을 함께 품는다. 잔검은 진왕에게 가장 위협이 될 수 있는 3대 자객 중의 하나로, 검법이 천하제일일 뿐만 아니라 서법의 경지도 지극히 높다. 그는 서예로부터 마음에 검이 있다는 이치를 맛보고, '천하만민을 품어야 한다'는 넓은 아량을 깨닫게 되었다. 그래서 사랑하는 여인을 위해 진왕을 죽이러 갔지만, 진왕의 모략과 지혜에 진심으로 감탄하게 되고, 오직 진왕만이 천하를 태평하게 할 수 있다는 것을 알고 마지막 순간에 살해를 포기한다. 나중에는 무명의 암살 시도도 막으려 한다. 잔검이야말로 극 중의 영혼이라 할 수 있으며 진정한 영웅이라 할 수 있다. 따라서 의상 색상의 디자인에서 잔검이나 무명이 모두 자객이지만 아량과 기개가 무명과 다르기 때문에 색채의 운용 역시 다르게 드러난다.

#### □ 의상 색채

영화에서 잔검은 비교적 늦게 등장하며, 색채별 스토리에 따라 의상의 색상이 빨간색 · 파란색 · 흰색 · 녹색 등 네 가지로 바뀌게 된다. 잔검은 무명이 진왕에게 이야기를 들려주는 빨간색 스토리에서 처음 등장한다. 그는 조나라의 서관에서 빨간색 옷을 입고 시녀를 대동한 채 서예를 수련한다. 그러나 이는 무명이 진왕에게 꾸며서 말하는 이야기에 등장하는 것일 뿐 실제 잔검이 아니며, 마찬가지로 파란색 이야기 속의 잔검도 진왕의 추측으로 전개된 것이기 때문에 그의 성격과 특징을 대표할 수 없다. 그러므로 녹색과 흰색이야말로 잔검의 본성과 운명을 제대로 반영하는 색깔이다.

녹색 스토리는 무명이 진왕에게 진실을 밝히는 흰색 스토리 속의 한 단락으로서 잔검이 무명에게 자신의 과거를 술회하는 내용이다. 여기에서 녹색은 잔검과 비설의 사랑을 표현하며 그들의 청춘을 상징하는 색채다. 또한 이 스토리에서 잔검은 진왕이야말로 궁극적으로 천하에 평화를 가져다줄 수 있는 사람이라는 것을 깨닫게 되니, 녹색은 평안과 평화, 생명에 대한 동경을 나타내기도 한다. 녹색 스토리는 잔검과 비설이 녹색 옷을 입고 청산녹수를 거니는 장면에서 시작된다. 물은 생명의 부드러운 미를 표현하고, 자객 내면에 깃든 진정성을 표현한다. 물은 이야기의 플롯을 부각하고 인물의 잠재의식을 투사하며, '부드러움으로 강함을 이긴다(以柔克剛)'는 도가 철학사상을 구현한다.

## □ 화면 색채와 음악

흰색 스토리에서 흰색은 이성과 욕망의 균형을 의미하며 진상이 밝게 드러남을 은유한다. 설령 진왕이 포악하다 하더라도 오직 그만이 6국을 통일하고 백성들을 전란으로부터 벗어날 수 있게 할 수 있기 때문에 결국 잔검은 진왕을 암살할 기회를 포기해버린다. 흰색은 모든 것을 꿰뚫는 것이어서, 무명이 진왕을 살해하고자 떠날 때, 잔검이 이를 막으며 검으로 '天下'를 써서 보여준다. 영상 속에서 잔검이 입고 있는 흰 장포는 그의 검법을 보다 생동감 있고 소탈하게 보이게 하며 정신적인 고결함과 당당함이 돋보이게 한다. 화면에서 백색은 텅 비어 있는 잔검의 마음 상태를 잘 보여준다. 이는 잔검이 진정한 검객이며 진왕이 생각했던 것보다 마음이 더 넓다는 것을 보여준다.

한편, 흰색은 중국 고대의 문화 전통에서 검은색과 마찬가지로 불길한 의미를 담고 있다.[19] 넓은 황토고원 위에서 비설은 검에 찔린 잔검의 몸을 끌어안은 채 함께 자결한다. 이

19) 융의 학설에 의하면 검은색과 흰색은 모두 엄숙하고 슬픈 사망과 관련된 색이다. 중국에서 흰색이 죽음을 뜻하는 것은 서쪽과 관련이 있다. 오행설에서 흰색은 서쪽에 속하는 색이며, 중국의 옛사람들에게는 본래 "생명이 서방정토로 돌아감(一命歸西)", "혼이 서쪽 하늘로 돌아감(魂歸西天)" 등의 표현이 있었다. 이 때문에 흰색은 죽음을 의미한다. 石文典, 「榮格未完成的曆程 : 集體無意識學說—爲榮格及其學說正名」, 『寧夏社會科學』, 1991, pp.86-91.

장면에서 흰색은 죽음과 단절을 의미하며 의를 위해 죽은 인물의 비장함과 장렬한 비극을 표현한다. 잔검과 비설 두 사람이 꼭 껴안고 나란히 죽는 장면에서, 흰색은 멀리 떨어진 진궁의 검은색과 대비되고, '천하'라는 큰 주제를 전하며 대립 속에서 화합과 통일을 이룬다.

이 단락의 배경음악은 '비운의 사막(悲情沙漠)'과 '천하'의 테마가 서로 어우러져 오케스트라와 현악을 통해 혼란스러운 전쟁과 영웅의 불가해한 고독을 표현하면서 영화의 주제를 드러낸다. '비운의 사막'의 선율은 '창'의 주제 악단이 되는 두 악구가 서로 다른 형태로 반복 전개된 것이며, 어느 정도의 대조적인 요소를 가미해 초원의 낭만과 사막의 창량함을 음악적으로 표현했다. 이 슬픈 선율에는 북소리와 영웅의 기세가 뒤섞여 있다.

'비운의 사막' 주제 선율

# 5. '풍(風)', '천하(天下)' 테마 : 공간 화면과 음악

## 1) 진나라 궁전

진궁은 잔혹과 전제의 상징이다. 검은색의 진궁은 관중들에게 억압적인 느낌을 준다. 거대한 진궁에는 오직 왕 한 사람만이 살고 있고, 진궁에 들어갈 수 있는 사람도 진왕과 멀리 떨어진 거리에서 마주 볼 수밖에 없다. 오직 무명만이 세 명의 검객을 암살하는 데 성공했기 때문에 운이 좋게도 진왕과 열 걸음 떨어져 대작할 수 있게 된 것이다. 이러한 세팅을 통해 진왕의 잔혹함, 신중하고 의심 많은 성격을 암시하고 있다.

오프닝에서 무명이 등장한 후, 카메라는 무명과 진나라 군대를 따라 왕궁의 외전(外殿)에 도달하는데 검은 궁전과 검은 옷을 입은 무수한 병사들이 더없이 위압적으로 보인다. 무명이 진왕을 만나는 길에서 감독은 길가의 평행선과 양쪽에 줄지어 서 있는 진군 병사들을 방사형의 대칭 구조로 만들어 화면의 형식미를 구현한다. 카메라는 무명을 따라 이동 촬영을 하다가 고정된 롱쇼트로 전환되고, 검은 화면 배경의 몇 개의 쇼트로 강력한 진나라 군대의 장중함과 위엄을 부각한다. 검은 복장을 하고 진궁을 지키는 수 만 명의 호위 무사들은 진왕 내면의 두려움을 더욱 부각시키며, 궁궐로 향하는 높은 계단은 바로 봉건사회의 삼엄한 위계 제도를 상징한다.

진궁에 들어가는 무명

무명이 대전(大殿)에 들어가 진왕을 만나니, 검은 갑옷을 입은 진왕과 광활한 대전(大殿)이 하나가 되고, 흔들리는 붉은 빛깔의 촛불을 제외한 나머지 배경은 온통 어두운 톤이라 화면은 검은색에 짓눌려 엄숙해 보인다. 무명의 몸은 거대한 대전에 비해 너무나 왜소해 까만 점과 같고, 거대한 궁전과 보잘것없이 작아 보이는 인물의 크기 대비가 위압감과 공포를 드러낸다. 동시에 극중 캐릭터 무명의 결사적 의지를 암시하기도 한다. 이런 주관적인 색채 기호는 감독이 구상한 플롯을 추동하는 동시에 등장인물 내면의 복잡한 심리를 시각적으로 잘 표현하고 있다. 이 장면에서 검은색은 무명이 홀로 진나라에 가겠다는 굳센 결심을 가리키면서도 지고무상한 진왕의 권력을 은유한다.

무명의 진왕 알현

### □ 화면 색상과 음악

무명이 진군 부대를 따라 궁에 도착했을 때, 육중한 정문이 열리면서 '창' 테마가 끝난다. 현악단이 긴장하면서 당김음의 리듬을 연주하는 사이에 어느새 수십 명의 남자 저음 허밍 소리가 삽입되면서 암흑조로 세팅된 화면에 빽빽하게 늘어선 진군 병사들의 서늘하고 긴장된 색채가 맴돌게 된다.

무명이 궁전에 올라 진왕을 알현할 때 멀리서 종소리 비슷한 소리가 들린다. 카메라의 시선은 그 소리의 출처를 따라간다. 이는 4000여 년 된 중국의 고악기 요(鐃)[20]이고 일명

20) 요(鐃)는 중국 고대의 금속 타악기다. 군에서는 격고(擊鼓)를 멈추라는 명령을 내릴 때 사용하였다. 『주례(周禮) · 지관(地官) · 고인(鼓人)』에 의하면,"금뇨로 북을 멎게 하였다"라는 기록이 나온다. 요의 모양은 영(鈴)과 비슷하지만 몸집이 크고 입이 호형(弧形)이다. 높이보다 몸체가 커서 거꾸로 서 있으며 밑에 손잡이가 있고 채찍을 들고 때려서 소리를 낸다. 『설문해자』에 따르면 요는 징의 일종으로 상나라에서 사용된 초기 악기라 한다. 은허 부호묘(殷墟婦好墓)에서 다섯 점의 한 세트가 출토되었는데 연향제(燕饗祭祀)를 위한 예기로 쓰인 것으로 추정된다. 吳十洲, 『兩周禮器制度硏究』, 五南圖書出版股份有限公司, 2004, p.225.

군대를 따라 입궁하는 무명/ 화면 배색

집종(執鐘)이라고도 불린다. 중국 고대에 쓰이던 청동 타악기 중 하나다. 처음에는 군에서 호령을 전파하는 용도로 사용되다가 상나라 말기에 유행하였고 주나라 초에도 그대로 사용되었다. 화면에서 요(鐃)는 낮게 깔리면서도 신비롭게 울려 퍼지는 선율과 함께 우는 듯한 소리를 내 진나라 왕궁의 장엄함과 숙연함을 돋보이게 한다.

요(鐃)/ 음악 색채

진궁 대전의 요

영화의 오프닝은 여기에서 끝난다. 오프닝 장면은 색채부터 음악에 이르기까지 처량하고 비장한 느낌을 준다. 검은색은 영화의 가장 주요한 서사 영역에서 선택되어 역사감과 무게감을 시각적으로 부각하고 있다. 서정적이고 구슬픈 바이올린, 격앙되고 긴장되는 북소리와 기세등등한 교향악도 관객들의 청각에 호소하며 그들을 역사 속으로 끌고 간다.

## 2) 조나라 서관

스토리는 무명이 사람을 찾으러 조나라에 온 것으로부터 시작된다. 조나라의 서체를 구하러 무명이 왔을 때는, 마침 진왕이 대군을 보내 조나라를 공격하던 시기였다. 성안에서 진나라에 정복되지 않은 곳은 오직 서관뿐이었고 아직 철수하지 않은 상태였다. 서관은 온통 빨간색 세상이다. 잔검, 비설, 여월, 서관 내의 모든 스승과 제자들의 의복이나 집안의 장식물들도 모두 빨간색이다. 심지어 잔검이 쓰고자 하는 여덟 자짜리 '劍'자조차 빨간색 주사(朱砂)가 필요하다.

장이머우는 색채로 카메라의 언어 공간, 그중에서도 단일 영상 언어의 공간을 크게 확장하였다. 그러면서도 전국시대 조나라의 숭홍(尙紅) 정신을 화면으로 구현하여 관객에게 강렬한 시각적 임팩트를 선사한다. 오덕순환설에 따라 주왕조는 화덕에 속해 선조들이 적오(赤烏)의 부적을 얻었고 자연히 빨간색을 숭상했다. 진(晉)나라는 주나라의 제후국이라 당연히 주나라의 화덕에 속한다. 조나라는 진(晉)나라에서 기원하였지만 다소 특수한 화목덕(火木德)을 발전시켰다. "화덕을 위주로 하되 목을 보충하니 목이 화성(火性)을 도우면 화덕이 더욱 성하게 된다"[21]는 화목덕이다. 그래서 원래 조나라는 복식과 깃발의 7할은 빨간색, 3할은 파란색으로 약간 변화를 주었다. 그러나 영화에서는 빨간색만 강조하여 드러내었다.

서관 밖엔 조나라를 공격하려는 진나라 군대 수만 명이 광활한 평지에서 무기를 들고 대기 중이다. 병기(兵器)에서 일제히 펄럭이는 붉은 천은 드높은 기세를 보여주면서 위협적으로 보이고, 서관 전체가 죽음의 그림자에 휩싸여 있다. 잠시 뒤 진군의 화살이 비 오듯 서관을 향해 날아들며 빽빽이 꽂히자 관내의 서생들은 목숨을 구하고자 크게 흔들린다. 그러나 노선생의 결연한 가르침에 따라 이내 다들 책상 앞에 단정히 앉는다. 그들은 생의

21) 蕭統 편, 李善 역, 『문선(文選)』 권20, 〈진무제화림원집시(晉武帝華林園集詩)〉』, 上海古籍出版社年版, 1986, p.953.

마지막을 조나라의 글자를 쓰면서 죽음에 직면해 침착하고 초연한 모습을 보인다. 이 장면의 빨간색은 문화를 결사 보호하고자 하는 굳건함, 나라를 지키고자 하는 결연함의 기표다. 진군의 폭력은 6국으로 확장되며 무수한 사상자를 냈고, 이곳의 빨간색은 살육과 유혈, 죽음을 은유하기도 한다.

조나라 공격을 기다리는 진군 부대

화살이 꽂히는 서관

빨간색 서사 단락 속에서도 진나라 군대의 복식은 여전히 검은색이다. 그렇지만 그들의 깃발은 붉은 색이다. 검은색이 화면의 대부분을 차지함에도 붉은색 깃발이 시각의 중심점이 되고 있는데, 여기서 감독의 의도는 주목할만하다. 공중에서 펄럭이는 붉은 깃발은 곧 희생될 생명의 피를 의미하며 검은 갑옷은 신비로움과 죽음의 숨결을 상징한다. 억압된 감정과 전쟁의 무자비함이 두 가지 색의 조화를 통해 분출되고 있다.

### □ 화면 색상과 음악

영화가 20분 30초를 지날 때 영화는 진홍색 벚나무 창(紅色櫻槍)을 통해 전투에 능한 진나라 군대의 배열을 알려준다. 또한 카메라의 초점 거리를 바꾸면서 긴장감 넘치는 분위기를 연출한다. 이 화면에 맞춰 '풍(風)' 테마가 남성 베이스 코러스 형식으로 출현하며 강한 리듬을 구사하는데 리듬의 역동성이 음악적 추진력을 잘 보여주고 있다. ‘풍’ 테마의 핵심구조는 획일적인 리듬 모티브이고 나지막한 베이스 톤에 맞춰 수만 명의 진나라 군대의 가지런한 행군 행렬을 단순한 선율로 표현하며 극도의 시청각 효과를 주고 있다.

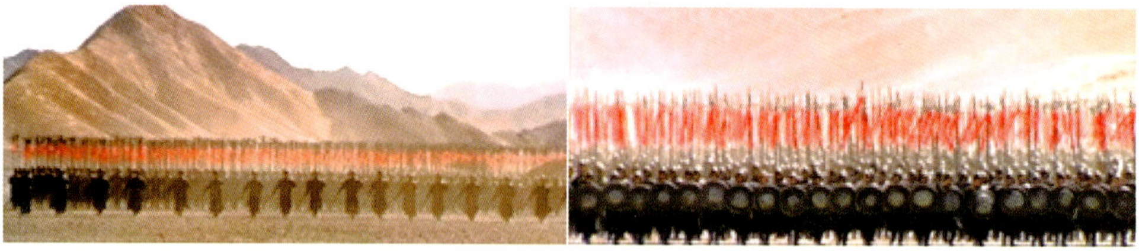

한 걸음씩 접근해오는 진나라 군대

‘풍’ 테마의 핵심 구조

50명으로 구성된 남성 베이스가 ‘펑(風)’을 발음하면서 내는 ‘진소(秦嘯)’[22]의 합창은 매우 웅장하여 심장을 뛰게 하고, 오케스트라의 금관악기에 맞춰 진군의 기세를 한껏 드러내고 있다. ‘풍’은 천만의 진나라 군대의 ‘인풍(人風)’이다. 강하게 휘몰아치는 진나라 군대의 바람이고, 일제히 발사되는 진나라 화살의 패기다. 북소리는 중국 북의 전통적인 타법을 그대로 재현한 전장의 사운드로서 진군이 앞으로 행군할 때 북소리와 서로 어우러져 조금

22) 전설에 의하면 진군은 전쟁 때 맹렬한 기세로 마치 광풍 같은 위력을 보였다 한다. 그들은 ‘펑---’하는 소리를 외쳤는데, 이를 ‘진소(秦嘯)’라고 불렀다. 王欣, 「傳播中的電影音樂—音樂解讀〈英雄〉」, 『電影評介』, 2009, pp.28-29.

'풍' 테마의 핵심 구조

의 잡음도 없다. 화면 한쪽엔 막을 길 없는 기세등등한 진군이, 다른 한쪽엔 맨손의 선비가 배치되며 양자 사이에 뚜렷한 대비를 이룬다. 음악은 무겁게 가라앉은 톤을 재현하며 잔혹한 학살 분위기가 물씬 풍겨나게 뒷받침해준다.

그 외에 탄둔은 이와 같은 재료를 음악으로 전개하면서 위와 대위 관계를 이루는 또 다른 멜로디의 모티브를 설계하였다. 첫 번째 멜로디 모티브는 코러스팀이 '펑'이라고 발음하며 부르는 것이고, G-A-bB 삼음(三音)을 기본으로 4도의 음정 구조를 고안한 것이다.

서관을 향해 활을 쏘는 진군

제1 멜로디 모티브 재료

제2 멜로디 모티브 재료

두 번째 멜로디 모티브는 악단 내의 브라스 그룹에 의해 연주되는데, 이 세션은 4, 5도 위의 모티브 형태로 나타나며, 앞의 두 모티브 사이에서 세로로 겹쳐지고 가로로 교체하는 형태를 띤다.

진나라 군대의 칼이 서관을 향할 때 계속 흘러나오던 '풍' 테마는 서관의 사람들이 노선생에게 우르르 몰려들면서 화면의 초점이 바뀔 때 멈추게 된다. 그리고 화면 속 선생의 "진나라의 검이 우리의 성을 무너뜨리고 나라를 멸망시킬 수는 있으나 조나라의 서체를 죽일 수는 없다…"는 대사에 맞춰, '천하' 테마가 우는 듯한 바이올린의 연주로 뒷받침된다. 빨간색의 화면과 날아드는 검 소리는 관객의 마음에 부단히 부딪힌다. '천하'의 테마는 '영웅' 제2 악구의 재료가 확장된 것이고 평행발전된 악단 구조라서 두 악구는 리듬 구조나 멜로디 윤곽에서 일치하는 특징을 보인다. 전체 악단은 A羽조, 1악구는 E角의 딸림음, 2악구는 A羽의 주음에 각각 떨어진다.

'천하' 테마

전체 곡의 기조는 비장하고 처량하다. 첫 번째 소절은 여린내기로 시작하고 첫 번째 음에서 두 번째 음 사이는 6도 도약한다. 그다음에 작은 3도의 음표가 솟아오르고, 곧이어 한 옥타브 높은 팔분음표가 이어진다. 이처럼 대폭적인 도약은 멜로디 전체의 긴장감을 높여준다. 전체 악단은 바이올린에 의해 장엄하면서도 격렬하게 감정의 카타르시스를 진행하는 스타일이다. 이어 '풍' 테마까지 가미되면서 베이스 합창에 오케스트라 연주가 더해져 웅장한 기세, 중후한 긴장감이 감돈다. 베이스와 교향악이 대비되면서 바이올린의 슬픈 가락이 마음을 움직인다.

### 3) 장서각(藏書閣)

장서각(藏書閣) 대결 신에서 진왕과 무명의 이야기는 각각 다른 색깔의 이야기로 구술된다. 진왕이 추측하는 이야기는 파란색을 사용했고 무명이 구술하는 이야기는 흰색을 사용해 전개된다. 진왕이 짐작하는 이야기는 사실이 아니다. 그는 잔검과 비설이 서로에게 깍듯하고 관대한 대협이라고 보았기 때문에 이 스토리 리듬은 평화롭고 고요하며 우울한 정서도 잔잔히 흐른다. 앞에서 차가운 색인 파란색이 고요함과 평온함을 상징하는 한편 우울함을 뜻한다고 언술한 바 있다. 때문에 파란색의 양가성은 캐릭터의 성격과 서술적 필요에 잘 부합하고 있다.

진왕이 추측한 스토리에서 잔검과 비설 그리고 무명 세 사람의 등장할 때 복색을 중국 색채로 구분하면 각각 청색[23], 물색[24], 군청색이다. 색상 면에서 구분하자면 잔검의 옷 색깔은 배경색에 더 가깝고, 비설의 복식은 명도가 높은 색채라서 부드럽고 여성스러움이 반짝이며 돋보인다. 무명의 복색은 색채가 더 짙어 무력 면에서 다른 두 사람보다 더 강함을 드러낸다고 볼 수 있으며 이는 암살 계략을 제안하는 사람의 신분에도 부합한다. 세 사람 모두 무명이 지어낸 첫 번째 빨간색 스토리와 달리 냉철하고 이성적인 느낌을 준다. 중국 색채 중에서 청색은 길상의 색이며, 오행학설에서는 주동방(主東方)이고 신령한 동물로는 '청룡'을 대표하며 힘을 상징한다. 또한 청색은 하늘과 바다의 색으로 정조와 결심을 상징하기도 한다. 원형의 서재 안의 푸른빛과 비설이 죽은 후 안치되었던 정자 배경의 청회색빛 녹색 호수, 공작녹색빛이 함께 어우러져 스토리의 청록색 톤을 이루고 있다. 이 때문에 이 단락의 색채 감정은 감정의 억제를 표현한다고 볼 수 있다.

한편 이 장면은 무명의 최후 진술이자 스토리의 진상이 밝혀지는 부분인데, 복수심에

---

23) 여기에서의 청색은 녹청색이라고도 할 수 있고 대략 500~485nm 정도의 파장색을 말한다. 각 문화권의 언어에서 녹색과 청색을 따로 구별하지 않는다. 중국의 오행학설에서 청색은 목(木)의 상징이고 생명의 의미를 담고 있으며 봄의 상징이기도 하다. 청색의 가색법은 같은 양의 녹색광과 청색광을 혼합한 색으로 정의된다.

24) 물색(aqua)은 청색 계열이지만 남색과 청색을 사이에 위치하며 색조상 옅은 남색을 띠고 있어 '아쿠아 블루'라고도 불린다. 맑고 깨끗한 물을 뜻하는 이 색은 강, 호수, 개울 등 자연수의 상징이고 해양수를 뜻하는 짙은 남색과는 차별된다. ISCC-NBS Colo(u)r 지명사전(1955). https://web.archive.org/web/20170730090345/http://tx4.us/nbs/nbs-p.htm.

불타다가 평화로운 마음으로 변하는 무명의 심리 역정과 정신 승화를 볼 수 있다. 하얀색은 진실과 순결 및 내면의 정화와 승화를 상징하기 때문에 인물의 성격과 서사에 정교히 부합된다. 따라서 이러한 색상 톤에서 잔검, 비설, 무명 세 사람은 모두 하얀 옷을 입었고 얼굴에 비치는 빛도 차가운 톤의 백색광이다. 이 스토리는 진짜로 일어난 일이기 때문에 색채나 구도 모두에서 사실적인 스타일이 뚜렷이 드러난다.

### □ 화면 색상과 음악

장서각 장면에서, 비설은 진왕을 암살하기 위해 무명과 연합하여 잔검을 공격한다. 탄둔은 이 장면에서 북소리를 이용해 긴장감이 팽배한 분위기를 연출했다. 무명이 잠시 주저하는 순간에 긴장된 분위기는 더욱 고조되고 느렸던 북소리도 빨라진다. 비설이 잔검을 찌른 후 칼을 빼 들자 다급했던 북소리는 슬픈 바이올린으로 바뀐다. 긴장감을 느끼던 관중은 이제 아련하면서도 쓸쓸한 마음의 고통을 느낀다.

중국의 색채에서 흰색은 오색의 근원이다.[25] 서쪽에 해당하고 신령한 동물로는 '백호'와 대응한다. 오색은 흰색으로 만들어지는데 무릇 유(有)가 무(無)[26]에서 나온 것과 같은 이치다. 영화에서의 흰색은 자객의 순결과 충절[27]을 상징하며 정의를 위해 뒤돌아보지 않고 진왕을 시해하고자 하는 용맹을 뜻한다. 하지만 흰색의 공간 속에서 우리가 더 잘 느낄 수 있는 것은 진왕을 암살하는 것에 대해 느끼는 공허함이다.

---

25) 회남왕(淮南王) 유안(劉安)은 『회남자(淮南子)』에서 다음과 같이 말했다. "색이라는 것은 흰색에서 시작해 오색을 이룬 것이다(色者, 白立而五色成矣)." 여기에서 흰색은 '하나'와 같고 '오색이 생겨남'과 '만물이 생성함'은 같은 뜻이다. 흰색이 자리를 잡아야 오색이 고정될 수 있으니, 이는 마치 '道'에서 만물이 생겨나는 것과 같은 이치다. 劉安 · 陳廣忠 역주, 『淮南子』, 中華書局, 2017, p.32.

26) 중국 고대 철학 중 도가 학파는 유무(有無)를 통해 우주의 본체를 밝히는 철학적 범주를 최초로 만들었다. 노자는 유와 무가 통일된 것이고 "유무상생(有無相生)"이라고 여겼다(『老子 · 二章』) 그러나 한편 "천하 만물이 유에서 태어나고, 유는 무에서 난다"(『老子 · 四十章』)라고 하면서, 무가 유보다 더 근본임을 밝히고 있다. 나중에 일부 유물론 철학자, 예를 들어 당대의 유우석(劉禹錫), 명청대의 왕부지(王夫之) 등은 '기(氣)'가 모이거나 흩어짐을 통해 '유무'로 해석하였는데, 유는 기가 모여서 나타난 것이고 무는 기가 흩어져 숨어 있는 것이라고 보았다. 顧明遠, 『教育大辭典』, 上海教育出版社, 1999, pp.57.

27) 흰색과 서리, 눈의 색은 같다. 때문에 흰색은 정결하다는 뜻이 있다. 불교에서의 흰색은 보리(菩提)심을 뜻하며 '선'과 '성결'을 상징한다. 薑澄清, 『中國色彩論』, 甘肅人民美術出版社, 2008, pp.33-36.

왜냐하면 스토리의 주요 사건이 실제로 무언가를 바꾸지 못하고 자객의 행동도 결국에는 또 다른 허무함에 묻혀버리기 때문이다. 무협 영화에서 흰색의 설정은 감독의 사고와 기획 의도를 드러낼 수 있으며 흰색에 대한 관객의 표징(表徵)을 환기하여 도가 철학의 유무(有無)에 관한 철학적 사고를 보여줄 수 있다. 앞서 분석한 〈와호장룡〉과 마찬가지로, 여기에서 감독은 흰색의 시각적 조형을 통해 영화의 예술정신을 승화하고 도가의 철학적 사상을 전달하고 있다.

# 6. '표(飄)' 테마 : 결투 화면과 음악

## 1) 호양림(胡楊林) 결투

호양림 씬에서 여월과 비설은 생사의 결투를 벌인다. 빨간색은 비설의 격정과 통한, 여월의 분노와 충성심을 표현한다. 하지만 빨간색이 주는 긴장감을 조절하기 위해 감독은 세상을 덮을 듯한 노란색 낙엽을 선택해 빨간색 장포를 입은 두 여인을 대조하고 있다. 홍의를 입은 두 여인이 노란 낙엽 사이에서 날아오르고 격돌할 때마다 바람에 흩날리는 황금빛 낙엽이 배경을 이룬다. 스크린을 가득 채우고 있는 황금빛 가운데 빨간색 긴 옷 두 벌만이 바람결에 춤을 춘다. 분분한 낙엽이 가득한 호양림은 무협 중에서도 비무력(非武力) 대결의 경지를 전달하는데, 황금빛이 두드러지는 빨간색을 억압한다. 프레임에 빨간색과 노란색만 존재하고 다른 색이 섞이지 않아 순수하면서도 고귀하다. 감독은 피비린내 나는 결투 장면을 낭만적이고도 미적인 것으로 승화하여 액션 동작이 춤처럼 아름답고 부드러우면서도 힘차다.

결투의 마지막에서 두 사람은 급속도로 움직인다. 그러다 마침내 여월이 칼에 맞고 한을 품은 채 죽게 된다. 이때 감독은 디졸브(dissolve) 기법을 사용해서 화면 전체가 찬란한 황금빛에서 점점 빨갛게 물들어가게 연출한다. 인물도 빨갛고 나무도 빨갛고 천지가 온통 붉게 물든다. 여기에서 쇼트의 박자도 함께 느려지며, 슬프고 고독한 비설이 빨간색에 스며든다. 감독은 이 씬에서 독특한 시각과 풍부한 상상력으로 자연의 경치를 스토리 전개와 관련된 영상으로 전환하고 있다. 강한 시각적 임팩트와 중국 수묵화와 같은 의경미(意景美)를 형성한 것이다. 감독은 허령공정(虛靈空靜)에 대한 추구를 색채 전환의 방식으로

화면의 색채 변화

표현하여 관객의 공감대를 이끌고 화면 전체에 낭만적인 비애를 표현하였다.

### □ 색채와 음악

호양림 씬의 붉은색은 조나라 서관의 컬러 표현과 다르다. 모두 빨간색 스토리에 나오는 장면이지만 드넓은 노란색 배경이 뒷받침되면서 앞에서의 긴장감과 자극적인 시각적 충격이 감소되고 있다. 첫 번째 쇼트는 롱 쇼트로 비설의 뒷모습을 담아냈다. 빨간색 옷을 입은 비설은 천지가 노란색으로 물든 호양나무 숲에 혼자 앉아 있다. 장장 8초 길이의 이 쇼트는 공간적 배경을 알려주는 동시에 쓸쓸하고 고독한 분위기를 부각한다. 이 쇼트에 사용된 음악은 바이올린의 장음으로 연주되고 있는데 불안감이 은근히 묻어난다.

이어 카메라는 롱쇼트로 여월의 정면을 비추며 그녀의 등장을 알린다. 4초 뒤, 같은 위치에서 트래킹 쇼트가 이어지는데 카메라 리듬이 눈에 띄게 빨라진다. 이로부터 관객은 여월이 복수의 한을 품고 왔다는 것을 명확히 느낄 수 있다. 음악의 리듬에서도 긴장이 느껴지기 시작하는데 여월의 얼굴에 클로즈업이 비출 때 금관악기의 베이스 파트에서 소리가 울리며 두 사람의 결투의 장이 시작된다.

여월이 칼로 비설을 찌르려 하자 비설이 몸을 날리고 이때, '표(飄)' 테마가 울려 퍼진다. 여성 소프라노의 허밍으로 구성된 이 테마는 '천하'의 테마에 변화를 준 것이고 D 商조식 · 평행 방정식의 2악구로 된 악단(8+8) 구조이다. 악보에서 볼 수 있듯이 두 악구의 낙음(落音)은 각각 A우(羽) · D상(商)이며 딸림음과 으뜸음의 4도 위 기능의 구조를 이룬다. 악단 전체가 호흡이 길고 내려가는 음계식을 이루고 있어 탄식조의 멜로디다.

결투 중에 자장가처럼 느릿느릿 울려 퍼지는 낭만적이고 처절한 여자의 목소리는 마치 우는 소리와 같다. 여월이 황금빛 호양나무 숲에서 날카로운 검을 쥐고 비설을 죽이고자 쫓아가는데 검광은 물과 같이 은빛 선을 그리며 검기가 출렁인다. 노란 잎사귀가 하늘 가득 흩날리고 숲의 얼룩진 햇살이 너울거리는 그녀들의 모습 위에 비추어 춤추는 듯이 아름다운 조명효과가 난다. 또한 아련하고도 청초한 여성의 허밍은 낭만적이고도 내러티브 역할까지 겸하는 기발한 효과를 나타낸다.

'표(飄)'의 테마

한 사람은 뒤를 쫓고 한 사람은 도망가는 시간이 잠시 이어지다가, 비설이 더이상 피하지 않고 검을 뽑아 맞서니, 여월은 비설을 상대하지 않고 그냥 칼에 찔린다. 그리고 최후의 힘을 다해 검을 뽑아 비설에게 내던졌을 때 긴장감 있는 북소리가 깔리는데 이때 여월의 생명도 마지막에 이르게 된다. 여월이 천천히 쓰러지면서 화면은 붉게 변하고 구슬픈 바이올린 소리가 울린다. 이때 바이올린은 더 이상 이 세상에 잔검이 없으니 여월을 이겨도 아무런 의미가 없다고 여기는 비설의 비애를 노래한다. 슬픈 곡조가 붉은색 화면에 맞춰 울려 퍼지는 동안 잎이 분분히 떨어지는 소리까지 뒤섞이고, 한 남자를 두고 격렬히 싸운 두 여자의 아픔이 고스란히 드러나며 이 결투 씬은 최고조에 이르게 된다.

장이머우는 빨간색으로 살육과 질투, 칼과 검의 소리, 옷의 펄럭임, 바람에 휘몰아치는 나뭇잎 등을 상징했고, 탄둔은 여월의 외침을 다급한 북소리와 애절한 여성의 목소리에 맞춰 잔혹함과 처절함을 미적으로 연출하였다.

## 2) 호수면 위의 결투

비설은 죽은 뒤 호수 한복판에 있는 정자에 안치된다. 뒤로는 푸른 산이 있고 발밑에는 푸른 물이 흐른다. 캐릭터의 옷색과 자연경치가 조화를 이루어 슬픈 컬러 톤을 만들어낸다. 침잠하고 우울한 이런 분위기를 기조로, 잔검과 무명은 비설을 기리기 위해 가벼운 대결을 한다. 하지만 두 사람이 실제로 싸우는 시간은 대결의 약 8분의 1에 불과하고, 대부분은 무명과 잔검이 수면 위에서 오르내리며 서로를 추적하고 각자 검을 휘두르는 모습에 할애되고 있다. 옅은 남색의 영상 톤은 산수 자연의 초록색과 어우러져 수묵화가 추구하는 '함축과 운치의 미(美)'가 고스란히 담겨 있다. 이는 마치 한 폭의 산수화처럼 아름답고 의미가 깊다. 여기에서 심오하고 신비로운 동양의 선(禪)을 표현한 장이머우의 연출이 드러나며 무한한 상상의 공간과 역동성이 서로 호응되고 있다.

호수면 위에서 결투하는 잔검, 무명

잔검이 비설의 얼굴에 튄 물방울을 가볍게 닦아내자 화면 전체에 우울한 외로움이 느껴진다. 차가운 톤 안에서 관객은 안으로 수축된 웅장미를 느끼게 되고 비설을 잃은 잔검의 고통, 비설을 향한 무명의 존경과 추모의 마음, 협객 특유의 '내인(內忍)'의 내면세계가 소리 없이 전달된다. 이렇듯 평범하고 소박한 외형적 기운이 인물 내면의 정서와 강한 대립을 이루고 있는데, 외적인 평화 속에 인물 내면의 큰 파동을 품은 것이다. 이것이 바로 인(仁)과 인내(忍), 내적 평화와 정신세계를 추구하는 중국 고전의 빼어난 발로이다. 드러내지 않고 인내하는 것은 파란색이 끼치는 심리적 감정 효과에도 부합한다.

한편, 파란색은 슬픔을 암시하기도 한다. 관객들은 진왕의 추측이 무명이 전해주는 스토리보다 훨씬 더 진실에 가깝다는 것을 느낄 수 있다. 진왕이 엮어낸 파란색 스토리에는 그의 인격 속에 깃든 강인함과 침착함이 담겨 있다. 동시에 대의를 위한 두 자객의 늠름함에 대해 느끼는 비애와 자괴감을 나타내기도 한다. 슬프고도 처연한 이러한 정서는 다른 색으로는 표현할 수 없는 것이다.

### □ 색채와 음악

비설이 호수 가운데의 작은 정자에 조용히 누워 있고, 잔검과 무명이 수면 위에서 결투하는 장면은 동(動)과 정(靜)이 결합된 리듬을 보여준다. 무명과 잔검 두 사람이 칼을 뽑아 들고 호수면 위에서 하늘로 치솟았을 때, 경극의 우렁찬 염백(念白)[28]이 공중에 울려 퍼지고, 그 소리는 텅 빈 호수 면과 저 멀리 눈안개 숲 사이에서 울려 퍼진다. 탄둔은 이곳에서 그동안 결투 장면에 즐겨 사용하던 북소리를 버리고 물방울, 바람 소리를 사용해 가장 자연스러운 형태로 있는 듯 없는 듯한 음악을 깔았고 일종의 "물결은 먼 공중에서 출렁이네(波瀾動遠空)"[29]의 선의(禪意)를 만들어냈다.

탄둔은 중국의 전통문화를 가장 자연스러운 소리로 보여주고자 고정된 형태가 없고 소리도 없는 물의 물성(物性)을 사용했고 이를 통해 잔검과 무명의 결투가 '관념(意念)'을 중시하고 있음을 상징하였다. 이는 서로에 대한 존경의 태도이자 일종의 철학적인 교유라 할 수 있다. 자연의 소리가 주는 미를 추구하는 것은 바로 천인합일(天人合一)[30]에 대한 탄둔의 가치 성향을 체현한 것이며, 파란색이 주는 느낌은 이러한 재현 방식에 잘 부합한다. 잔검과 무명이 겨루다가 비설의 얼굴에 물방울이 튀었을 때 서정적인 음악이 흐르기 시작하고, 카메라는 애인을 잃은 잔검의 슬프고도 외로운 표정을 비춘다.

## 3) 진왕 암살

잔검과 비설이 진나라 궁궐 대전에 침입하는 장면에서도 두 사람의 복색과 주변의 휘막은 모두 녹색에 녹아든다. 일부 관객들은 장이머우가 지나치게 영화색채를 강조하다

28) 경극에서 주로 사용하는 언어로, 말하는 것과는 다른 예술적인 가공을 거친 무대 언어를 말한다.

29) 당(唐) 왕유(王維)의 시『漢江臨眺』의 한 구절.

30) '천인합일(天人合一)'은 중국 철학에서 매우 중요한 개념이고 다양하고 복잡한 의미를 지닌다. 천인합일(天人合一)은 천인일기(天人一氣)를 바탕으로 천인동성(天人同性), 천인일리(天人一理) 등을 지향한다. 천인일기란 하늘과 사람이 모두 기로 이루어졌다는 뜻이고 천인동성은 하늘과 인간은 본성이 같다는 뜻이고, 천인일리는 하늘과 인간이 하나의 리(理)로 이루어졌다는 뜻이다. 蒲創國,「"天人合一"正義」, 上海師范大學 博士學位論文, 2012, pp.56-64.

보니 여기에서 본래의 영화의 서사 기능을 소홀히 한 것 아니냐며 비판하기도 하고, 장이머우가 색채를 중시하는 본인의 예술에 심취하다 보니 자신의 의도를 다소 경직적으로 전달하며, 객관적 현실을 고려하지 않고 자신의 주관적인 억측만으로 색채예술을 구사하고 있다고 지적하기도 한다. 하지만 이 장면의 색채는 예술 수단의 한 표현이며 화면 가득한 녹색은 사실상 자유와 희망, 잔검과 비설이 동경하던 생활을 의미하는 것이다.

다시 말해 전란과 동떨어져 애초의 순수함으로 돌아간 상태를 시각화한 것이다. 따라서 진왕을 죽여서는 안 되는 이유를 스토리의 플롯 전개와 인물의 복식 디자인에서 찾을 수 있다. 그것은 진왕만이 천하의 백성들을 전쟁으로부터 벗어나 행복하게 하고 안정된 삶을 누릴 수 있게 할 수 있기 때문에 죽일 수 없는 것이다. 이 장면에서 장이머우의 색채 활용은 말 그대로 최고 수준에 이르고 있다.

이야기가 끝날 무렵, 우리는 무명이 진왕을 죽이지 않은 진정한 이유가 어떤 결과를 얻기 위해서였음을 알게 된다. 그가 진정으로 원했던 것은 죽음이 아니라 희망이다. 그러므로 그가 진왕에게서 희망을 보았을 때 그의 사명은 완수된 것이다. 만약 이전의 풍부한 색채표현이 없었다면 이러한 해석은 뜬금없고 무색했을 것이다. 강렬하고 단순한 색채 대비 속에서 감독은 도가 사상을 내포하는 색채를 생동감 있고도 유기적으로 융합했고 신비로운 색채 분위기를 연출하였다.

### □ 화면 색상과 음악

잔검과 비설 두 사람이 진궁에 침입하여, 진왕의 병사들과 결전을 벌일 때(01 : 16 : 40), 남성 베이스 코러스의 '풍' 테마가 다시 울려 퍼진다. 이때 화면 대부분을 진군의 검은색 복식과 투구에 꽂힌 빨간색이 차지하고 녹색 장포를 입은 잔검과 비설이 그 가운데에 포위되어 있다. 웅장한 '풍' 테마는 진군 병사들을 대표하고, 결의에 찬 교향악의 멜로디는 잔검과 비설을 의미한다. 진군이 많아지자 교향악 소리는 남성 베이스와 병사들의 고함 소리에 묻혀버리려 한다. 하지만 몇 천 명의 진나라 병사는 잔검과 비설 두 명을 도무지 당해내질 못하고 두 사람은 진궁의 대전 안으로 뚫고 들어간다. 화면의 쇼트는 롱 쇼트에서 파노라마 쇼트로 바뀌며 녹색이 차지하는 면적은 점점 더 확대된다. 이때 교향악의 웅장한 기세도 커지며 화면을 돋보이게 한다.

잔검, 비설이 진궁에 진입하는 장면

잔검과 비설이 대전에 진입하는 장면

거대한 녹색 휘장이 둘러쳐진 진궁 안에 잔검이 나타나자 요(鐃)가 다시 울려 퍼지고, 중후한 음색이 단숨에 분위기를 웅장하게 만든다. 요는 진왕을 상징하는 악기이며 위엄 있는 소리가 진궁에 가득 울린다. 잔검과 진왕이 겨룰 때는 경극의 염백이 둘의 결투 소리에 맞춰 깔린다. 교향악의 소리는 점점 뜸해지고 남성의 허밍음만 작은 소리로 울린다. 두 사람이 싸우면서 초록색 휘장이 켜켜이 벗겨지고, 요의 소리도 점점 커지지만, 화면의 초록색 톤으로 인해 위험한 장면임에도 그다지 긴장되지 않는다. 진왕과 잔검의 싸움이 일단락되었을 때, 카메라는 잔검을 가까이서 잡으며 거대한 녹색의 휘장 속에서 보일 듯 말 듯 한 그를 비춘다. 전체 프레임에 녹색의 휘장만 잡히는 쇼트도 있다.

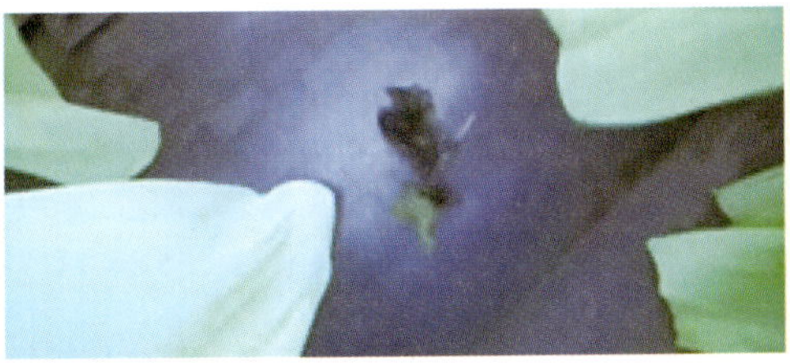

잔검과 진왕의 대결

이때 관객들의 마음도 차분해지고 위험이 조금씩 지나가는 듯한 느낌을 받는다. 그러자 바이올린이 '천하' 테마를 연주하기 시작하고 바이올린의 슬프고 서정적인 멜로디와 함께 요의 소리와 경극의 염백이 울려 퍼지면서 두 사람의 마지막 격전이 시작된다. 녹색의 휘장과 녹색 옷을 입은 잔검이 화면을 가득 메우고, 바이올린의 음악 소리만 남는다. 잔검의 무공이 진왕 보다 한 수 위라는 것을 알 수 있지만 결국 잔검은 서법을 통한 기나긴 무공 훈련 끝에 깨달은 '천하'라는 두 글자의 의미를 깨닫고 진왕을 죽일 기회를 내려놓는다. 바이올린이 연주하는 '천하' 테마가 고독하게 울리며 잔검과 진왕 앞에 놓인 녹색 휘장이 모두 미끄러져 흘러 내릴 때 음악이 멈춘다. 잔검이 복수의 한을 내려놓는 심경과 화면 가득한 녹색은 서로 부합한다.

## 소결

〈영웅〉의 가장 두드러진 특징은 색채로서 실재와 상상의 두 시공간을 풀어낸 성공작이라는 점이다. 기존의 무협영화는 화려한 몸동작과 검술의 시각적 동작을 중시하였다면 〈영웅〉은 검술과 서법의 동일시와 장면 이미지를 통한 의경의 표현(의미와 정신)이라는 장을 확장하고 있다고 볼 수 있다.[31] 장이머우는 〈영웅〉에서 검은색 · 빨간색 · 파란색 · 녹색 · 흰색 등의 색채를 기조로 삼아 서사 세그먼트를 배치하였는데, 색채가 서사와 시적 표현의 이중적 역할을 했다고 할 수 있다. 이 같은 색채 서사 접근법은 중국 무협영화 최초의 시도이자 새로운 추세를 열었고, 몇 가지 색상을 기조로 한 충만한 시적 화면을 만들어내었다 할 수 있을 것이다.

〈영웅〉에서 색채는 영화의 중요한 예술적 수단이며 매우 합당하게 운용되었고, 무협영화 본래의 피비린내와 잔혹함을 희석하고 있다. 그것은 인내, 평화, 낭만적인 색채를 지니며 대협의 의(義)를 효과적으로 표현하였다. 장이머우는 검은색 · 빨간색 · 파란색 · 흰색 등의 바탕색을 활용하여 발묵(潑墨)식의 정신표현 기법을 다량 활용하였고, 색채별 에피소드를 나누어 선명하면서도 충만한 함의를 서술했다.

검은색과 흰색은 영화의 양 극단이자 스토리의 진상이 밝혀지는 부분이고, 파란색과 빨간색은 감정과 욕망으로 물든 단락이다. 중국 전통 미학에서 사의(寫意)는 매우 중요한 정신이며, 중국 전통예술인 시 · 서예 · 회화 · 희곡 등의 창작과 감상에서 말하는 최고의 경지라 할 수 있다. 사의의 취지는 주체의 내면 감정세계의 표현이지 객관적 대상에 대한 재현이 아니다. 〈영웅〉의 영상 언어와 예술 스타일은 이 전통미학 정신의 생동적인 체

31) 문관규, 「영화적 미장아빔과 사공도 〈함축〉 개념의 동아시아 영화 연구 적용 가능성 : 장예모의 〈영웅〉과 장률의 〈당시〉를 중심으로」, 『영화연구』 69호, 2016 : 47.

현이라 할 수 있다. 영화 속 색채는 시각 효과의 중요한 요소이며 극중 인물의 정서, 의사 표현과 같은 심리적인 경향에 더욱 치중한다. 따라서 '색'은 사의(寫意)이며, 인물의 사상과 의식을 가장 잘 상징하고 표현할 수 있는 수단이다.

한편, 탄둔이 설계한 음악도 영화와 완벽하게 어우러지면서 극 중 인물의 정서와 화면 색채를 한층 강화하였다. 자객 무명이 등장하는 오프닝과 엔딩에서 사용한 검은색 스토리는 메인 톤으로, 주요 음악 테마인 '영웅' 선율을 바이올린 독주 또는 기악 협주곡으로 절절하게 연주하며 극의 시작과 마감을 알렸다. '영웅' 테마의 재료를 확장한 '창'과 '천하'의 주선율은 영화에서 다시 '비정의 사막', '표' 음악 테마로 확장하여 빨간색 · 흰색 스토리와 호응을 이루었다. 이같이 '영웅' 음악 테마는 색채 스토리의 흐름과 함께 중국 전통 음악의 음색과 기법을 통해 비탄과 창량함을 담고 영웅의 기개와 진정한 의미의 화(和)를 표현하고자 했다.

비록 서양음악의 요소를 가미했더라도 탄둔이 창작한 주선율은 중국 전통의 민족적 요소를 주체로 하는 구조 위에서 층차적이고 다각적인 예술적 탐색을 통해 음악과 영화의 주제를 일치시키고 있다. 동양사상과 서양의 어법을 음악 속에 혼재하여 담는 신비롭고 다원화적인 특징으로 유명한 탄둔은 음악으로 장이머우의 '영상의 강호'를 구현하였다고 말할 수 있다. 색깔에 따라 음악 형식과 음악적 기법이 달라졌지만, 천인합일의 미학적 사상은 그의 음악 설계에서 동일하게 느낄 수 있다. '풍'의 나뭇잎 소리, 여성 독창으로 진행되는 '물의 한 쪽에서(在水一方)'에는 물방울 소리와 바람 소리가 가장 자연스러운 형태로 음악에 등장하여 음악적 주체가 되고 있는데, 이것이 바로 천인합일에 대한 탄둔의 재해석이다. 즉 가장 자연스러운 소리로 중국의 전통문화를 보여주고 있는 것이다.

5장

# 〈야연〉 복수와 사랑, 그리고 욕망

# 1. 대륙판 '하세편' 선두자, 펑샤오강馮小剛

펑샤오강은 어려서부터 미술, 문예에 대한 애정이 깊어 무대 미술 디자인, 미술 보조, 미술 작업, 극작가, 감독 등을 두루 거친, 경력이 아주 풍부한 영화인이다. 그의 상업영화 창작에 대한 국제적 명성은 장이머우보다는 못하지만 중국에서는 장이머우에 못지않게 주목을 받고 있다. 장이머우의 상업영화가 관객들을 극장으로 복귀시켰다면 펑샤오강은 상업영화가 중국 영화의 주류로 부상하는 데 박차를 가했다. 펑샤오강은 "영화를 찍을 때 당신의 머릿속에 시장의 개념을 가지고 있어야 한다"라고 말한 바 있다.[1] 그의 관점에서 영화는 예술 형식일 뿐만 아니라 산업이며 상품으로서의 가치를 지니고 있다. 그는 시장의 피드백을 중시하고 정치, 경제, 이데올로기 등의 요소가 관객의 심리에 미치는 영향을 고려하여 현실적 수요를 반영한 상업영화 작품을 대거 제작하였다.

중국 대륙판 첫 번째 '하세편(賀歲片)'은 1997년 펑샤오강의 〈갑방을방(甲方乙方)〉이었다. '하세편'은 비록 홍콩에서 먼저 시작됐지만, 이제는 대륙 영화의 주요한 키워드가 되었다. 하세편'은 문자 그대로 '새해를 축하하는 영화'다. 하(賀)는 '축하한다'는 뜻이고, 세(歲)는 '새해'라는 뜻이다. 따라서 해가 바뀌는 시기와 음력설, 즉 중국의 춘절(春節) 기간에 상영하는 영화를 일컫는다. 이 기간은 중국 영화시장이 가장 활발한 시즌, 즉 중국 영화의 대목이기 때문에, 하세편은 자연스럽게 많은 관객을 불러 모으는 영화를 뜻하기도 한다.

〈갑방을방(甲方乙方)〉의 흥행과 성공은 중국 영화계를 완전히 뒤흔들어놓았다. 이로부터 〈불견불산(不見不散)〉(1998), 〈몰완몰료(沒完沒了)〉(1999), 〈일성탄식(一聲嘆息)〉(2000), 〈대완(大腕)〉(2001), 〈관중도객(關中刀客)〉(2002), 〈핸드폰(手機)〉(2003), 〈천하무적〉(2004) 등의 작품들이 모두 높은 흥행 실적을 거두었고 신년맞이 영화의 발전을 위한 길을 열었다. 흥행코드로 자리를 잡은 과정에서 펑샤오강은 드디어 '펑씨 유머(馮氏幽默)'라는 자신만의 브랜드를 만들었다. 즉 펑샤오강은 현재도 하세편의 중심에 있는 것이다.

---

1) 楊君,『笑容 : 與媒體英雄面對面』, 中國電影出版社, 2000, pp.12-13.

주로 코믹하고 오락성이 강한 영화를 중심으로 국내의 성공에만 머물러야 했던 펑샤오강은 2000년대 중반 〈야연(夜宴)〉을 통해 해외 진출을 시도하였다. 〈야연〉(2006)은 펑샤오강 상업영화의 분수령이라 할 수 있다. 그 이전까지 그의 창작은 배우들의 대화 중심으로 이루어졌고 관객이 공감을 불러일으킬 수 있는 소시민에 대한 이야기였다. 하지만 이후 그는 카메라의 배치와 주요한 장면의 연출에 더 비중을 두었다. 펑샤오강 본인도 "〈야연〉은 내 작품 중에 시청각 미가 가장 뛰어난 영화다"라고 말했다.[2] 상업영화로서의 〈야연〉은 상업영화의 창작 원칙을 따르면서도 무협영화라는 장르의 길을 걸었고, 국제적인 블록버스터라는 특징이 있다. 또한 펑샤오강으로 하여금 희극에서 비극으로, 현대 도시에서 고대 궁정으로의 도약을 가능하게 했다.

이 영화가 해외에서 개봉되었을 때 언론과 영화 평론가들은 엇갈린 평가를 내렸지만 영화의 색감과 음악은 참고할 만한 가치가 있었다. 예를 들어 이탈리아 평론가들은 〈야연〉이 줄거리와 구성면에서 지나치게 서구적이고 중국스럽지 못하다고 평했다.[3] 미국의 유력 상업잡지 『버라이어티』는 〈야연〉을 냉정하게 분석하였는데, 예진톈의 미술적 디자인과 탄둔의 음악에는 찬사를 표했지만 액션은 새로움이 부족했다고 평가했다.[4]

〈야연〉은 셰익스피어의 희곡 『햄릿』을 각색한 작품으로, 사회질서가 혼란스럽고 전란이 잦았던 오대십국 시대를 큰 배경으로 하고 쿠데타가 난무하는 궁정을 작은 배경으로 하여 권력욕에 의해 왜곡된 인간의 본성을 조명하고 있다. 펑샤오강은 긴장감 넘치는 언어를 사용하여 살의를 품은 만찬, 권력에 대한 욕망의 궁정 암투, 이룰 수 없는사랑에 대한 집착을 이야기하며, 관객으로 하여금 겁에 질린 채 가슴 뭉클하고 감동적인 카타르시스를 느끼게 한다.

색감 활용에 있어서 감독은 중국의 '오색(五色)'의 색채관을 받아들여 검은색, 흰색, 붉은색, 초록색, 금색의 다섯 가지 색상을 사용하였다. 디자이너 예진톈은 그의 책에서 "의상의 색상을 어둡게 하고 최대한 오색의 느낌을 주어 인물의 표정을 돋보이게 했다. 어두운

2) 馮小剛, 「펑샤오강의 자술(馮小剛自述)」, 『當代電影』, 2006, p.42.

3) 『야연(夜宴)』 주요 창작회사 베니스, 중국일보 사이트, 환구 온라인, 2006.9.4. http : //www.chinadaily.com.cn/hqylss/2006-09/04/content_680860.htm. 검색일 : 2021.12.15.

4) 楊蓮潔, 「〈야연〉 리뷰 : 칭찬받을 만한 탄툰, 창의력이 아쉬운 위안허핑(美雜志評〈夜宴〉 : 譚盾獲贊賞 袁和平缺創新)」, 『北京晨報』, 2006.9.5.

공간의 배경에 삼엄한 색조가 감추어져 있는데, 때때로 붉은빛의 화려한 색채가 나타나면 희극적이고 교활하며 잔혹하고 야성적인 신비감이 풍겨 나온다. (…)"[5]라고 말했다. 이에 따라 영화 속 물상(物象)의 색은 생활 속 실제 색상의 재현이 아니라 감독이 창작 과정에서 어떤 예술적 의미를 추구하기 위해 색에 더 많은 의미적 기능을 부여한 것이며, 심지어 영화가 표현해야 할 주제 중 하나가 되기도 하였다.

영화의 기본 색조

영화 속의 모든 색감은 억압적이다. 펑샤오강은 〈야연〉의 공간과 등장인물을 묘사하는 색채 전체가 렘브란트(Rembrandt Harmenszoon van Rijn)[6]의 그림처럼 화면의 3/4은 어둡고 1/4은 밝아야 한다고 말했다.[7] 감독은 서구 고전이 추구하는 신성함과 숙연함을 동양 고전주의가 추구하는 톤과 결합시켜 영화 전체의 구조와 어두운 배경 속에 텅 빈 느낌이 있게 만들고, 중국의 자유분방한 분위기를 조성하였다. 따라서 우리는 영화 화면의 짙은 검정,

---

5) 葉錦添,『낯선 정신(神思陌路)』, 中國旅遊出版社, 2010, p.246.

6) 17세기 유럽의 가장 위대한 화가 중 한 명이며, 네덜란드 역사상 가장 위대한 화가이기도 하다. 그의 유화는 항상 "광암(光暗)" 처리, 즉 흑갈색이나 연한 올리브 브라운을 배경으로 하여 손전등 빛과 같은 빛줄기를 그림의 주요 부분에 놓고 초점을 맞추는 기법을 사용한다. 이것은 마치 그림 속 인물이 검은 무대에 서 있고 강렬한 빛이 그의 얼굴을 비추는 것과 같은 시각적 효과가 있다. 렘브란트의 빛 사용은 인상적이며 명암을 독특하게 활용한다. 또 그는 복잡한 화면의 명암 광선을 유연하게 처리하고 그림의 주요 부분을 빛으로 강화시켜 어두운 부분은 약화시키고 부차적인 요소는 제거한다. 그의 마술 같은 명암 처리는 그의 그림에 강렬한 희극 색채를 불어넣었고 렘브란트 회화에 있어 중요한 특징으로 자리 잡았다. Ackley, Clifford, et al, Rembrandt's Journey, Museum of Fine Arts, Boston, 2004.

7) 馮小剛,「新作評議〈夜宴〉」,『當代電影』(06), 2006, p.67.

짙은 빨강, 희미하고 검은 궁정에서 온갖 욕망의 출현과 슬픔의 흔적을 볼 수 있다. 특히 검은 대전은 음산하고 기괴하며 억압적인데, 이는 우울하고 어두운 감정적 분위기를 표현했을 뿐만 아니라 권세, 지위, 원한, 사랑의 뒤얽힘을 암시한다. 주목할 점은 장면의 변화가 등장인물의 순간적인 심리적 변화와 맞물려 서로 연결된다는 점이다. 영화 속 액션 설정도 아주 독특하다. 춤과 무술은 중국적인 사의(寫意)의 아름다움이 있고 우아하며 부드러운 한편 죽음의 처절하고 비장한 모습을 표현함으로써 색채 의미의 전달과 어우러져 관객들에게 특별한 볼거리를 제공한다.

탄둔은 음악 설계에 있어서 앞선 두 편의 무협영화 음악의 성공을 토대로, 중국 민속음악의 소박하고 자연스러움과 서양 고전 음악의 강렬함을 서로 접목하고, 동시에 고전과 현대를 서로 결합시켰다. 영화 속 청녀(青女)의 무란(無鸞)에 대한 사랑을 표현한 '월인가(越人歌)'에서 드러나는 처량함과 외로움 역시 영화 전반에 슬픈 분위기를 잡아준다.

## 2. 탄둔의 테마 음악 : '야연' 피아노 협주곡

### for piano, chorus and orchestra

music from the original sound track of Feng Xiaogang's film
The Banquet



### Performance Position

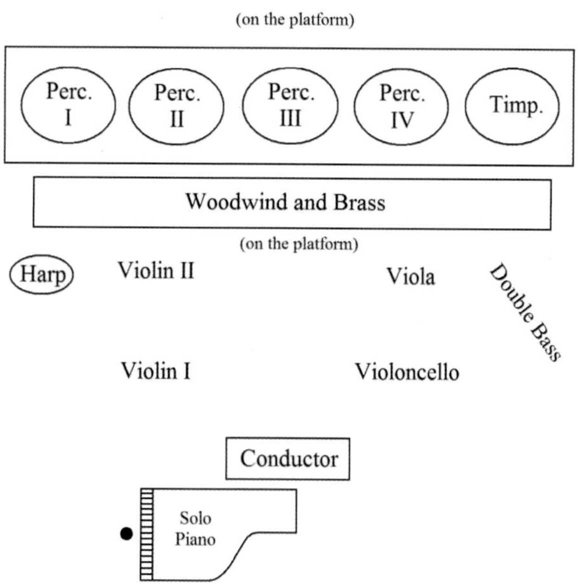

## Only For Love(我用所有報答愛)

탄둔 작곡　장량잉張靚穎 노래

| | |
|---|---|
| 오로지 노래 한 곡 때문에 외로움을 핏빛으로 물들였고 | 只爲一支歌 血染紅寂寞 |
| 오로지 한바탕 꿈 때문에 산하를 부숴버렸네 | 只爲一場夢 摔碎了山河 |
| 오로지 하나의 마음 때문에 사랑은 헤어질 때 비로소 만나고 | 只爲一顆心 愛到分离才相遇 |
| 오로지 눈물 한 방울 때문에 은혜와 원한도 흐려졌네 | 只爲一滴泪 模糊了恩仇 |
| 내 모든 것으로 사랑에 보답했건만 그대는 돌아오질 않네 | 我用所有報答愛 你却不 不回來 |
| 세월, 이렇게 칼로 자르듯 다 끊어버렸네 | 歲月 從此一刀兩段 |
| 다시는 비바람을 맞지 않으리 비바람을 | 永不見風雨 風雨 風雨 |

# 3. 펑샤오강과 탄둔이 펼친 욕망의 세계

〈야연〉은 고대 중국판 『햄릿』이다. 『햄릿』의 왕후가 나약한 이미지를 탈피하고 야심 찬 여성이 된 것을 제외하고 영화 속 등장인물의 성격과 관계는 크게 바뀌지 않았다. 서사(敍事)에 있어 〈야연〉은 스토리의 완전성과 일관성에 더 심혈을 기울였으며, 시간의 직선적 전개로 이야기를 주도함으로써 스토리의 전말과 줄거리의 기승전결을 비교적 명확하게 하였다. 서사 구조는 욕망이라는 주제를 중심으로 하여 메인 플롯과 서브 플롯으로 나뉜다. 메인 플롯은 완(婉) 황후, 태자 및 황제 세 사람의 상호관계를 이야기하며, 각각 정치(완 황후황제), 사랑(완 황후-태자) 및 원한(태자황제)을 나타낸다.

이 세 가지 서로 다른 감정은 실제로 메인 플롯의 세 단계에 모두 존재하며, 두 번째와 세 번째 플롯은 첫 번째 플롯을 기능적으로 뒷받침한다. 서브 플롯은 황족 간의 권력 다툼에 나선 은(殷)씨 가문을 중심으로 진행된다. 은씨 가문과 완 황후, 태자, 황제 사이에는 서로 이용하고 임금과 신하가 서로 다른 마음을 지니고 있는(君臣異心) 정치 관계가 형성된다. 또한 청녀와 태자, 완 황후 사이에는 삼각관계가 형성된다. 은씨 부자와 청녀 사이에는 가족을 보호하려는 가족애(親情)가 드러난다.

감독은 전반적으로 무겁고 기묘한 색채를 활용하여 영화의 화면 색상에서 비극적 분위기가 짙게 흘러나오게 만들었고, 등장인물의 의상 색의 강한 대비와 무게감을 통해 궁정 다툼에서의 인간 본성의 교활함과 사악함을 부각시켰다. 영화의 극적 갈등과 등장인물의 성격을 감독은 모두 색채를 통해 드러내었다. 이야기 중 갈등은 주로 화면 속 색채의 충돌로 표현되며, 흰색과 검은색, 붉은색과 검은색, 그리고 붉은색, 흰색, 검은색 이 세 가지 색채를 동시에 사용함으로써 시각적으로 강렬한 대비를 이루었고, 색채로써 관객들에게 직접적인 심리 감정을 전달하였다.

인물의 성격은 주로 의상의 색으로 표현되며, 미술감독 예진톈은 초현실주의적인 기법인 서양 연극의 짙은 색채를 활용하여 영화의 피비린내와 잔학함을 표현하기도 하였다. 영화 속 인물의 의상 스타일의 60%는 중국 고대에서, 40%는 유럽의 유화에서 비롯된 것이며[8], 의상 색상의 변화는 줄거리 전개와 등장인물의 심리 상태의 기복과 잘 어울린다. 태자 무란과 청녀는 모두 순박한 사람들로 옷 색깔이 주로 흰색이며, 려 황제는 교활하고 잔인하며 비열하기 때문에 주로 검은색 옷을 입는다. 그러나 완 황후는 좀 복잡하다. 그녀는 시기에 따라 옷 색깔이 다른데 각각 흰색, 검은색, 붉은색, 검은색으로 구분된다. 그만큼 색채가 인물의 성격과 서사를 구현하는 데 있어 가장 직접적인 시각적 수단임을 알 수 있다. 다음에서는 영화 속 주요 인물과 장면, 사건을 색채의 관점에서 자세히 해석하고 음악의 표현과 색채 간의 관계를 분석하도록 한다.

8) 董兵,「從馮小剛電影〈夜宴〉看中國電影走向世界」,『現代企業教育』(04), 2007, p.125.

# 4. '야연'의 테마 : 인물의 의상 색채와 음악

## 1) 완 황후

펑샤오강 감독은 〈야연〉이 한 여제(女帝)의 이야기가 아니라 한 여인이 욕망에 의해 파멸되는 비극을 이야기한 것이라 말하며,[9] 이것이 〈야연〉과 『햄릿』의 가장 큰 차이점이라고 말하였다. 려 황제가 형을 죽이고 황위를 찬탈하자, 완 황후는 태자가 아버지의 원수를 갚고 나라를 다스리는 중책을 맡아 그녀와 태자의 마음속 깊이 남아 있는 사랑을 지켜주기를 바라지만 세상의 끝없는 권력 다툼에 지친 태자는 그녀를 실망시킬 수밖에 없었다. 그러자 그녀는 자신의 운명과 희망을 태자에게 완전히 맡길 수 없다는 것을 깨닫고 강해져야만 했다. 그녀는 한 여자로서, 려 황제가 그녀에게 잘해 주는 것에 감동하면서도 청녀의 태자에 대한 사랑을 질투하였다. 그녀는 또한 타고난 정치가로서, 권세와 수완으로 대신을 통제하고 그녀의 명령에 잘 따르게 할 줄 알았다. 그녀의 본능은 점차 욕망으로 변하였고 자신을 구제하면서도 동시에 자신을 파멸시킨다. 영화의 마지막에 나오는 황후의 독백 씬은 매우 충격적이다. 그녀의 몰락과 한탄스러움은 여러 가지 감정이 교차하는 가운데 고스란히 드러난다. 완 황후의 복잡한 성격과 변덕스러움은 그녀의 옷 색깔의 변화를 통해 느낄 수 있다.

### □ 의상 색상

감독은 완 황후의 옷 색깔의 변화를 통해 인생의 각 단계를 표현하였는데, 흰색·빨간색과 흰색의 혼재·빨간색·검은색으로 네 시기의 심리 과정과 변화를 섬세하게 보여준다. 흰색 옷은 완 황후가 처음 등장했을 때 나온다. 그녀는 웅장한 궁정에서 대전의 문을 연

9) 「馮小剛談〈夜宴〉: 欲望毁滅一切創造一切」, 『新京報』 http://ent.sina.com.cn/m/c/2005-09-13/0046838772.html, 검색일 : 2021.12.25.

뒤 흰 장포를 걸치고 모습을 드러낸다. 선제가 죽은 지 얼마 되지 않아 완 황후는 애도하는 의미로 흰색 옷을 입었고, 결국 려 황제에게 기댈 수밖에 없었다. 이때 그녀의 마음은 순박하고 세상 물정에도 그다지 밝지 못해 자신의 선택이 태자를 평안하게 지킬 수 있을 것이라고 생각하였다. 따라서 여기에서의 흰색은 그녀의 단순한 성격을 상징한다.

빨간색과 흰색이 섞인 의상은 고혹적인 완 황후가 목욕을 마치고 난 뒤에 등장하는데 그녀는 흰색 속적삼에 빨간색 장포를 입고 나타난다. 사랑하는 무란을 보자마자 그녀는 곧장 장포를 벗고 소녀처럼 달려간다. 하지만 "너는 나를 초조하게 만드는구나"라는 말 끝에 무란에게서 들은 말은 "예, 모후"라는 생각지도 못한 차갑고 무뚝뚝한 대답이었다. 여기에서 사랑을 상징하는 빨간색은 투항을 뜻하는 흰색에 의해 저지된다.

빨간색 의상은 영화 전편에 걸쳐 가장 인상적인 색이며, 황후의 옷 색깔이 흰색→검은색→빨간색 순으로 바뀌고 마지막에는 검은색이 출현하지만 그녀의 진정한 모습은 빨간색으로 대표된다고 할 수 있다. 앞 장에서의 분석을 통해 우리는 중국의 빨간색이 '오행'의 火에 해당하며 매우 개성 있고 도전적이며 쉽게 바뀌지 않는 색이라는 것을 알고 있다. 황후의 빨간색 의상은 여성스러운 성숙미와 교활한 성격을 돋보이게 하며 여왕과 같은 권위를 보여준다. 그녀가 빨간색 황비옷을 입고 천천히 황비의 보좌를 향해 걸어가는 장면은 그녀가 흰색 상복을 입고 느리게 걸어가는 첫 장면을 떠올리게 하지만 양자의 분위기는 다르다.[10] 황후가 된 그녀의 의기양양함은 밝은 빨간색이 대신 말해준다.

이 장면에서 빨간색은 중국 전통문화에서의 기쁨과 여인의 교태를 보여주는 동시에 서구문화에서의 위험과 폭력, 욕망의 의미를 나타낸다. 그녀의 욕망이 강해질수록 폭력성도 두드러지기 때문이다. 결국 그녀는 많은 사람의 피와 목숨을 대가로 려 황제 등을 제거하고 성공적으로 황제의 자리에 올랐다. 영화의 마지막 대사 역시 그녀를 상징하는 빨간색을 잘 설명해준다. "내가 왜 짙은 붉은색을 좋아하는지 알아? 왜냐하면 그것은 사람들의 불타는 욕망처럼 붉기 때문이야. 수많은 사람들이 욕망에 의해 끝이 났지만 오직 짐 만은 그것에 의해 타오르고 빛나고 있어!"

10) 劉燕,「中國民間美術色彩研究」, 山東大學 博士學位論文, 2016.

완 황후의 빨간색과 황금색 옷의 대비

완 황후의 검은색 옷은 청녀와 처음 만났을 때 등장하는데, 처음에는 청녀와 차분하게 이야기하던 황후가 매일 밤 꿈에서 태자를 만난다는 청녀의 이야기를 듣자 질투심에 가득 차 눈빛이 사납게 변하더니 손에 쥔 미끼마저 뭉개버린다. 이때 화면 속 완 황후의 검은색과 청녀의 흰색은 강한 대비를 이루는데, 완 황후의 변화무쌍함과 청녀의 순수한 마음을 나타낸다. 검은색은 음모 술수를 상징하는 색상이며, 수많은 사건을 겪은 완 황후도 잔인해지고 피비린내가 나기 시작한다. 려 황제를 제거하기로 마음먹었을 당시, 그녀는 검은 장포에, 검은 너울을 쓰고 혼자 장터에 나가 맹독성 독약을 사고, 독약을 판 약장수마저 모질게 죽여 버린다. 한편 검은색은 죽음과 마지막을 뜻하는 색이다.[11] 영화 마지막에서 그녀는 검은색 장포를 입은 채 날아오는 비기(祕器)에 맞고 생명을 마친다. 이처럼 감독은 다양한 색채의 변화를 통해 완 황후의 모순되고 비극적인 삶의 모습을 다채롭게 그려냈다.

### □ 완 황후의 첫 등장과 음악

영화의 제목이 나오고(00 : 05 : 00), 완 황후가 흰 장포를 입은 채 한 걸음 한 걸음 천천히 궁전으로 들어간다. 궁궐의 색은 짙은 검정+갈색으로 텅 빈 대전과 왕비의 미색 의상이 강렬한 대비를 이룬다. 어두운 배경 아래 화면의 중앙에는 주인공이 있고 그녀의 몸에는 빛이 내리쬐어 관객의 시선이 화면 중앙에 집중된다. 카메라는 파노라마 샷으로 인물의 뒤를 따라 이동하는 방식으로 촬영했으며, 색채와 화면이 전체적으로 신비롭고 엄숙하면서도

11) 門德來·唐嵐,「中國傳統色彩研究之黑色」,『大衆文藝』(10), 2010, p.204.

좀 억눌린 것 같은 비극적인 분위기를 띤다. 완 황후가 려 황제에게 다가가자 카메라는 승하한 선제를 추도하는 의미의 흰 돛 수백 개를 비춰준다. 려 황제는 검은 갑옷을 입고 가운데 서 있는데, 이때 흰색과 검은색은 음산하고 기괴하고 위험한 분위기를 자아낸다.

완 황후의 첫 등장/화면 배색

흰 돛/화면 배색

뒤이어 완 황후와 함께 등장하는 음악은 영화의 두 번째 테마인 〈내 모든 걸 바쳐 사랑에 답하네(我用所有報答愛)〉이다. 이 부분은 비교적 편폭이 길고 전반적으로 음악의 변화가 많다. 기본 구조는 도입-A-B-C-종결, 이렇게 다섯 부분으로 나눌 수 있다. 먼저 도입부는 마치 비극적인 이야기가 시작될 것임을 관객에게 예고하듯이 피아노로 천천히 무겁게 연주된다. A파트에서는 피아노가 약하게 깔리며 주제음악이 점점 약해지며, 저음 반주는 코드 분해 형식을 사용하여 느려진다. 뒤이어 완 황후가 천천히 궁궐로 향하면서 음악의 강약과 음높이도 달라지고, 고음역 소프라노의 허밍이 화면 속의 신비감과 긴장감을 더하며 분위기가 점점 무겁게 가라앉는다.

완 황후가 앞으로 나가자 카메라가 궁전 호위를 비추고 화면에 어두운 빛이 넓게 드리워지자 노란 불빛이 도드라져 보인다. 앞서 〈와호장룡〉과 〈영웅〉을 분석할 때 중국 색채의 관점에서 검은색은 사람의 심리에 음산함과 슬픔 등 부정적인 영향을 미치고, 두려움과 엄숙한 느낌을 갖게 한다고 하였다. 그러나 〈야연〉에서의 검은색은 〈와호장룡〉의 왕부(王府)에서의 야간 결투나 〈영웅〉의 진왕 궁전의 검은색처럼 그렇게 짙은 느낌은 아니다. 여기서의 검은색은 철저한 검은색은 아니지만 두려움과 억압을 느끼게 한다. 이어 두꺼운 궁궐 문이 열리자 카메라는 아이 레벨 샷에서 하이 앵글 샷으로 전환되는데, 화면에 검은 옷을 입은 시위(侍衛)대가 나타나도 시선의 중심은 완 황후에게 쏠린다.

〈Only For Love〉

색채의 대비는 관객을 더 불안하게 하고 음악도 변화한다. 소프라노와 첼로는 복조의 화음으로 주제 음악을 연주하는데, 소프라노의 음색은 완 황후를 의미하는 듯하며 첼로는 려 황제의 모습을 보여주는 듯하다. 이어 B파트는 금관악기 연주로 시작되며 가사 없이 노래를 부르는 아카펠라 합창의 리듬이 중국 희곡 음악의 리듬을 따른다. 이어서 C파트는 타악기와 교향악이 합류한다. 완 황후가 려 황제와 가까워지자 음악 테마는 다시 바뀌고, 노랫소리와 교향악 속도도 빨라지며 음량이 커진다.

궁정 시위대

하이 앵글 샷 장면

려 황제 얼굴 클로즈업

카메라가 려 황제를 비추자 탄둔은 중국 희곡의 긴박하고 느린 창법의 리듬을 사용하여 음악의 분위기를 긴장시킨다. 합창과 타악기 중심의 두드림이 혼재되어 음악은 순식간에 고조된다. 바로 뒤이어 나오는 종결 부분은 음악이 길지 않고 반복적인 멜로디를 점점 더 큰 음량으로 연주한다. 마지막 장면에서 려 황제의 얼굴이 클로즈업되어 멈출 때, 음악은 갑자기 절정에서 멈추고 관객의 긴장감도 극에 달한다.

이처럼 영화 초반부의 음악은 영상의 색상과 어우러져 관객들을 긴장하게 만들고 우울한 분위기로 끌어들이며 앞으로 전개될 줄거리에 대해 기대감을 갖게 한다.

### □ 완 황후의 마지막 등장과 음악

완 황후의 마지막 등장은 종결 부분에서 그녀가 마침내 모든 정적(政敵)을 제거하고 황위에 오르는 때다. 이 장면은 여전히 궁궐을 배경으로 한다.첫 번째 장면은 완 황후가 황제로 등극할 때 사용하는 붉은 천으로, 넓은 면적의 붉은색이 검은색 바탕에 받쳐져 아주 충격적인 느낌을 준다. 화면에서 금색은 황제의 권력(완 황후의 옷에 달린 금테와 그녀가 착용한 금색 장신구는 같은 목적으로 사용된 것이다)을 의미한다.[12] 이어서 카메라는 검은 황복을 입은 완 황후를 클로즈업했고, 그녀가 홀로 고독하고 쓸쓸한 긴 독백을 시작하며 생애를 정리하는 것을 보여준다. 이때 화면의 색은 검은색으로 관객에게 우울함과 쓸쓸함을 전달한다. 카메라가 그녀의 손에 피처럼 붉은색이 들린 것을 보여줄 때 흑(黑)과 홍(紅)의 대비는 마치 음모와 피처럼 느껴진다. 강렬한 빛깔의 대비가 그녀의 느릿느릿한 하소연 속에 슬픔의 흔적으로 남았지만 그녀의 운명인 '죽음'을 암시하기도 했다. 결국 그녀는 독백이 끝난 뒤 몸에 비기를 맞고 죽는 것으로 영화는 끝이 난다.

붉은색 천의 클로즈업 장면/화면 배색

흑과 홍의 강렬한 대비/화면 배색

이때 엔딩곡 〈내 모든 걸 바쳐 사랑에 답하네〉가 천천히 흘러나오는데, 음악의 형식이

12) 萬鑾,「神秘中國五行色彩」,『藝海』(08), 2014, pp.187-188.

피아노와 사람의 목소리를 단순히 조합한 게 아닌 테마 표현 형식의 변화와 변조 등의 기법을 통해 관객들에게 짙은 애달픔과 적막감을 준다. 피아노의 세기는 'mf' 위주이고 고음 영역 및 하행의 반주를 하며 합창 소리와 보조를 맞추어 진행된다. 피아노의 저음 반주는 펼침화음 형식으로 멜로디를 부각하고, 'mp'에서 'mf'로 세기를 바꾸다가 노랫소리에 따라 점차 사라지면서 주제곡의 리드 싱어를 이끌어낸다.

엔딩곡 〈Only For Love〉

여기에 등장하는 가사는 줄거리에 아주 가깝다. 오페라처럼 화려한 사운드와 궁중풍의 신비한 음향, 처량하고 처절한 분위기는 완 황후의 어둠 속 투쟁과 인생의 한탄스러움을 나타내며 그간 쌓였던 모든 슬픔을 절정에 이르게 한다.

〈Only For Love〉 노래 부분

이 노래의 선율 스타일은 중국과 서양의 특색을 모두 가지고 있다. 즉 융합적인 창작의 특성을 보인다. 탄둔은 강력한 비트로 Ⅶ음(변궁음)을 과감하게 사용하면서도 멜로디 구성에 6도, 7도의 하행 도약 음정을 사용한다. 화음 구성에 있어서 T-S-D의 단순 진행 프레임을 사용하였고, 서브 도미넌트 기능 그룹의 코드 연장을 통해 색채의 변화를 연출하였다. 종S-SⅡ는 메이저 코드에서 마이너 코드를 연결하는 단 3도의 평행 기능 관계이고, SⅡ-SⅥ는 마이너 코드에서 마이너 코드를 연결하는 아래 4도의 격식 기능 관계이며, SⅥ-S는 마이너 코드에서 메이저 코드를 연결하는 장 3도의 이끎음(導音) 대체 기능 관계이다. 신비롭고 환상적인 선율의 다중적인 소리는 바로 위와 같은 단순하고 효과적인 화음 구성 수단에서 비롯된 것으로서, 전조(轉調)를 거쳐 절정에 도달하는데, 이로부터 중국 전통음악의 중후함을 느낄 수 있다.

〈Only For Love〉의 전조 부분

짙은 검은색 톤의 비주얼과 검은색과 붉은색의 대비, 애절한 선율과 가사를 들으며 관객들은 영화의 마지막 부분에서 누가 사랑에 보답하는지를 생각해보지 않을 수 없다. 황후 완인가? 태자 무란인가? 아니면 청녀인가? 아니면 려 황제인가? 영상과 음향은 관객들에게 각 배우의 마음속 독백을 잘 나타내준다.

### 2) 무란

황태자 무란은 황위를 이을 적장자다. 그는 사랑하는 사람이 자신의 아버지와 결혼했기 때문에 황궁을 떠나 예관(藝館)에서 외로운 가인(歌人)으로 지낸다. 그의 어깨에는 국가와 원한이 올려져 있었지만 이 모든 걸 감당할 마음도 없다. 그는 황제 려의 악행을 폭로할 만큼의 용기는 있었지만 그를 죽일 만큼의 모진 담력은 없었다. 마지막에 청녀의 죽음이 태자의 숙부를 향한 복수심을 자극했지만, 려 황제가 죽고나서 황후가 황위를 계승하라 권하자 이를 거부한다. 이로부터 무란은 권력 다툼을 혐오하고 단순하고 자유로운 삶을 동경하며 아름다움을 추구하는 인물이라는 것을 알 수 있다.

#### □ 의상 색상

영화에서 무란의 의상은 흰색이 주를 이루며 중간중간 검은색과 회색을 입는다. 흰색은 무채색에 속하며 가장 명도가 높은 색이라 밝고 순수한 이미지를 가지고 있다. 오행(五行)의 금(金)은 흰색에 해당한다.[13] 그것은 황금이 가장 뜨거워질 때 방출되는 빛으로서 모든 색을 포괄하는 색이다. 중국에서 이런 순백의 색은 사람과 관련지어 볼 때는 순결과 소박함을 상징한다. 여기서 흰색은 태자 무란을 상징하는 색이다. 이런 단조로운 감정적 특성이 인간과 사회의 관계로 들어오게 되면 외로움과 고독을 상징하기도 한다.

이 외에도 중국에서 흰색은 죽음을 의미한다. 고대에는 "서쪽이 오행 중에서 금의 기운이자 의(義)에 속하고 초목을 시들어 죽게 하는 가을에 해당된다." 인식하여, 가을에 불의를 징벌하고 죄수를 처형하는 경우가 많았다.[14] 그래서 흰색은 고갈, 혈색 없음, 생명이 없음을 뜻하며 사망과 흉조를 상징하게 되었다. 흰색 옷은 또한 무란의 비극적 삶을 암시하는데, 영화의 마지막에서 흰색 옷을 입은 무란이 완 황후의 품에서 죽게 된다.

회색은 숙부가 아버지를 살해했으며 자신마저 죽이려 했다는 사실을 무란이 알게 되었을 때 등장하는 색상이다. 그는 회색 장포를 입고 침궁의 석상에 누워 있었다. 이때의 회

13) 龐瑩,「〈夜宴〉色彩談」,『電影評介』, 2006, pp.12-13. 鄧焱,「中國五色觀及其現代發展」,『藝海』, 2011, p.53.

14) 張雨祺,「從陰陽五行哲學思想看中國古代的色彩美學」, 2014, p.248.

색은 그의 성격과 심리를 반영한다. 회색은 정서적으로 상심, 우울, 낙담 등을 의미하며, 성격이 부드럽고 고상하며, 절제되고 온화한 특징을 보인다고 하였다.[15)]

무란은 검은색 의상을 두 차례 입는데 모두 궁중 장면에서였다. 그러나 그와 완 황후의 검은색 의상이 의미하는 것은 같지 않다. 그가 첫 번째로 검은색 옷을 입고 등장한 것은 무예를 겨루는 경연대회에서였다. 려 황제는 무란을 찔러죽이라고 암암리에 지시하였는데, 검은 복장을 한 무란은 아무것도 모르고 수많은 근위병과 무예를 겨뤘다. 두 번째 검은색 의상은 황후의 책봉식의 공연에서 무란이 목숨을 걸고 숙부 려의 악행을 폭로할 때 입는다. 두 상황 모두 위험했으며 여기서 검은색은 불안과 위험을 의미한다.

무란의 의상을 보면 무채색의 검은색, 흰색, 회색이라는 것을 알 수 있는데, 그중 흰색이 무란의 성격을 가장 잘 표현하며, 그를 대표하는 색이라고 할 수 있다. 다음은 무란이 등장할 때의 화면 색상의 특징과 음악을 보자.

### □ 무란의 등장 색채와 음악

영화의 시작 부분에서 나레이터의 목소리와 함께 화약 연기로 가득 찬 어둡고 혼란스러운 전쟁 장면이 나온다. 이 장면은 주로 노란색이었다가 갑자기 화면이 바뀌며 화면 가득 초록빛 대나무가 보인다. 두 개의 배경 쇼트가 태자가 은거하는 예관(藝館)의 환경을 보여준다. 대나무 숲의 미세한 움직임은 자연의 고요함을 돋보이게 하며, 앞 장면에서의 전쟁터와 극명한 대조를 이룬다. 색상도 노란색에서 초록색으로 바뀌어 사람들의 내면이 '혼돈'에서 '평온함'으로 바뀐다. 푸른색의 생기는 평화로운 분위기를 자아내고 세상 밖의 낙원과 같은 느낌을 준다. 이것은 태자가 추구하는 생활이며 관객의 마음에도 평온함과 평안함이 생긴다. 대나무 숲이 흔들리며 카메라가 전환되자 화면에서 하얀 가면을 쓴 춤꾼이 노래를 부르기 시작하는데, 흰색이 부각이 되고 초록색이 희미한 배경이 된다.

---

15) 沈法, 『色彩的情感屬性』, 中國輕工業出版社, 2009, p.13.

전쟁의 시작 장면

태자가 은거한 환경

이어 감독이 대나무 숲을 향해 카메라를 전환하며 대나무 숲을 하이 앵글로 담자, 넓고 고요한 초록색 속의 인물들이 작아 보인다. 카메라가 다시 흰옷을 입은 춤꾼을 비추면 하얀색과 초록색이 뒤섞인 평화로운 의경을 담은 한 폭의 그림이 펼쳐진다. 아울러 두 샷의 색채 대비는 전쟁과 평화 사이의 갈등을 나타내고, 몇 차례의 익스트림 롱 쇼트 속에서 보이는 작디작은 흰 옷 춤꾼의 이미지는 태자의 미약한 힘을 암시한다. 전체적인 분위기는 슬프고 쓸쓸한 색채를 띠고 있다.

태자가 은거하고 있는 예관

이 장면에서 태자 무란은 흰옷에 흰 가면을 쓰고 다른 춤꾼(伶人)들과[16] 나무(儺舞)를 추

---

16) '영인(伶人)'은 '우령(優伶)'이라고도 부른다. 중국어에서 '우(優)'와 '령(伶)'의 원 의미는 모두 배우를 뜻한다. 현재 '영인' 혹은 '영'은 희곡 배우를 가리키는 말이며, 중국어에서 외국의 전통 희곡배우를 '영'이라 부르기도 한다. 예를 들면 일본 노극(能劇), 가부키 배우, 그리고 서양의 오페라 배우 등을 부를 때다.『漢典』. https : //zh.wikipedia.org/wiki/%E4%BC%98%E4%BC%B6#cite_note-1.

고 있다.[17] 흰색과 초록색, 이 두 가지 순수와 평화를 대표하는 색채는 세속의 모든 것을 잊으려고 하지만 결과는 슬프게도 '파괴'될 수밖에 없다. 카메라가 하얀 가면을 쓴 춤꾼의 얼굴을 클로즈업하자 슬픈 노랫소리가 흘러나오는데, 이것은 영화 속 '제1의 음악 테마'인 〈월인가〉이다. 청량한 남자의 저음으로 "오늘 밤은 무슨 날인가요, 나룻배 타고 흘러가네요. 오늘은 무슨 날인가요, 그대와 한배에 있어요……"[18]라는 구절을 소리 높여 읊는다.

탄둔은 원시가(原詩歌)를 바탕으로 '월인가'를 4분의 4박자의 우조(羽調)식으로 작곡하였고, 중국 전통 민족문화의 아름다움을 다시 한번 승화시켰다. 노랫소리는 외롭고 우울하며, 장중하고 엄중하기도 하며, 비장하고 감동적이다. 가사와 가락의 첫머리는 쓸쓸한 분위기를 자아내고, 신비로운 분위기와 함께 관객의 가슴에 암울한 슬픔의 씨앗을 심어주는데, 이는 영화의 어둡고 비극적인 분위기를 잘 나타낸다. 탄둔은 반주 악기로 교향악을 선택하지 않고 고쟁(古箏)만 선택하였다.[19] 고쟁은 간간이 노래를 받쳐주고 음조가 맞아떨어지면서 기본적으로 노래와 조화를 이루며 주인공의 무력감과 슬픔을 반영하고 있다.

'월인가'에서 탄둔은 금가(琴歌)의 예술적 표현 기법을 빌렸다. 금가는 말 그대로 금을 타며 노래하는 것으로, 중국 고대 가곡의 다른 예술적 형식과 비교해 볼 때 고금(古琴)을 반주악기로 삼는 특징이 있다. 또, 가창자의 목

17) 나무(儺舞)는 귀희(鬼戲)라고도 부르며, 중국 한족의 가장 오래된 춤이다. 나무(儺舞)는 신을 숭배하고 귀신을 쫓으며 역병을 몰아내고 평안을 표현하는 오락성 춤이다. 중국 전통문명에서 나(nuo, 儺)는 오랜 역사를 가지고 있고, 강렬한 종교적, 예술적 색채를 지닌 사회 문화 현상으로 한족 사이에서 널리 유행하고 있다. 그것은 한족 선조들의 자연 숭배, 토템 숭배, 무속 의식에서 비롯되었다. 陳普白, 「儺舞與贛儺」, 『江西社會科學』(第1期), 1993, p.94.

18) "오늘 밤은 무슨 밤인가요, 나룻배 타고 흘러가네요. 오늘은 무슨 날인가요, 그대와 한배에 있어요. 그대 시선을 받으니 부끄럽네요, 나를 싫어하지 마세요, 그저 나무라세요. 마음이 어지럽기가 그침이 없어요, 그대를 알아갈 수 있을까요. 산속엔 나무 있고 나무엔 가지가 있건만, 마음속에 그대 있으나 그대 이를 모르네요" 徐潛·佰琳, 「古詩詞藝術歌曲〈越人歌〉音樂分析與情感處理」, 『音樂生活』, 2021, pp.11-12.

19) 고쟁은 현(弦)을 당겨 소리를 내는 악기이다. 한쟁(漢箏), 진쟁(秦箏)이라고도 불리며, 중국 한민족의 오래된 민족 악기다. 그것은 독주, 중주, 기악 합주와 가무, 희곡, 곡예의 반주에 많이 쓰인다. 음역이 넓고 음색이 아름다우며 듣기 좋다. 또 연주기법이 풍부하고 표현력이 뛰어나 대중 악기 중에 최고라고 칭해지며, 동방의 피아노라고도 불릴 정도로 중국의 독특하고 중요한 민족 악기 중 하나이다. 王秀萍, 『中國民族樂器簡編』, 新華出版社, 2013, p.161.

소리는 맑고 깨끗하며 지나치게 탁하지 않아야 하고, 고금은 가상과 현실 사이에서 여운이 맴도는 아름다운 소리를 내야 한다.

그래서 영화에서는 깨끗하고 청량한 남성의 노랫소리를 들을 수 있다. 탄둔은 고쟁으로 고금의 음색을 흉내 내기도 하고, 때로는 고금의 현을 뜯듯 연주한다. 사람의 노랫소리에 따라 공허하고 유유한 범음(泛音)을 연주하기도 하고, 고금의 '도(挑)'나 '구(勾)' 같은 운지법을 사용하기도 한다. 그래서 음운이 은은하면서도 서글프고, 악곡이 표현하고자 하는 처량하고 쓸쓸한 느낌을 생동감 있게 그려냈다.

'월인가' 테마

'월인가'의 테마는 두 개의 대비되는 악절을 바탕으로 여섯 개의 악절로 확장된 격식이다. 그것은 a+a1+b+b1+a2+b2, 5성 음계로, 앞의 4개 악절은 Eb궁계[20] Bb 치조식(徵調式)이다. 첫

20) 궁계(宮系) 즉 궁음 체계(宮音系統)는 중국 음악학에 존재하는 독특한 용어다. 이것은 5도 순환으로 구성되는 음을 말하며, 중국 전통음악에서는 '균(均)'이라 부른다. '균열(均列)' 중에서 어떤 음을 궁음(宮音)으로 지정하면 궁위(宮位)가 정해지고 궁계(宮系)도 성립된다. 어떤 궁계, 즉 어떤 음을 궁음으로 하여 생긴 5

번째 악절의 음계 구조는 F상 7성(F商七聲) 청악(淸樂) 음계이고, 마지막 두 악절은 Ab궁계 F 우조식(羽調式)이다. 상조식(商調式)은 오성조식(五聲調式) 중 색채성이 중립적인 반면 우조식(羽調式)은 암울하다. 상이 우로 넘어가는 주음(主音) 관계는 5도를 보여주는 격식으로 진행되어 우조식의 색채성을 강조하였다. 그래서 가락의 분위기가 슬프고 처량해 보인다.

이 장면에서의 색채와 음악은 모두 사랑하는 사람을 잃고 말할 수 없는 슬픔과 비통함을 안고 있는 무란의 결말을 암시한다. 오행(五行)의 관점에서 보면 흰색은 태자 무란의 운명과 같다. 그는 제왕의 아들, 황위 후계자로서, 황금빛과 같아야 하지만 이 모든 것을 거부하고 백색 예술에 몰두한 채 세상을 멀리하였다. 음악적인 면에서 탄둔은 희곡의 '진강(秦腔)'의[21] '곡음강(哭音腔)[22] 멜로디 쓰기 기법을 결합하였는데, 가락이 처절하고 처량하여 '곡음강(哭音腔)', '연음강(軟音腔)'이라고도 부른다. '곡음강(哭音腔)'의 음계는 중국민족의 연악(燕樂) 음계를 기반으로 하는데, 이 '곡음강(哭音腔)'이 애잔하고 애처롭게 들리는 이유 중 하나는 연악 음계의 색채와 특유의 음정 구조로 인한 것이다.

### 3) 청녀

청녀는 대신(大臣)의 딸로, 미래의 태자비다. 그녀는 아름답고 친절하며 교양이 있고 사리에도 밝아 중국의 전통적인 여성들이 지닌 장점을 가지고 있다. 그녀는 태자를 사랑하고 자신의 아버지와 오빠를 사랑하며, 태자가 사랑하는 사람이 자신이 아니라는 것을 알

---

도 균열(五度均列)은 5성 음계, 7성 음계를 구성할 수 있지만 동일한 궁계 내에서도 조식 주음(調式主音)의 다름에 따라 다양한 유형의 조식 음계를 구성할 수 있다. 樊祖蔭, 「綜合調式性七聲音階的理論及其創作實踐研究」, 『音樂研究』, 2015, pp.75-76.

21) '진강(秦腔)'은 '시안 방쯔(西安梆子)', '산시 방쯔(陝西梆子)'라고도 하며, 중국 서북 지역에서 가장 오래된 전통 희곡 중의 하나이다. '진강(秦腔)'은 "판로(板路)"와 "채강(彩腔)" 두 부분으로 구성되며, 각 부분에는 '환음(歡音)'과 '고음(苦音)'이 있다. '곡음강(苦音腔)'은 '진강'의 특색을 가장 잘 보이며, 깊고 애잔하고 관대하며 격앙되어, 슬프고 그립고 처절한 감정을 표현하기에 적합하다. '환음강(歡音腔)'은 기쁘고 활기차고, 강건하고 힘차며, 흥겹고 상쾌한 감정을 표현한다. 郭紅軍, 「建國以來秦腔源流研究述評」, 『當代戲劇』, 2007, pp.33-35.

22) '곡음강(哭音腔)'의 특징적인 음은 F와 bB으로, 이 두 음은 3도, 4도, 5도, 6도의 음정을 배합하여 멜로디에서 충분히 강조되며, 일관되게 사용되어 흐느끼는 곡조, 즉 '곡강(哭腔)'처럼 되었다. 朱漢城, 「秦腔樂律研究及律制假設」, 『中國音樂學』, 2004, pp.16-19.

면서도 그를 꾸준히 사랑하며 기다린다. 또, 그녀는 자신의 죽음으로 태자의 사랑을 얻을 수 있을 것으로 생각했지만 태자가 죽음의 순간에 부른 사람은 완이었다. 아버지는 그녀를 사랑한다고 말했지만 욕망과 권력 때문에 황후 완에게 굴복하였고, 오빠 역시 그녀를 사랑한다고 했지만 욕망과 권력 때문에 술에 독이 들어 있는 것을 알면서도 그녀가 독을 마시고 죽는 것을 지켜보았다. 청녀는 순결하고 권세와 욕망에 휘둘리지 않는 여성이었지만 불행히도 정치의 희생양이 되었다.

### □ 의상 색상

청녀는 착한 심성을 지니고 있고 순수하고 아름다운 여자로, 궁에 들어갈 때 입는 크고 화려한 옷 스타일 말고도 실루엣이 단순하고 부드러우며, 앙증맞고 수수한 옷 스타일을 할 때가 많다. 조형 디자이너 예진텐은 기자와 인터뷰할 때 청녀의 스타일링이 가장 어려웠다고 말했다.[23] 청녀는 완과 달리 권력에 욕심이 없고 태자 무란에 집중하고, 고귀한 출신이기도 해서 의상과 전체적인 스타일링이 많이 어려웠다고 한다. 결국 예진텐은 청녀의 의상을 소박한 색으로 하고 원단의 선택과 옷의 무늬 장식 등을 통해 그녀의 고귀한 정체성을 드러내기로 결정하였다.

소박하고 우아한 색으로 청녀의 개성을 돋보이게 하는 것 외에, 그녀의 개성을 드러내게 하는 복식 코디가 있었는데, 그것은 옥을 의상 액세서리로 활용한 것이다. 옥은 중국에서 군자의 고상한 기질을 가지고 있는데, 청녀의 분위기는 금은(金銀) 장신구들로 호화로운 분위기를 낸 완과는 전혀 다르다.

영화에서 청녀가 등장하는 횟수는 많지 않지만 그녀의 옷 색깔은 줄거리의 흐름에 따라 달라진다. 어릴 때 태자에 대한 그녀의 감정은 풋풋하고 집요했다. 소녀가 봄을 그리워하며 밤낮으로 연인이 돌아오기를 바라는 마음이 다음과 같이 의상에도 드러난다. 첫 등장에서는 미색의 허릿춤이 높은 치마에 주홍색 요대를 허리에 두르고, 무릎까지 내려오고 작은 꽃무늬가 수놓아진 미황색의 큰 소매 적삼을 입었다. 두 번째 등장에서는 상의는 흰

23) 〈야연〉 스타일리스트 예진텐 인터뷰 中國新聞網 http : //ent.sina.com.cn 2006.6.20, 검색일 : 2022.1.7.

색이었고, 아래는 주홍색 치마를 입어 색감이 산뜻하고 청순해 보인다.

청녀가 무란에게 완을 대신하여 그의 여인이 된 이후로 청녀는 심리적으로 성숙해졌다. 옷의 색깔도 소녀의 풋풋함이 없어져 다시 등장할 때는 이전과는 많이 다른 따뜻한 색으로 바뀌었다. 구체적으로 다음과 같다. 하나는 궁정에서 소박한 미색 장포를 입었는데, 옷에 잔꽃 무늬가 없어졌고 성숙하고 안정적으로 변하였다. 또 다른 하나는 집에서 무란이 좋아하는 '월인가' 춤을 출 때로, 상의는 오렌지색으로 바뀌었고 긴 치마는 더 진한 주홍색으로 변하였는데, 이는 여인으로 변한 후의 기쁨을 나타낸다. 그녀는 태자가 죽은 줄 알고 태자를 기리기 위해 흰옷을 입고 그의 가면을 썼다. 그리고 기녀들과 함께 나무(儺舞)을 추면서 태자가 가장 좋아하는 '월인가'를 불렀다. 흰색 의상은 태자를 기리는 것 외에도 곧 죽게 될 청녀의 비극적인 결말을 예고한다.

### □ 청녀의 첫 등장 화면과 음악

청녀가 처음 등장한 것은 완 황후가 그녀를 궁궐로 들어오라고 할 때로, 그녀는 태자가 부른 것으로 착각하였다. 그래서 첫 장면은 그녀가 장포 차림으로 달리는 발 부분의 클로즈업, 움직임 장면, 뒤쫓는 장면이었다. 두 번째 장면은 그녀가 궁궐을 향해 달려가는 뒷모습으로, 그녀가 처한 환경을 보여주는 파노라마 샷과 고정 쇼트다. 회흑색의 거대한 궁벽이 베이지색 옷을 입은 청녀를 화면 한가운데 감싸고 있어 관객으로 하여금 작은 인물과 궁벽이 주는 억압감을 단숨에 느끼게 한다. 그녀가 달려간 곳은 겹겹의 궁문으로, 감독은 청녀가 자유를 얻지 못하고 그것을 쟁취할 힘도 없다는 것을 프레임 구도로 표현하였다. 따라서 청녀가 등장하는 씬은 이미 그녀의 비극적인 결말을 예고한다.

청녀의 발 부분 클로즈업

청녀가 황궁을 향해 질주할 때의 전경 샷

청녀에 맞춰 나오는 음악은 길지 않은 〈월인가〉 테마지만 여기서는 피아노가 연주하는 4개의 구절만 나온다. 선율은 정겹고 부드러우며 특히 현악기의 반주에 맞추어 더 부드러워 보인다. 음악은 짧지만 깊은 의미가 있고, 피아노의 맑은 소리와 바이올린의 부드러움이 청녀의 성격을 묘사한다. 그러나 선율에 담긴 슬픈 음색은 청녀의 비극을 암시하며 자신을 사랑하지 않는 사람을 사랑하는 한 여인의 외로움을 보여준다.

### □ 청녀의 마지막 등장

청녀가 마지막으로 등장한 것은 려 황제가 개최한 야연에서였다. 그녀는 흰옷 차림을 하고 기녀들과 함께 태자를 기리기 위해 그가 가장 좋아하는 가무인 '월인가'를 공연하였다. 공연할 때 이들의 춤 동작은 느리고 움직임이 약하며 변화가 적어, 삼엄한 궁정에서 인간의 미약함과 무력함을 더 잘 느낄 수 있다. 이에 감독은 청녀가 공연을 시작하기 전 각도와 색채의 대비를 통해 하이 앵글로 연회의 전경을 촬영하였다. 흰색은 주위의 짙은 검은색과 짙은 붉은색에 둘러싸여 역동적인 느낌이 약화된다.

공연 직후 청녀는 독주를 잘못 마시고 결국 "산에는 나무가 있고 나무에는 가지가 있고, 마음에는 그대가 있지만 그대는 모르는구나, 그대는 모르는구나……"라고 노래 부르며 무란의 품에서 죽었다. 이때 궁정에서는 온갖 이권을 놓고 벌인 각축(角逐)이 삶의 몰락과 함께 서서히 막을 내린다. 태자는 완 황후를 죽이려는 은준의 칼을 손으로 막으려다 칼에 묻은 독으로 죽고, 은준은 완에 의해 비수에 찔려 죽임을 당한다. 또 은태상은 변방으로 보내지는 등 '월인가'를 배경으로 영화는 끝이 난다. 영화 전후 두 번의 '월인가'의 울

흰색이 주위의 짙은 검은색과 붉은색에 둘러싸인 장면

림은 영화의 슬프고 암울한 분위기를 일관되게 나타내며, 비극적인 사랑의 결말과 욕망의 몰락을 두드러지게 한다.

'월인가'는 영화에서 노래와 기악곡으로 여러 차례 등장했지만 여기서는 유난히 슬프게 느껴진다. 오프닝에서 남자가 노래하던 목소리와 마찬가지로 여기서는 청녀가 노래하며 단지 고쟁만으로 반주를 넣었는데, 노래와 고쟁의 조합이 사람들을 눈물짓게 하였다. 사실 무란도 기녀로 가장한 채 청녀가 살해당하는 모든 과정을 목격하였고 자신을 사랑하는 그녀의 진심을 느꼈다. 청녀가 죽기 직전, 무란은 가면을 벗고 그녀를 안고 숨이 끊어질 듯 통곡한다. 특히 화면 속 붉은 핏자국은 흰색 배경과 대조되어 시선을 사로잡으며 슬픈 감성이 가득 담겨 있다.

이때 현악기는 음정을 바꾸어 '월인가'를 연주하는데, 탄둔은 여기서 음악의 '각음(角音)'과 '변궁(變宮)'을 작은 2도 음정으로 낮추어 음악적 불협화음과 화면의 분위기를 일치시켰다. 이 같은 조바꿈은 원래의 애틋했던 '월인가'의 기형적인 변주다. 즉 권력 투쟁이 피비린내와 잔혹함으로 가득 차 있으며, 순수한 여성이 정치의 희생양이 되는 것을 표현하고 있다.

# 5. 'Only For Love' 테마 : 공간 화면과 음악

## □ 화면 색상

감독이 〈야연〉의 주요 장면으로 택한 곳은 어두운 공간인 황궁 대전 안이다. 궁전 내부에는 중국식 건축이 60%를 차지하고 있고, 또 다른 일부는 서양식 건축의 특징도 있다. 예를 들어 상아색 욕탕, 조개껍데기 모양의 석상 등이다. 서양의 고전적 건축 요소를 도입한 것은 앞서 언급한 바와 같이 감독이 이 영화에서 중국과 서양을 결합한 미학적 사상을 보여주고자 했기 때문이다.

영화에서는 궁전 내에 높이 20m의 둥근 기둥, 붉은 옻칠을 한 문과 투조(透彫)한 창을 종종 볼 수 있는데, 이것들은 중국의 고전 궁궐 건축의 웅장함과 화려함을 최대한 복원한 것이다. 궁궐 내 암투가 벌어지는 분량은 이곳에서 촬영되었다. 권력욕이 지배하는 영화 속 사람들의 우울함과 공포를 반영하기 위해 감독은 의도적으로 궁궐 장면을 매우 크게 설계하였다. 촬영할 때도 궁궐의 전경을 부감 샷으로 촬영한 경우가 많았고 인물의 비중은 매우 적게 하였는데, 이는 인간이 그 안에서 조종당하는 운명의 무상함을 느끼게 한다.

서양 건축의 특징을 보이는 황궁 내부 모습

전체 황궁 대전의 미술 디자인은 거의 어두운 톤이고 궁궐 내부는 사방이 더 캄캄하고 깊이감이 강하다. 이는 등장인물의 위태로운 상황을 나타내며, 색채 광선의 활용은 역시 억압적이고 비장한 느낌을 준다. 려 황제와 군신들이 의논하는 장면에서 검고 붉은 조복을 입은 백관들은 대전 위에서 떨면서 옥 계단에 있는 려 황제를 올려다본다. 흰빛이 백관들의 얼굴을 비추자 그들의 얼굴이 흐릿하게 변하는데, 여기에는 갑작스러운 궁전의 변화를 불안해하는 그들의 마음이 반영되어 있다. 감독은 화면의 톤과 빛을 사용하고 직접적인 장면을 통해 관객에게 이런 답답함을 전달하였다.

'Only For Love' 테마 : 공간 화면과 음악

하이 앵글 샷으로 촬영한 황궁 대전

어두운 톤의 황궁 대전

어두운 황궁 대전 외에 나머지 장면들도 낮에는 거의 자체 조명을 사용하지 않았고, 특히나 태자의 침전은 조명과 그림자를 정교하게 사용하여 검은 톤에 맞춘 어두운 분위기를 연출하였다. 황후 완이 태자의 머리를 빗겨주는 장면에서 태자는 침대 위에 반듯하게 누워있고, 천장에 얼룩덜룩한 빛은 태자의 얼굴과 몸을 비추고 있어 어두웠던 침전을 더

복잡하고 혼란스럽게 만들었다. 카메라는 여러 차례 하이 앵글 샷으로 태자의 모습을 비추며 혼란스럽고 무력한 분위기를 연출하였다. 이러한 침전의 어두운 분위기는 태자의 우울한 심리를 강조하고, 또한 태자와 황후 사이의 복잡한 정서적 갈등을 시사한다.

어두운 톤의 태자의 침전

영화에서의 핵심적인 몇 장면은 어두운 검은색 궁전을 배경으로 하는데, 배우의 옷 색깔과 조명의 설정은 장면마다 다른 색채의 대비를 보여준다. 낮은 명도, 어두운 톤과 검은색으로 인한 억압감, 검은색과 붉은색의 대비에 의한 강렬한 충돌감, 또 흰색과 검은색의 투쟁에서 오는 허탈감…… 한 마디로 각 색채의 충돌은 관객들에게 다양한 시각적, 심리적 충격을 줄 수 있다.

또한, 음악도 색채의 대비에 따라 다른 설정과 변화를 주기도 하는데, 같은 선율이더라도 속도나 리듬, 악기의 배치 등에 따라 다양한 감정적 색채를 전달할 수 있다.

### □ 려 황제의 태자 무란 살해 영상과 음악

려 황제가 권력을 찬탈하고 제위에 오르자 태자가 그의 가장 큰 위협이 되었다. 이에 려 황제는 사람을 보내 태자를 암살하려 했지만 성공하지 못해 계속해서 암살의 기회를 노렸다. 려 황제는 완 황후의 책봉식을 명목으로 삼아 태자와 우림군이 궁에서 검술을 하도록 하였고, 기회를 노려 우림군으로 하여금 태자를 죽이게 하였다. 이 장면에서는 화면 전체가 검은색을 제외하고는 흩어진 노란색 불빛과 하녀의 몸의 붉은색 장식만 있다. 화면의 전반적인 느낌은 공포스럽고 우울하며 불안하다. 황궁의 어두운 톤 역시 려 황제의 음흉하고 교활한 성격을 부각하고 있다.

이 순간의 음악은 화면의 색채로 표현되는 분위기와 같다. 무예 시합이 막 시작될 무렵 카메라는 무란의 측면을 클로즈업했고, 그가 검을 든 손을 내리자 현악기의 불안한 장음이 울리기 시작한다. 이어서 화면이 려 황제를 클로즈업하는 장면이 나오자 플루트의 낮은 음역에서 곧바로 음산한 선율이 들리고, 이는 려 황제의 이미지와 잘 어울린다. 이 선율은 앞에서 9명의 우림군 장병들이 스스로 목숨을 끊었을 때 나왔었기 때문에 여기에서의 선율은 무예 시합의 위험성을 암시하는 것이다. 태자는 영화에서 검은색 옷을 거의 입지 않는다. 앞에서 언급했듯이 태자를 대표하는 색은 흰색으로, 여기서 검은색은 그가 위험에 처한 환경을 돋보이게 하여 불안감을 느끼도록 하는 것이다.

우림군은 처음에는 태자의 상대가 되지 못했지만 싸움이 격렬해지자 점점 더 많은 병사들이 태자를 가운데에 놓고 에워쌌다. 이때 화면 속 태자는 검은 색(우림군의 검은 옷, 검은 가면)으로 둘러싸여 있었다. 전방의 조명은 무란을 비추었고, 또 다른 조명은 배경인 려 황제와 완 황후에게로 향한다.[24] 조명의 활용은 관중의 시선을 이끌고, 무란 주변의 넓고 검은 빛이 그가 위험에 처해 있음을 암시하고 있지만, 그의 얼굴에 노란색 불빛이 비추는 것으로 보아 생명에는 지장이 없음을 예고한다.

이때 중국의 '곤핵도(滾核桃)'[25]라는 타악(打樂) 요소를 사용한 북소리가 울려 퍼지는데, 두드림이 아주 격렬하고 박자에 따라 끊임없이 변한다. 특히 목검으로 싸우던 우림군이 몰래 진짜 무기로 바꾸었을 때 아주 큰 금속음이 지나가고 큰북이 산판(散板) 연주 방식으로 들어온다. 그런 다음 북 가장자리를 두드리는 소리가 등장한다. 또한, 크고 작은 북이 세차게 연주되면서 리듬이 매우 자주 바뀌고 줄거리가 진행될수록 북소리는 점점 커지고 격렬해진다. 탄둔은 여기서 또 한 번 타악기로 전투 장면을 묘사하였다.

---

24) 吳涵, 「影視拍攝中的光線運用藝術探析」, 『戲劇之家』 (03), 2015, p.103.

25) '곤핵도'는 중국 산시성(山西省) 펀허(汾河) 유역 일대에서 유행하는 타악기로, 독특한 공연 예술 특징이 있다. 주로 북통을 두드리거나, 북채로 치거나, 북의 중심을 때리거나, 북에 박힌 가장자리 못을 긁거나, 북틀을 치거나, 북면을 가볍게 누르거나(悶) 등으로 음색을 바꾸는 등의 연주기법을 사용한다. 이것은 농민이 지붕 위에 호두를 널어 말려놓고 다 익으면 바람에 저절로 굴러떨어지는 소리를 표현한 것이다. 王小慶, 「從〈滾核桃〉看民間鼓樂的發展」, 『當代戲劇』, 2004, pp.47-48.

## □ 완 황후의 책봉식

완 황후의 책봉식이 황궁에서 열리자 한 태감이 대전 밖에서 "완 황후의 책봉식이 시작된다"라고 외쳤다. 카메라는 로우 앵글 샷으로 태감에서부터 궁궐 밖 전경, 그리고 먼 곳까지 촬영한다. 짙은 검은 빛의 화면과 좁고 긴 궁궐의 담장이 어우러져 황궁의 장엄하고 억압된 느낌이 단번에 부각된다. 이때 트럼본이 낮은 음역에서 긴 소리를 내고, 징을 두드리는 소리도 공중에서 간간이 울려 퍼진다. 트롬본 연주는 중국 고대의 민속 악기인 '장첨(長尖)'을 모방한 것이다. 장첨은 종교 의식과 군대 행진에서 자주 사용되었으며, 처음에는 동물의 뿔로 만들었으나 점차 금속을 이용하여 만들어지게 되었다. 이어 카메라는 완 황후 책봉식 의장대를 비추는데, 화면에는 붉은색이 더해졌지만 어두운 톤을 띠고 있다. 화면에는 궁궐 사람들의 검은 옷, 검은 말과 가마, 회색 궁벽이 꽉 차 있다. 이처럼 기쁜 일이지만 전체적으로 화면의 회색 톤과 카메라 설정이 억압적이고 불길한 느낌을 준다.

황궁 밖 모습

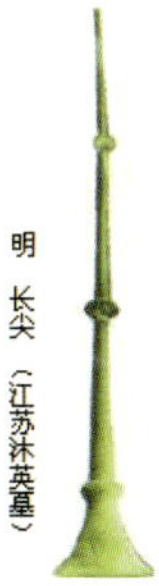

장첨

이어서 카메라는 중국의 징을 클로즈업하는데, 징 소리와 함께 이전의 음악은 정지되고 화면도 황궁 밖에서 대전의 내부로 전환된다. 징 소리는 거칠고 시끄러워 사람들에게 울리는 느낌을 주기 때문에 긴장된 분위기와 불길한 징조를 표현할 때 자주 사용하는데, 여기에서도 앞으로 전개될 줄거리를 두고 관객으로 하여금 긴장감을 느끼게 한다. 감독은 하이 앵글 샷으로 완 황후가 대전으로 걸어 들어가는 장면을 보여준다. 대전 안에는 불타는 붉은 양초가 있고, 시녀와 신하도 선홍색과 주홍색 등 여러 붉은색 계열의 의상을 입고 있다. 그러나 대전의 어두운 톤 때문에 역시 억압적이고 불안한 느낌을 준다.

황후의 책봉식 의장대

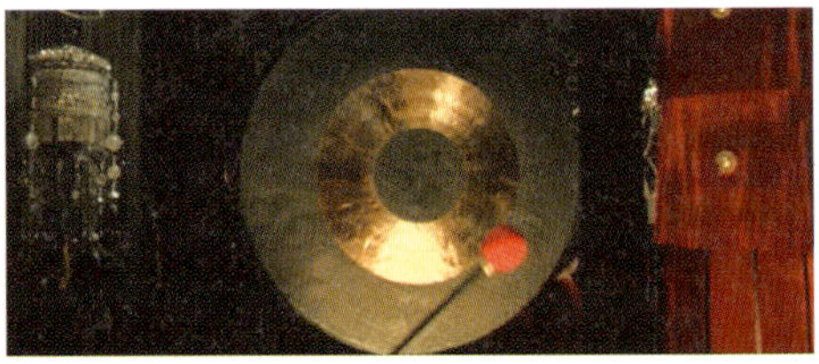

징 클로즈업 장면

붉은 옷을 입은 완 황후는 주위의 어둡고 삼엄한 분위기를 압도한다. 그 붉은색은 짙은 붉은색(alizarin red)으로 색이 선명하고 묵직하며, 옷은 안쪽에서 바깥쪽까지 화사한 빨간색에 은빛 자수가 놓아져 있고, 화장도 붉은색으로 강조하여 얼굴에 붉은 기가 많이 있다. 눈썹은 장미빛 화장을 했는데, 영화에서 몇 안 되는 밝고 화려한 색상 중 하나이다. 이것이 상징하는 것은 완 황후의 욕망이며, 더욱이 그녀의 매력적이고 계획적이며 화려하고 매혹적인 기질을 드러낸다. 려 황제도 온몸이 붉은색이며 왕관은 '주영(朱纓)'으로 장식하였다. 그는 바깥쪽과 안쪽에 모두 황금 자수가 놓아진 빨간색 옷을 입어 눈길을 끈다. 동일한 색 계열의 의상은 황제와 황후의 가장 높은 위엄을 보여주면서도 엄숙하고 통일되고 웅대하고 절제된 느낌을 준다.

이런 억압적이고 불안한 화면에 완 황후가 황제 려에게 무릎을 꿇고 절을 하자 갑자기 음악이 흘러나왔다. 이때 여성 합창단이 엔딩곡 '내 모든 걸 바쳐 사랑에 답하네(Only For Love)'을 흥얼거리는데 노랫소리가 아주 서정적이다. 그렇지만 완 황후가 눈을 들어 려 황제를 바라보자 교향악단은 매서운 느낌의 연주를 하였고, 완 황후가 려 황제의 옥새가 든 검은 상자를 들고 있을 때 현악단은 불안정한 리듬을 연주한다. 이 부분에서 음악은 의미가 매우 크다. 표면적으로는 려 황제와 완 황후는 평화로워 보이지만 그 이면에 날카롭고 복잡한 갈등이 숨겨져 있고, 또 완 황후의 왕위를 갈망하는 모습이 잘 묘사되고 있다. 이처럼 음악과 화면의 색상 표현은 일치한다.

# 6. '월인가' 테마 : 결투 화면과 음악

## □ 삶과 죽음의 대나무 숲

대나무 숲에서의 격전은 영화가 시작되고 얼마 지나지 않아 우림군이 태자를 암살하기 위해 공격할 때의 장면(00 : 11 : 46)으로, 감독은 이 장면에서 색채감을 적절하게 사용하였다. 앞 장면은 어두운 톤의 황궁으로, 완 황후는 그녀가 화장을 지우는 것을 려 황제가 도와주는 사이 그에게 태자를 놓아줄 수 있냐고 물었다. 려 황제는 말 속에 뼈가 있듯이 "형수님, 손을 놓을 수 있겠습니까?"라고 말했다. 갑자기 화면이 대나무 숲의 파노라마 샷으로 바뀌며, 잔잔한 바람 소리가 대나무 숲의 고요함을 돋보이게 한다. 그러나 평화로워 보이는 화면 속에는 긴장되고 위태로운 느낌이 있다. 무협영화에서 조용함은 종종 살인과 위험을 의미한다.

대나무 숲의 전경

대나무 숲은 무협영화에서 싸울 때 많이 등장하는 장면이기도 하다(〈와호장룡〉의 대나무 숲 싸움도 명장면으로 꼽힌다). 따라서 이 화면은 감독의 이전의 명작에서 나온 장면들을 떠올리게 해 관객들을 긴장하게 만든다. 이어 감독은 크로스 몽타주 기법을 사용하여 앞의 완 황후와 려 황제의 장면을 비춘 다음 다시 대나무 숲 장면으로 돌아온다. 카메라는 대나무 잎사귀가 떨어지는 모습을 클로즈업하여 주변에 위험이 도사리고 있음을 부각시켰고,

검은 옷과 갑옷, 그리고 검은 가면을 쓴 병사의 클로즈업, 던져진 검이 공중에서 날아다니는 장면의 클로즈업, 대나무 잎사귀 몇 개가 바람에 춤을 추는 장면의 클로즈업, 이 짧은 몇 장면만으로 사투의 분위기가 짙게 풍겼다.

대나무 숲 장면

### □ 화면의 색상과 음악

이 부분은 음악이 길고, 구조는 도입-A-전환-B-C-전환-D-종장으로 나눌 수 있다. 도입부는 피아노와 현악기로 연주되며, 리듬이 느리고 멜로디가 머릿속에서 맴돈다. 이때 화면에는 려 황제가 완 황후의 화장을 지우는 것을 돕고 있는 모습이 나온다. A파트는 두 개의 단락으로 구성되어 있다. 먼저 피아노 독주 파트가 나오는데 '월인가'의 테마다. 이어서 여성의 허밍과 피아노 소리가 어우러진다. 이 부분의 음악은 매우 감동적이고 아름답지만 화면에서는 우림군과 태자 호위군이 사활을 걸고 서로 맹렬하게 싸우고 있다. 푸른 대나무 숲이 상징하는 평화와 검은색으로 표현되는 위험은 강한 대비를 이룬다. 음악과 화면 역시 대립 관계를 이룬다. 애틋하고 느린 음악은 시각적인 효과를 더해주며 관객이 황량하고 슬픈 느낌을 갖게 한다. 이어 화면이 병기(兵器)를 클로즈업하면서 음악의 분위기가 돌변했고, 관악은 빠른 속도로 격렬한 리듬을 연주한다. 이것은 전환 구간으로, 화면 속 장병들이 외치는 '죽여라(殺)'소리와 함께 음악은 B파트로 들어선다. 리듬만 있고 멜로디는 없는 이 단락은 피아노, 관악기, 타악기가 서로 섞여 있고, 다수의 당김음(syncopation)이 음악의 리듬을 더 복잡하게 만든다.

대나무 숲에서의 싸움

화면에서 태자의 호위군들은 연달아 패하고, 우림군은 이미 태자의 예관에 도착하였다. 이때 화면에는 흰옷을 입은 춤꾼이 등장한다. 화면 속 색상은 검정색, 흰색 그리고 초록색의 대비로 바뀌었다. 흰옷을 입은 춤꾼들이 계속해서 죽임을 당하고 현악기도 점차 추가되는 가운데 탄둔은 다른 리듬과 음색의 대비를 통해 음악 전반에 강렬한 효과를 낸다. 특히 피아노 파트가 그러하다. 피아노 소리는 'p'로 시작하고 저음은 5도 음정에서 시작해 점차 'fff'로 바뀌며 리듬도 이전보다 훨씬 빨라지는데, 음악이 주는 절박함이 살인 장면을 더 잔인하게 만든다. 피아노는 저음 구간에서 빠른 리듬으로 연주하여 북의 음색을 모방하였고, 줄거리를 발전시켜 격투 장면을 최고조로 끌어 올린다.

대나무 숲 속 태자의 예관(藝館)

피아노의 리듬

격투 장면이 절정에 이르자 음악도 곧바로 C파트로 넘어갔고,격투 장면에서 벗어나자 음악은 더 이상 강렬하지 않고, 매우 뛰어난 무술 장면을 보여준 검은 옷을 입은 사람들은 무방비의 춤꾼들을 가혹하게 공격하였고, 춤꾼들은 흰색 가면을 쓰고 몸을 흐느적거리며 피했다. 이 화면에서 음악은 태자의 슬픔과 내면의 두려움을 표현한다. 피아노는 중저음 구간에서 음량을 'fff'로 하여 계속해서 빠른 연주를 하며 악센트 코드를 달리해 리듬을 뚜렷이 구분한다. 그리고 점점 강해지는 음량은 청각적으로 매우 긴장감을 느끼게 한다. 여기서 청각과 시각은 강렬한 대비를 이룬다. 음악은 잘 짜이고 장면은 아름다운 가운데 대나무 숲에서 처절한 싸움이 전개된다. 화면에서 흰옷을 입은 춤꾼들이 하나둘씩 살해당하면서 검은색 옷을 입은 사람들이 점차 우세해진다. 그리고 음악이 바뀌어 남성의 합창 소리가 들리면서 D파트로 넘어가는데, 합창 소리의 기세가 대단해 또 한 번 음악을 클라이맥스로 이끈다.

태자의 예관

춤꾼이 살해당하는 장면

피아노 연주와 어우러진 남성 합창은 '헤이(嘿)'자 하나만으로 장엄한 목소리를 낸다. 피아노 옥타브 코드가 교차하고 리듬이 속도감이 있으며, 각 소절의 16분 음표가 모두 악센트 형식으로 등장한다. 또 음량이 'fff'로 연주되며 증 4도와 단 2도 등 불안정한 음정의 출현과 합창이 서로 호흡한다. 검은 옷을 입은 우림군이 무고한 사람들을 무차별 학살하는 잔인한 장면이 잘 표현되며 급박한 상황을 보여준다. 태자는 생사의 위기에 직면하며 줄거리가 발전하게 된다.

피아노의 속도감 있는 리듬

줄거리가 발전하면서 음악도 점차 막바지로 접어드는데, 기본적인 리듬이 반복된다. 리듬이 수차례 반복된 이후 멜로디는 고음 부분의 불협화음의 장음에서 멈춘다. 춤꾼들이 춤을 추는 동작으로 죽음을 맞이하고 점차 숨을 곳이 없어질 때, 음악은 점차 고요해지면서 물속에 숨어있던 태자가 자신의 가족이 사라지고 이상 세계가 무너지는 것을 보면서 처절하게 괴로워하는 심정을 생생히 그려낸다. 이 장면에서 화면은 초록색-검은색-흰색-검은색으로 바뀌고 음악의 색채도 바뀌어 울림이 있다.

### □ 눈 속으로의 도피

무란이 우림군 병사들의 호위를 받으며 거란으로 향하는 가운데 감독은 첫 번째 장면에 눈밭을 파노라마 샷으로 담아 그가 얼음과 눈처럼 싸늘한 상황에 처해 있음을 보여준다. 새하얀 눈밭에서 무란의 모습이 아주 작고, 주변에는 아무도 없어 관객들은 태자의 안전에 대한 우려가 생긴다. 이어 인물의 전경이 보여지자, 흰색 옷에 흰 말을 탄 태자가 검은 말을 탄 검은 옷의 호위군에 둘러싸여 있다. 흰옷을 입은 태자의 고결한 기품과 검은 갑옷을 입은 호위병들은 뚜렷한 분위기의 차이를 보인다. 감독이 흰색과 검은색의 대비를 사용하여 시각적 효과를 강조한 것은 선과 악의 충돌로서, 사람들이 려 황제와 태자 사이에 무엇이 선이고 무엇이 악인지 쉽게 알 수 있게 하며, 리 황제의 비열함에 한탄하게 한다.

태자가 거란으로 가는 길, 검은색과 흰색의 대비

### □ 화면 색상와 음악

무란이 멈춰서 호위병에게 왜 유저우(幽州)를 지날 때 그에게 말하지 않았냐고 묻자 호위군은 냉담하게 “황제의 뜻이 있으니 태자는 지체해서는 안 됩니다”라고 말했다. 이때 카메라는 측면을 찍는다. 호위군들이 화면 오른쪽의 중심을 차지하고, 어두운 빛이 넓게 펴져 위험을 예고한다. 태자는 화면의 왼쪽, 렌즈의 가장자리에 있지만 그의 얼굴에는 태양빛과 같은 사이드 라이트가 비춘다. 영화에서 빛을 사용하는 것은 종종 안전과 희망을 암시하기 때문에 이 장면을 통해 태자가 위험에 처하더라도 목숨을 잃을 정도는 아니라는 것을 알 수 있다.

피아노는 이때 중음 영역부터 시작하여 'mf'로 부드럽게 '월인가'의 테마를 연주하여 배경 분위기를 연출된 평온함으로 만든다. 이는 관객들에게 위험이 발생하기 전의 정서적 편안함을 준다. 피아노 선율은 중음에서 고음 영역으로 전환되었다가, 마지막에는 중음으로 돌아간다. 각 악절의 선율은 주제의 변화를 의미한다. 두 번째 악절에서는 음색의 일부가 바뀌었고, 세 번째 악절에서는 음높이가 바뀌는데, 고음은 분위기를 고조시켰으며 분위기가 점점 어두워진다. 네 번째 악절은 불안정한 음정을 사용하여 긴장감을 한순간에 고조시킨다.

이때 태자 무란은 전방에 한 떼의 병마가 나타나자 호위군에게 그들이 누구인지 물었다. 한 병사가 "태자, 당신입니다"라고 대답했다. 알고 보니 려 황제는 우림군에게 길에서 태자를 죽이도록 지시하였고, 또 한편으로는 가짜 태자를 거란에 인질로 보낸 것이었다. 이때 음악은 현악기가 더해져 긴장감 있는 현악과 서정적인 피아노가 서로 뚜렷한 대비를 이룬다. 긴장감이 있는 현악은 무란이 처한 위험을 표현하고 서정적인 피아노는 무란이 위험한 상황에서 벗어날 것임을 암시한다. 이것은 화면의 색채, 그리고 빛의 활용과 일치한다.

눈 속으로의 도피 테마

음악이 한 구절 한 구절 진행되다가 드디어 본격적인 격투 장면으로 들어가자 피아노 음악도 변화하게 되는데, 격렬한 음량인 'f'와 속도감 있는 리듬으로 격투하는 장면을 표현하였다. 여기서 피아노는 점진적인 표현을 하고, 현악의 강도 조절과 피아노의 리듬이 어우러져 관객으로 하여금 위험하고 강렬한 분위기를 느끼게 한다. 이는 영화 줄거리의 발전을 진전시킨다.

피아노와 현악단

이렇게 무협영화 속 인물들의 성격 표현은 색채의 설정, 조합과 무관하지 않으며, 장면의 분위기 연출이 색채와 빛의 조화에 의해 표현된다는 것을 알 수 있다. 더욱이 다양하게 발생하는 전투 장면이 색채와 불가분의 관계에 있음을 알 수 있다. 색채의 표현을 통해 영화에 담긴 함의와 감독이 전달하는 생각, 감정을 더욱 깊고 직관적으로 이해할 수 있다. 음악은 정서적 표현에 있어서도 색채와 기본적으로 일치하며 시각과 청각의 조화가 명작을 만들어낸다.

# 나가면서

중국 영화예술사에서 무협영화는 100여 년의 발전을 거쳐 이미 하나의 모식화 된 장르 영화가 되었고 오늘날의 새로운 주류영화 중의 하나가 되었다. 특히 2000년대 이후 글로벌리즘을 추구하는 배경 속에서 중국 무협영화는 이전과는 다른 성장의 압력을 받고 있으며 영화산업의 세계화, 시장화, 오락화는 영화의 상업적 속성을 더욱 부추기고 있다. 글로벌 환경에서 국가 간의 이질적인 문화 충돌도 잦아지면서, 중국 민족영화 장르의 대표라 할 수 있는 무협영화는 어떻게 하면 자신의 특색과 세계관을 유지하면서도 지금의 시대적 색채 심미에 부합할 수 있을지, 전통문화의 색채관을 견지하면서도 어떻게 현대성을 구현해야 할지, 중국 장르에 속하는 영화를 새로운 영화 테크놀로지를 활용해 어떻게 발전시켜나가야할지 새로운 도전 국면에 처해 있다.

## '무협영화 3부작'의 영상미와 음악의 조화

〈와호장룡〉, 〈영웅〉, 〈야연〉 세 편의 무협영화 내용을 비교해 볼 때, 〈와호장룡〉과 〈영웅〉이 무협의 세계를 심도 있게 탐색했다면 〈야연〉은 인간의 욕망을 탐색한 것이라 할 수 있다.

리안이 〈와호장룡〉에 반영한 협(俠)은 유가와 도가를 겸비한 의협(義俠)이며, 그중에서도 구속받지 않는 자유로움을 중시하였다. 전체적으로 볼 때 본 영화는 다원적 문화와 미적 감각 및 동심이 돋보인다. 스토리는 순서 위주로 전개되지만 플래시백으로 보완되기도 한다. 메인 서사는 옥교룡이 '상상하던 강호'와 '현실의 강호'가 맞물리는 구조를 이루고, 여기에 옥교룡의 사랑 이야기가 삽입되면서 더욱 풍성해진다. 이 영화에서 음악 구조의 설계는 서사와 밀접하게 연계되어 있다. 따라서 영화의 전반부 서사는 옥교룡이 마음에 품고 있던 강호를 보여주고 '죽림' 테마를 재료로 구성된 영화음악을 위주로 배합하며 진행된다. 후반부에는 '사랑' 테마, '서역' 테마, '남행' 테마의 재료들이 삽입된다. 하지만 실제의 강호를 상징하는 '와호장룡' 테마는 오프닝에서부터 출현한다. 비록 오프닝 화면이 화려한 것은 아니지만 탄둔이 첼로로 이끌어낸 오프닝의 주제곡 선율과 우울한 정서는 작품 전체를 관통하고 있고, 연출자가 의도한 외로움의 정서가 음악으로 여실히 구현되고 있다. 따라서 영화음악 전체를 통솔하는 것은 이 곡이라 할 수 있다.

장이머우의 〈영웅〉은 시각적인 임팩트를 선사하며 장이머우의 역사관을 관객들에게 강하게 전달하는 영화다. 그는 단색의 비주얼 설계로 다섯 개의 스토리를 교차하며 전개하는데, 이로써 무협 영화의 전통적인 표현의 틀을 넘어 거의 광기에 가까운 시청각의 극치를 보여주는 상업 블록버스터 무협영화를 선보였고 현대 영상기술을 총망라했다. 〈영웅〉은 파격적인 서사 구조를 적용해 플래시백으로 순서를 보완하는 구조를 띠고 있다. 그중 보완 서사는 네 개의 색채별 스토리로 구성되는데 무명과 진왕의 대화를 통해 서술되며, 무명의 암살시도에 얽힌 미스터리를 차근차근 풀어내준다. 이러한 회전식의 서사 구조로 '무명이 진왕을 암살하고자 하는' 메인 플롯과 '무명이 진왕에게 진술하는 세 개의 스토리'의 서브플롯이 번갈아 진행된다. 따라서 메인 플롯은 세 개의 서브 스토리로 세 차례의 반전을 겪고, 스토리 역시 메인과 서브 간 사이에서 추동되는 관계로 구성된다.

〈영웅〉의 음악은 〈와호장룡〉의 작곡 기법과 전혀 다르다. 〈영웅〉 테마는 고대의 땅의 변천을 표현하였기 때문에 먼 옛날 북방의 거친 땅에 깃든 슬픔이 번져나가게 하며 서사적이면서도 다층적으로 전개된다. 그래서 영화음악에는 테너, 소프라노, 바이올린과 전통악기 고금, 일본의 고동 등 동서양의 여러 음악적 요소가 어우러져 입체적으로 구현된다. 무명이 지어낸 이야기의 허점을 진왕이 들추어내면서 진상이 밝혀지는데, '영웅' 테마는 바로 무명이 진왕의 통치를 인정하게 된다는 메인 플롯의 후반부에 이르러서야 출현한다. 그전까지 나오던 모든 음악은 서브 스토리의 테마로 등장한다.

〈야연〉은 어둡지만 화려한 궁중 디자인, 의상 디자인, 여성스러우면서도 강인한 무술 등이 돋보이며 다양한 요소가 어우러져 아름다운 장면을 연출한 작품이다. 하지만 감독이 애써 창조해낸 유미주의 의경(意境)은 과도하게 외형의 이미지를 추구한 결과, 그만 뼈대의 중요성을 간과하였고 형식주의로 치달았기 때문에 단기간의 주목을 받았을 뿐이다.

현실 속의 갈등과 충돌을 더 중시하는 경향이 있는 관객들에게 이 영화는 화려하지만 실속이 없는 작품으로 머물게 되었다. 〈야연〉의 서사 역시 순서대로 진행되면서도 플래시백으로 서사를 보완하는 구조를 띠고 있다. 하지만 〈와호장룡〉과 달리, 서사 구조에 연극적인 긴장감이 체현되면서 스토리가 차곡차곡 전개되는 점이 특징적이다. 〈야연〉의 메인 플롯은 황후의 욕망과 태자가 부황을 위해 복수하는 과정을 중심으로 진행되며, 황제의 태자 암살 시도와 청녀의 사랑 등이 서브 플롯으로 얽힌다. 음악은 내러티브와 호응을 이루고 통일되는 논리 관계에 놓여 있다.

탄둔은 이 영화의 음악 창작에서 멜로디를 매우 중시했다. 그는 같은 테마의 재료로 전체 스타일과 다른 곡목을 사용하여 '같음'으로 서사의 실마리를 엮고, '다름'으로 서사가 발전하는 과정에서 영상 구조의 차별적 대비를 이룬다. 즉 같은 테마곡이 서로 다른 서사의 실마리를 엮고 있는 셈이다. 영화가 전달하고자 하는 절망, 고독, 외로움, 욕망, 따뜻함 등이 음악으로 융화되어 점점 더 고독해지는 캐릭터들의 적막감을 관객들도 느낄 수 있게 만들었다.

영화에서 음악이 갖는 전체적인 효과를 고려해볼 때, 〈와호장룡〉이 〈영웅〉이나 〈야연〉보다 한 수 위라고 할 수 있다. 이는 영화음악이 단순히 담백하기 때문만이 아니라 관객을 평등하게 대하며 감상자의 기존 관람 경험에 미학적 도발을 하지 않는 점에서 그렇다. 또한 연출자 리안과 작곡가 탄둔의 창작 이념이 일치했기에 영화가 전달하고자 하는 중국 철학의 무협 정취를 더 잘 느낄 수 있기 때문이다. 장이머우가 생각하는 협객의 미는 도리어 스토리의 개연성을 떨어뜨리는 약점으로 작용하여 영화 본래의 창의성이 감소된 면이 있다. 장이머우가 〈영웅〉에서 무협 영화를 파격적으로 혁신하면서 협객의 정신을 담는 음악마저 조각조각 해체했기 때문에 음악의 완전성도 손상되었고, 그 완전성은 영화 자체의 결함에서 비롯된 것이다. 펑샤오강의 영화에는 모호한 묘사가 극의 여러 부분에서 발견된다. 예를 들어 결말 부분에서 누가 완 황후를 죽였는지 정확히 밝혀지지 않고, 이 영화가 단순히 비극으로 끝맺고 승패가 없는 것이라는 것만 전달하고 있다. 비록 이 영화가 음악적 측면에서 〈영웅〉보다 온전하고, 탄둔이 클래식과 현대의 음악 기법의 완벽한 결합을 시도했다 하더라도 서사적 관점에서 볼 때 시각과 청각의 최상의 결합이 이뤄졌다고 보기 힘들다.

## '무협영화 3부작'에 담긴 전통 미학

천인합일은 중국의 심미 문화의 정수인 동시에 영혼이라고도 할 수 있다. 장자는 일찍이 천지 만물과 나는 더불어 살아가는 하나의 존재라는 주장을 펼쳤고, 한나라 때 유학자인 동중서(董仲舒)도 하늘과 사람이 서로 감응한다는 천인감응(天人感應)설을 주장한 이래, 인간과 자연의 조화를 추구하는 것은 중국 문화의 주요한 특징 중의 하나가 되었다.

천인합일의 미학 사상은 중국의 문화예술 속에 속속들이 스며들어 있다. 건축물의 추녀에, 서예에서는 '자연스러운 교묘함(自然之妙有)'에, 회화에서는 '기운생동(氣韻生動)'에, 음악에서는 '음과 소리의 어울림(音聲相和)'에서 체현된다. 이것들은 인간이 자연과의 내적 조화를 추구하면서 진선미가 하나를 이룬 예술철학이다. 무협영화에서는 이를 화면과 음악의 조화로 구현한다.

〈와호장룡〉의 대나무 숲 결투 장면에서, 이모백은 자신을 대나무의 일부분으로 만들어 그 운율에 따라 춤을 추듯 무공을 펼친다. 〈영웅〉의 무명과 잔검은 '물결 위에서 가볍게 걷는(凌波微步)' 장면에서 검으로 물을 긋고, 청천 하늘과 대지는 가을 물에 비친 파란 하늘색으로 물든다. 이 장면들에 내포된 미학 사상이 바로 천인합일(天人合一)이며 자연과 인간이 서로 감응하여 자연이 내가 되고 내가 자연이 되는 경지를 이룬다.

유가와 도가의 사상은 중국의 전통 음악 사상과 미학에도 큰 영향을 미쳤다. 유가의 음악 미학으로 들 수 있는 것은 중화의 아름다움(中和美)이고, 도가의 그것은 대음희성(大音希聲)이다.

우선, '중화의 아름다움'에 대해 말해보자. 공자는 음악이 개인의 심신 수양과 사회의 순화에 큰 효능이 있음을 알고 음악을 매우 중시했다. 그는 일찍이 『시경』「관저(關雎)」편의 음악을 듣고서는 "즐거워하나 무절제에 빠지지 않고 슬퍼하나 마음을 상하게 하지 않는다(樂而不淫, 哀而不傷)"라고 말했는데, 이로 인해 중국 전통 음악은 자연스럽게 중화의 아름다움을 중시하게 되었다. 이런 기조 덕분에 중국 고악이 현실주의적 색채를 띠고 악률적으로도 균형과 조화를 이루게 되었다.

노자는 일찍이 "위대한 음악은 소리가 없다(大音希聲)"라는 주장을 펼쳤는데, 이를 이어

장자는 사람의 피리소리(人籟), 땅의 피리소리(地籟)는 들을 수 있어도 하늘의 피리소리(天籟)는 들을 수 없다는 주장을 펼쳤다. 도가의 이러한 주장은 귀에 들리는 음률의 전개보다는 들리지 않는 내면의 울림을 더 중시하는 풍조를 발전시켰다.

도가와 유가는 상호 보완하며 발전해왔고, 수천 년 동안 서로의 다른 점을 보완하면서 중국의 고대음악을 고유의 방향에서 실천하고 창작해왔다. 중국의 전통 음계는 궁 · 상 · 각 · 치 · 우의 5성으로 구성된 5성 음계 및 5성에 기초한 6성과 7성 조식을 말하는데, 이는 서양의 12 평균율과 큰 차이가 있다. 궁 · 상 · 각 · 치 · 우는 각 음급 간에 일정한 음정 관계만 있을 뿐 고정된 음높이가 없어 음악적 색채가 함축적이고 내향적이다.

탄둔 역시 세 편의 영화음악 속에 중국 전통의 미학 사상을 담았다. 〈와호장룡〉에는 유가 음악의 미학 사상인 "음악이란 천지의 조화다(樂者, 天地之和也)"를, 〈영웅〉에는 '대음희성'과 '천악(天樂)', '인악(人樂)'등의 도가의 미학 사상을 표현했다. 아울러 그는 스스로 체득한 천인합일의 사상을 음악적으로 표현하려고 시도했다. 〈영웅〉에서 그는 인위적으로 꾸미지 않은 자연의 소리를 많이 사용했다. 가령 '표(飄)'에서는 나뭇잎 소리나 사람의 목소리(여성 허밍)를 사용하였고, '물의 한 쪽에서(在水一方)'에서는 물방울 소리와 바람 소리까지 음악에 담아 가장 자연스러운 형태로 음악에 등장시킨다. 이는 천인합일에 대한 탄둔의 해석이다.

## '무협영화 3부작'의 동서양 악기의 조합

다음 표에서 알 수 있듯이 탄둔은 세 편의 영화에 다양한 중국의 전통악기를 사용하였고(〈와호장룡〉에는 소수민족 특유의 악기도 사용) 여기에 서양 악기를 가미하여 다양한 악기로서 각기 다른 색을 표현하였다.

| 서양악기 | | 음악 특징 / 표현하는 정서 / 적합한 색조 | 색채 |
|---|---|---|---|
| 첼로 |  | 음색이 중후하고 풍부하며, 따뜻하고 진지하다.<br>인물의 내면 감정을 묘사하는데 자주 사용되며, 서정적인 특징이다.<br>차갑고 따뜻한 감정을 모두 묘사할 수 있지만 따뜻한 색으로 주로 활용된다. |  |
| 바이올린 |  | 음색이 아름답고 화려하며, 서정적이고 풍부한 표현력을 지녔다.<br>인물의 심리, 정서를 표현하기에 적합하다.<br>따뜻하거나 차가운 색조 모두 사용가능하다. |  |
| 피아노 |  | 음역이 넓고 음색이 다원적이라 표현력이 우수하다.<br>음색이 서정적이라 인물의 심리를 묘사할 때 많이 사용된다.<br>따뜻하고 차가운 색조 모두 사용가능하다. |  |
| 잉그리쉬 호른 |  | 음색이 짙고 청량하며 많은 뜻을 함축하고 있어 호소력이 짙다.<br>슬픔이나 평온함을 표현하는데 쓰이고, 때로 전원의 풍경을 표현할 때도 쓰이며 시적인 묘사를 하는 세그먼트에 사용된다.<br>차갑고 따뜻한 감정을 묘사할 수 있지만 따뜻한 색으로 주로 활용된다. |  |
| 플루트 |  | 음색이 맑고 아름답다.<br>고요한 마음을 표현하기 좋고 새벽, 달빛 등의 자연을 묘사하는데 적합하다.<br>차가운 색조에 많이 사용된다. |  |
| 프렌치 호른 |  | 우아하고 부드러운 소리가 나고 시적인 풍취가 가득하다.<br>심각하고 숙연한 분위기, 혹은 유머러스하거나 익살스러운 분위기 모두에 적합하다. 일출이나 밤의 색을 묘사할 때 적합하다.<br>따뜻하거나 차가운 색조 모두에 사용 가능하다. |  |

중국과 서양의 음악적 요소를 융합한 시도는 완벽하고 교묘하다고 할 수 있는데, 〈영웅〉에는 첼로가 얼후의 음색을, 바이올린은 진현자의 쓸쓸함을 연주하였다. 〈야연〉은 서양의 고전을 각색하였기 때문에 서양 음악적 요소가 가장 많이 들어 있고, 테마곡과 일부 삽입곡에 오케스트라 음악이 대거 사용되었다. 테마곡인 〈모든 걸 바쳐 사랑에 답하네〉도 서양의 음계를 사용한 작곡법을 구사했지만, 황궁의 대전(大殿) 장면에서는 중국 전통악기인 징을 넣어 음향 효과를 극대화하고 중국 고대 궁정의 정경을 실감 나게 표현하였다. 탄둔은 사람의 목소리를 악기로 삼기도 하였다. 〈영웅〉, 〈야연〉의 음악에는 사람의 목소리가 반주로 출현하고 여기에 북소리가 배합되어 생동감이 있으면서도 신비로운 느낌을 준다.

| 전통악기 | | 음악 특징 / 표현하는 정서 / 적합한 색조 | 색채 |
|---|---|---|---|
| 대피리 |  | 맑고 깨끗하며 듣기 좋은 소리가 난다.<br>인물의 다양한 감정을 표현할 수 있고 자연의 소리도 모방하기 쉽다.<br>차가운 색조에 많이 이용된다. | |
| 고쟁 |  | 음역이 넓고 음색이 곱고 아름다우며 표현력이 뛰어나다.<br>동방의 피아노라 불릴만큼, 중국 특유의 멜로디 민속악기다.<br>고산유수나 격렬한 전투 장면을 묘사하는데 적합하며 인물의 복잡한 내면 묘사도 가능하다.<br>따뜻하거나 차가운 색조 표현이 모두 가능하다. | |
| 고금 |  | 음색이 짙고 여음이 길며 아득하다.<br>중국 고대의 문인들이 시를 읊을 때 반주로 사용하던 악기다.<br>차가운 색조로 사용된다. | |
| 바우 |  | 음역대가 좁고 소리가 작지만, 음색이 부드러워 민족적인 색채로 연인들 사이의 충정을 속삭이는 악기이다.<br>음색이 수려하고 아름다워 원망, 흠모, 눈물 등을 표현할 수 있다. 소녀의 사랑, 아름다운 사랑을 표현하기 적합하다.<br>따뜻한 색조에 많이 활용된다. | |
| 신장 수고 |  | '다부'라고도 부른다.<br>신장 지역의 여러 민족이 풍년을 기원하거나나 명절을 보낼 때 자주 사용한다.<br>소리가 크지 않고 '다', '부'하는 소리가 난다.<br>리듬 악기로서 흥겨움을 불러일으킨다.<br>따뜻한 색조에 자주 사용된다. | |
| 중국 대고 |  | 멀리 웅장하게 울려 퍼지는 소리 같아 일찍이 중국의 군대에서 사기 진작용으로 활용되었다.<br>리듬 악기. 음량이 크고 무협에서 싸울 때 많이 활용되는 악기다.<br>따뜻하고 차가운 색조 모두에 활용된다. | |
| 일본 태고 |  | 소리가 커서 고대 일본인들이 병마를 쫓거나 신을 맞이하는 용도로 사용했다.<br>일본의 종교 에서 태고는 불교의 음악이다.<br>리듬 악기. 다양한 스타일을 연출할 수 있다. 두려움, 경쾌함과 남성적, 부드럽거나 신비로움 등을 표현한다.<br>따뜻하고 차가운 색조로 다 활용가능하다. | |
| 요 |  | 중국 고대의 타악기는 소리가 낮고 신비로웠다. 울음소리 같다.<br>군대에서 호령을 전파하는 용도로 최초로 사용되었다.<br>차가운 색조에 사용된다. | |
| 장첨 |  | 낭랑하지만 거칠고 둔한 소리가 난다.<br>중국 민간의 취주악기로서 명, 청대 이래 군대에서 사용되어 왔다. 간단한 음만 발성할 수 있으며 분위기를 조성한다.<br>차가운 색조에 쓰인다. | |
| 징 |  | 징은 위치에 따라 소리의 높낮이가 다르다. 중심부는 비교적 낮고 가장자리는 높은 소리가 난다. 음색은 거칠고 우렁차다.<br>보통 긴장되거나 불길한 징조를 나타낼 때 쓰인다.<br>차가운 색조에 쓰임. | |

이 외에도 무협 영화에 오케스트라와 중국의 전통악기를 함께 섞어 분위기를 고조시키기도 하였다. 예를 들면, 현악 오케스트라는 서정적이라서 사색적이거나 비통함, 숙연, 우울 등의 심정에서 우러나오는 노래 및 독백에 능하고, 인물의 감정 묘사에 적합하다. 그런데 이것이 타악기와 어울리면 싸우는 장면을 묘사할 수 있다. 금관악기 오케스트라는 휘황찬란하고 웅장하며 신성하고 열정적인 분위기를 표현할 수 있지만, 깊고 장중하며 때로 음산한 공포 분위기나 감정을 표현할 수도 있어 서정적인 노래, 그리움, 서사성의 음악적 연출도 가능하다. 이는 무협 영화의 비교적 큰 전투 장면에 많이 쓰인다. 타악대는 무협영화 속의 액션 장면에 적합하며, 리듬을 달리해 격렬한 장면을 연출할 수 있고 인물 내면의 복잡하게 얽힌 감정까지 연출할 수 있다. 이처럼 무협영화에만 사용되는 악기도 많고, 여러 지역의 민속악기가 영화에서 연출될 수도 있으며 중국과 서양의 악기가 어우러져 각기 다른 효과도 낼 수 있다.

중국 무협영화 속의 색채, 중국 전통음악의 기법, 악기의 음색 사이에는 어떠한 내적 관련이 있는가?

중국 무협영화음악 설계에 있어서 색채가 구체적으로 어떠한 영향을 끼치는가?

테마곡을 설계할 때, 등장인물의 의복 색깔과 장면의 컬러 톤이 갖는 의미에 기초하여 사운드 창작자가  이에 적합한 음악 장르와 악기를 고를 수 있는가?

배경음악을 설계할 때, 색채가 만들어갈 분위기와 의경(意境)을 이해하고 이에 적합한 음악 장르와 악기를 선택할 수 있을까?

등장인물의 감정과 내면 활동을 전달할 때, 장면의 컬러 톤과 인물이 입은 의상 색깔에 따라 음악 장르와 악기를 선택할 수 있는가?

# 참고문헌

## 단행본


구경은, 『영화와 음악』, 서울 : 문학과 지성사, 2006.

김선현, 『색채심리학』, 파주 : 이담북스, 2013.

김정아, 『미디어 음악』, 서울 : 커뮤니케이션 북스, 2013.

김진희, 『영화편집』, 서울 : 커뮤니케이션북스, 2014.

레이몬드 스포티스우드, 『영화의 문법』, 김소동 역, 서울 : 집문당, 2001.

미셸 시옹, 『영화의 목소리』, 박선주 역, 서울 : 동문선, 2005.

박필임, 『색채심리』, 서울 : 예경, 2001.

배상준, 『미장센』,서울 : 커뮤니케이션 북스, 2016.

베르너 파울스티히, 『영화의 분석』, 이상익 역, 서울 : 미진사, 2003.

중국현대문학학회, 『영화로 읽는 중국』, 2008.

진중권, 『이미지인문학2』, 천년의 상상, 2014.

크리스티앙 메츠, 『상상적 기표』, 이수진 역, 서울 : 문학과지성사, 2009.

프란체스코 카세티, 『현대 영화 이론』, 김길훈, 김덕수, 김건 역, 서울 : 한국 문화사, 2012.

Balazs, Bela, 『Early Film Theory』, New York : Berghahn Books, 2010.

Boggs, Joseph M. and Petrie, Dennis W, 『The Art of Watching Films』, New York, McGraw-Hill Education, 2006.

Béla Baláss, 『영화미학(電影美學)』, 中國電影出版社, 2003.

Nyman, Michael, 『MICHAEL NYMAN : THE P IANO COLLECTION』, London, wise publications, 2005.

Patti Bellantoni, 우저위안(吳澤源) 역, 『If It's Purple, Someone's Gonna Die (不懂色彩不看電影)』, 世界圖書出版公司北京公司, 2014.

Robert Stam, 천루슈(陳儒修)·궈요룽(郭幼龍) 역, 『영화이론독해(電影理論解讀)』, 北京大學出版社, 2017.

Sion, Pwyll ap, 『Michael Nyman Collected Writings』, Farnham : AshgatePubCo, 2013.

Timm, Larry M, 『Film Music The Soul Of Cinema 3rd Edition』, New Jersey : Prentice Hall, 2003.

Wassily Kandinsky, 위민링(余敏玲) 역, 『예술의 정신(藝術的精神)』, 重慶大學出版社, 2011.

Georg Wilhelm Friedrich Hegel, 쭈광첸(朱光潛) 역, 『미학(美學)』, 商務書館, 2017.

Petter Larsen, 녜신란(聶新蘭)·왕원빈(王文斌) 역, 『영화음악(電影音樂)』, 山東畫報出版社,

2009.
가오린(高琳)·린홍보(林宏博), 『스토리의 힘(故事力)』, 中信出版社, 2020.
둬빈(多賓), 『영화예술시학(電影藝術詩學)』, 中國電影出版社, 2001.
디치안(狄其安), 『영화 속의 음악(電影中的音樂)』, 上海音樂出版社, 2008.
랴오징리(廖景麗), 『색채의 구성과 실천훈련(色彩的构成与實訓)』, 中國紡織出版社, 2018.
량수밍(梁漱溟), 『동양학술개관(東方學術概觀)』, 江蘇文藝出版社, 2008.
루샤오양(陸紹陽), 『시청각언어(視听語言)』, 北京大學出版社, 2021.
루팡(魯芳), 『색채심리학(色彩心理學)』, 中國法制出版社, 2014.
뤄카(羅卡)·우하오(吳昊)·줘보탕(卓伯棠), 『홍콩영화장르론(香港電影類型論)』, 牛津大學出版社, 1997.
뤄팅(羅婷), 『무협영화 : 인물조형의 특징요소와 스타일(武俠電影 : 人物造型的特征元素与風格)』, 中國電影出版社, 2018.
류뤄위(劉若愚), 『중국의 협사(中國之俠)』, 上海三聯書店, 1991.
류수량(劉叔亮), 『중국영화의경론(中國電影意境論)』, 中國傳媒大學出版社, 2008.
류언위(劉恩御), 『색채과학 및 영상예술(色彩科學与影視藝術)』, 北京广播學院出版社, 2002.
리리(李力), 『만물유색 : 영화의 색채 언어 연구(万物有色 : 電影色彩語言研究)』, 中國傳媒大學出版社, 2017.
리리(李力)·량밍(梁明), 『영화색채학(電影色彩學)』, 北京聯合出版有限公司, 2021.
리셴제(李顯杰), 『영화수사학 : 거울과 담화(電影修辭學 : 鏡像与話語)』, 中國電影出版社, 2005.
베이텐야오(北畑耀), 『색채학귀중설명서(色彩學貴重圖說)』, 熊松堂出版, 2006.
사마천(司馬遷), 우수핑(吳樹平)·리링(李零) 역주, 『문백대조번역사기(文白對照全譯史記)』, 第1輯, 新世界出版社, 2008.
션파(沈法) 주편, 『색채의 감정 속성(色彩的情感屬性)』, 中國輕工業出版社, 2009.
쉬푸관(徐复观), 『중국사상사 논집 속편(中國思想史論集續編)』, 上海書店出版社, 2005.
시싼(錫三), 『『장자』의 트랜스문화 편역 : 자연·기의 변화·신체(《庄子》的跨文化編譯 : 自然·气化·身体)』, 台湾大學出版中心, 2019.
양쥔(楊君), 『웃음 : 미디어 영웅과의 대면(笑容 : 與媒體英雄面對面)』, 中國電影出版社, 2000,
양톈차이(楊天才)·장산원(張善文) 역주, 『주역(周易)』, 中華書局, 2011.
예랑(叶朗), 『중국미학사대(中國美學史大)』, 上海人民出版社, 2013.
예진톈(叶錦添), 『낯선 정신과 마음(神思陌路)』, 中國旅游出版社, 2010.
왕위취안(王毓銓) 주편, 『중국통사16 제9권 중고시대 명시기하편(中國通史16第9卷中古時代明時期下)』, 上海人民出版社, 2015.
왕즈민(王志敏)·자오빈(趙斌), 『영화학(電影學)』, 北京大學出版社, 2015.

왕하이옌(王海燕)·두젠웨이(杜建偉), 『색채(色彩)』, 化學工業出版社, 2018.
우스저우(吳十洲), 『주대의 예기와 제도 연구(兩周礼器制度研究)』, 五南圖書出版股份有限公司, 2004.
우충(吳琼), 『영화 분석 : 중화권 무협영화 텍스트 정독(影片分析 : 華語武俠電影影片文本細讀)』, 中國電影出版社, 2014.
우통(吳彤) 역, 『색채의 성격(色彩的性格)』, 中央編譯出版社, 2008.
위안징팡(袁靜芳), 『민족악기(民族樂器)』, 高等教育出版社, 2004.
위잉스(余英時), 『협과 중국문화(俠与中國文化)』, 台湾學生書局, 1993.
유안(劉安), 천광충(陳广忠) 역주, 『회남자(淮南子)』, 中華書局, 2017.
자오홍광(趙鴻光), 『음악감상(音樂鑒賞)』, 上海人民美術出版社, 2008.
자오후이잉(趙慧英)·왕양(王楊), 『시청각언어(視听語言)』, 北京大學出版社, 2016.
장밍(張明), 『장예모와 대담(与張藝謀對話)』, 中國電影出版社, 2004.
장양(張揚), 『영상배색학(影視調色學)』, 人民郵政出版社, 2014.
장징베이(張靚蓓)·리안(李安), 『십 년 만에 중국몽을 깨다 : 리안전(十年一覺電影夢 : 李安傳)』, 中信出版社, 2014.
장청칭(姜澄淸), 『중국색채론(中國色彩論)』, 甘肅人民美術出版社, 2008.
쟈레이레이(賈磊磊), 『무협과 춤의 신화-중국무협영화 종횡(武舞神話—中國武俠電影縱橫)』, 中國人民大學出版社, 2014.
쟈레이레이(賈磊磊), 『중국무협영화사(中國武俠電影史)』, 文化藝術出版社, 2005.
저우위강(周鈺棡), 『전통과 장르 : 중국 무협영화의 신체예술(傳統与類型 : 中國武俠電影的身体藝術)』, 四川大學出版社, 2020.
주샤오펑(朱小丰), 『영화미학(電影美學)』, 上海文藝出版社, 2012.
주장위안(朱疆源) 역, 『예술과 시지각(藝術与視知覺)』, 四川人民出版社, 2019.
진웨이이(金維一), 『영화관객심리학(電視觀衆心理學)』, 复旦大學出版社, 2005.
차오젠중(喬建中), 『중국전통음악(中國傳統音樂)』, 上海音樂學院出版社, 2009.
천모(陳墨), 『도광협영의 몽타주-중국무협영화론(刀光俠影蒙太奇—中國武俠電影論)』, 中國電影出版社, 1996.
천모(陳墨), 『중국무협영화사(中國武俠電影史)』, 中國電影出版社, 2005.
천옌칭(陳彦靑), 『관념의 색 : 중국의 전통색채 연구(觀念之色 : 中國傳統色彩研究)』, 北京大學出版社, 2015.
탕장핑(湯漳平)·왕차오화(王朝華) 역주, 『노자(老子)』, 中華書局, 2018.
팡용(方勇) 역주, 『장자·경상초(庄子 · 庚桑楚)』, 中華書局, 2015.
팡용(方勇) 역주, 『장자·거협(庄子 · 胠篋)』, 中華書局, 2015.
팡용(方勇) 역주, 『장자·경상초(庄子 · 庚桑楚)』, 中華書局, 2015.

팡융(方勇) 역주, 『장자·지락(庄子 · 至樂)』, 中華書局, 2015.
펑더(彭德), 『중화오색(中華五色)』, 江蘇美術出版社, 2008.
푸정이(傅正義), 『영상편집예술(影視剪輯編輯藝術)』, 中國傳媒大學出版社, 2009.
황런다(黃仁達), 『중국색채(中國色彩)』, 人民東方出版社, 2013.

## 학술지

김진공, 「장이머우 영화 속에 등장하는 시공간의 의미」, 『한국중국어문학회』 47호, 2006.
강내영, 「중국 무협영화의 장르 변천과정 연구- 〈용문객잔〉 시리즈를 중심으로」, 중국문화연구 22집, 2013.
구경은, 「영화의 사운드로서의 음악」, 서양음악학 vol.9, no.2, 2006.
권승태, 「미장센과 몽타주의 기호학적 통합- 계열체적 시스템과 통합체적과정으로서 영화」, 영상문화, vol, 25, 2014.
문현선, 「중국 대륙 무협블록버스터를 관통하는 예술적 아름다움의 전시성에 대한 분석」, 『씨네 포럼』 제13호, 2011.
문관규, 「영화적 미장아빔과 사공도 〈함축〉 개념의 동아시아 영화 연구 적용 가능성 : 장예모의 〈영웅〉과 장률의 〈당시〉를 중심으로」, 『영화연구』 69호, 2016.
문연, 「장이머우 감독의 영화 색채미학 연구 : 〈붉은 수수밭〉 〈인생〉 〈영웅〉을 중심으로」, 청주대 박사학위논문, 2021.
송진영, 「중국의 문화산업정책과 문화원형 콘텐츠 개발」, 인문콘텐츠(3), 2004.
어일선, 「해방기 한국영화의 특징에 관한 연구 : 해방직후 영화계의 재편과 영화인의 활동 중심으로」, 청주대학교 학술연구소, 2013.
이우연 · 최정욱, 「영화의상에 나타난 색채 이미지 분석장예모 감독의 영화를 중심으로」, 한국디자인지식학회, 디자인지식저널 30, 2014.
정태섭, 「장이모우 영화 〈영웅〉 〈황후화〉의 색채 상징성에 관한 연구」, 『디자인학연구』 8호 2008.
「장이모우의 영화 영웅에서 나타나는 색채의 의미에 관한 분석연구」, 『미디어와 공연예술연구』 제2권 제1호, 2007.
정수현 · 장민호, 「한국 전통 음악 어법을 활용한 영화음악의 연구」, 『Journal of the Korea Entertainment Industry Association(JKEIA)』 13, 2019.
Bihlmeyer, Jaime, 「The (Un)Speakable FEMINITY in Mainstreem Movies_Jane Campion's The Piano」, Cinema Journal vol. 44, no. 2, 2005.
Dalton, Mary M. and Fatzinger, Kirsten James, 「Choosing Silence : Defiance and Resistance

Without Voice in Jane Campion's The Piano」, Women and Language vol. 26, no. 2, 2003.

Entley, Greg, 「Mothers, Daughters, and (Absent) Fathers in Jane Campion's The Piano」, Literature-Film Quarterly vol. 30, no.1, 2002.

Eunjin, Choi, 「Language of the Gothic Woman : Jane Campion's The Piano」. International Journal? Contents vol. 7, no. 3, 2011.

Gillick, Jon. and Bamman, David, 「Telling Stories with Soundtracks : An Empirical Analysis? Music in Film」, First Workshop on Storytelling, 2018.

Hoeckner, Berthold. and Wyatt, W. Emma. and Decety, Jean. and Nusbaum, Howard, 「Film Music Influences How Viewers Relate to Movie Characters」. Psychology? Aesthetics Creativity and the Arts vol. 5, no.2, 2011.

Knight, Christine, 「ADA'S PIANO PLAYING IN JANE CAMPION'S THE PIANO Genteel Accomplishment or Romantic Self-expression」, Australian Feminist Studies vol. 21, no.49, 2006.

Soo-Hyun Chung, Min-Ho Chang, 「An Analysis on the Application of Korean Traditional Music to Film」, 『Journal of the Korea Entertainment Industry Association(JKEIA)』 13, 2019.

Stanley Rosen, 「글로벌시대의 화어영화(全球化時代的華語電影)」, 『당대영화』, 130期, 2006.

경웨이나(庚威娜), 「좋은 곡은 백 년을 부른다- 중국영화음악 순례(好曲唱百年—中國電影音樂巡礼)」, 『音樂生活』, 2005.

라이페이페이(賴菲菲)·후전(胡稹), 「일본의 '태고'에 대한 고찰(日本"太鼓"考)」, 『海南熱帶海洋學院學報』, 2020.

리뤼(李瑞), 「〈와호장룡〉의 미술설계 스타일 비평(〈臥虎藏龍〉的美術設計風格芻評)」, 『電影文學』, 第21期, 2011.

리안(李安), 「할리우드와 중국 영화 사이에 서서(站在好萊塢与中國電影之間)」, 『上海大學學報』, 2006.

리핑(李平), 『주역』과 『악기』, (『周易』与『樂記』, 『周易研究』, 1995.

리훙위안(李宏垣), 「〈그림자〉의 심미적 분석(〈影〉的審美分析)」, 『戲劇之家』, 2019.

쑤하이밍(蘇海鳴), 「당대중국영화음악발전현황(当代中國電影音樂發展現狀)」, 『電影文學』, 2019.

쑹팅팅(宋婷婷), 「용의 세계로 들어가다-리안감독이 말하는 〈와호장룡〉(進入龍的世界—導演李安談〈臥虎藏龍〉)」, 『北京電影學院學報』, 2002.

양링(楊凌), 「중국영화음악의 민족음악 활용에 대한 논의(談民族音樂在中國電影音樂中的運用)」, 『北京電子科技學院學報』(3), 2006.

양마좐(楊馬轉), 「중국민속악기중의 보물 : 바우와 후루쓰(中國民族樂器宝庫里的明珠) : 巴烏与葫芦絲)」, 『中國音樂』, 2004.

왕루쯔(王璐子)·리짜오(李早), 「영상작품 속 휘파건물의 문화전달(影像作品中徽派建筑的文化傳達)」, 『建筑与文化』, 2022.

왕신(王欣), 「미디어 속의 영화음악-〈영웅〉의 음악 읽기(傳播中的電影音樂—音樂解讀〈英雄〉)」, 『電影評介』(01), 2009.

왕원쥐안(王文娟), 「도가로 논한 색채관(論道家色彩觀)」, 『美術觀察』(6), 2006.

왕원쥐안(王文娟), 「유가로 논한 색채관(論儒家色彩觀)」, 『美術觀察』(6), 2004.

우샤오용(吳曉勇), 「얼후의 발음에서 느끼는 정서와 음색(二胡發音中的情感音色)」, 『武漢音樂學院學報』(4), 2000.

웨이링링(韋玲玲), 「중국무협영화 사운드 스타일의 변화(中國武俠影片中電影音樂風格的流變)」, 『南京藝術學院學報』, 2009.

이옌훙(李艷紅), 「황잔의 영화음악이 홍콩 영화문화에 끼친 영향(黃沾電影歌曲對香港電影文化的影響)」, 『電影文學』, 2011.

장리리(張麗麗), 「문화 자부심으로 바라 본 전통문화의 현대화 가치 취향(文化自信視域下傳統文化現代化的价值取向)」, 『勞動保障世界』, 2017.

장야민(張亞敏), 「영화〈영웅〉의 예술디자인 해석(對電影〈英雄〉設計藝術的解讀)」, 『視覺影視文學』, 2013.

저우샤오윈(周曉云), 「4현에 담긴 천 번의 말, 1곡에 담긴 만 가지의 정-중국신무협영화의 비파곡 응용에 대하여(四弦千遍語, 一曲万重情—談琵琶曲在中國新武俠電影音樂中的應用)」, 『吉林藝術學院學報』(04), 2005.

천리훙(陳利宏), 「대당고와 소군고의 발전 연구(大堂鼓与小軍鼓發展探究)」, 『当代音樂』, 第6期, 2021.

판톈창(潘天强), 『중국영화의 세대 문제(中國電影的代際問題)』, 『文藝研究』, 2009.

판훙롄(潘紅蓮)·李杰(리제), 「디지털 미술에서 색채 공감각의 색조 계량화 표현에 대한 논의(論色彩通感在數字美術中的色調量化表述)」, 『綿陽師范學院學報』, 2017.

펑구샹(彭吉象), 「전통문화와 현대의식의 충돌과 융합-트랜스 컬처 커뮤니케이션의 중화권 영화(傳統文化与現代意識的沖突与融合—跨文化交流中的華語電影)」, 『電影藝術』, 2001.

하오융창(郝勇强), 「장이머우의 영화로 본 당대무협영화의 영상 특징(從張藝謀電影看当代武俠電影的影像特征)」, 『山東行政學院山東省經濟管理干部學院學報』, 2009.

황신(黃欣), 「내가 보는 홍콩영화음악(我眼中的香港電影歌曲)」, 『實用影音技術』, 2001.

## 학위논문

동려생, 「中國 5世代映畵와 尋根意識 硏究」, 경상대학교 대학원 박사논문, 2009.

문현아, 「남녀간의 성애적 사랑에서 나타나는 자기애와 대상애」 석사 학위논문, 한신대학교 정신분석대학원, 2016.

박병규, 「영화음악에 대한 기호학적 접근 : 히치콕 영화(1955~1964)의 음악을 중심으로」, 박사 학위 논문, 한양대학교, 2017.

선선미, 「장이머우(張藝謀) 씁화의 色彩美學」, 부경대학교 국제대학원 석사학위논문, 2008.

양윤희, 「장이머우(張藝謀)감독의 2기 과도기웰 씁화에 대한 고찰」, 강릉대학교 교육대학원 석사학위논문, 2008.

오진숙, 「장이머우 씁화의 변화 양상 연구」, 인하대학교 교육대학원 석사 학위논문, 2005.

유안기, 「장이머우 감독 영화의 색채 미학 연구」, 한양대학교 대학원 석사 학위논문, 2017.

이우연, 「장예모 감독의 영화의상에 나타난 색채이미지 분석」, 경희대학교 대학원 석사학위논문, 2013.

이화영, 「영화의상의 표현성에 관한 연구- 영화 '바람과 함께 사라지다'의 등장인물을 중심으로」, 동국대학교대학원 박사학위논문, 2002.

정수현, 「전통 음악 어법을 활용한 영화 음악 현황 연구- 한 · 중 · 일 영화 음악을 중심으로」, 석사학위논문(상명대학교), 2020.

초혜, 「민족음악 활용 : 21C 한 · 중 영화음악의 기능에 대한 비교 연구」, 박사학위 논문(청주대학교 ), 2018.

구스창(古世倉), 「매스미디어에서 본 '대륙의 신무협'- 〈고금전기 · 무협판〉과 〈무협고사〉를 중심으로(傳媒視閾下的"大陸新武俠"—以〈今古傳奇 · 武俠版〉和〈武俠故事〉爲例)」, 란저우대학 박사학위논문(蘭州大學博士學位論文), 2009.

궈젠롄(郭健濂), 「서양회화의 색채를 논함(論西方繪畵的色彩)」, 중국미술아카데미 박사학위논문(中國美術學院 博士學位論文), 2008.

니쥔(倪駿), 「중국무협영화의 역사와 심미 연구(中國武俠電影的歷史与審美研究)」, 中央戲劇學院 博士學位論文, 2005.

랴오쥔(廖軍), 「민간의 조물 색채관 연구(民間造物色彩觀研究)」, 쑤저우대학 박사학위논문(蘇州大學 博士學位論文), 2017.

류쓰(劉思), 『서사학으로 본 중국 영화 의경연구(叙事學視域下的中國電影意境研究)』, 상하이희극학원 박사학위논문(上海戲劇學院 博士學位論文), 2015.

리쉐(李雪), 「영화음악의 뿌리 민족음악(民族音樂素材是電影音樂創作之根)」, 遼宁師范大學 碩士學位論文, 2013.

리하이레이(李海磊), 「4-6세기 중국 북방 지역의 벽화색채기술 및 응용연구(4-6世紀中國北方地區壁畵色彩技術及應用研究)」, 상하이대학 박사학위논문(上海大學 博士學位論文), 2019.

쉬잉(許瑩), 「색채의 힘- 당대중국색채언어 연구(色彩的力量—当代中國畵色彩語言研究)」, 중앙미술학원 박사학위논문(中央美術學院 博士學位論文), 2015.
옌즈위안(閆志遠),「고대의 금율 연구(古代琴律研究)」, 중국예술연구원 박사학위논문(中國藝術研究院博士學位論文), 2012.
왕쉐(王雪),「바실리 칸딘스키의 회화연구(瓦希里 康定斯基的繪畫研究)」, 지린예술아카데미 석사학위논문(吉林藝術學院 碩士學位論文), 2010.
위하이펑(于海峰),「한·위진남북조의 변경악부시 연구(漢魏晋南北朝邊塞樂府詩研究)」, 북경대학교 석사논문(北京大學 碩士論文), 2012.
자레이레이,「무협과 춤의 신화-중국무협영화 및 문화정신」, 南京師范大學 博士學位論文, 2007.
자오둥(趙東),「자연의 도와 미학-장자 철학의 미학적 전화를 논함(自然之道与美學—論庄子哲學的美學轉化)」, 시난대학 박사학위논문(西南大學博士學位論文), 2010.
장빈(張斌),「송대의 고금문화와 문학(宋代的古琴文化与文學)」, 푸단대학 박사학위논문(复旦大學 博士學位論文), 2006.
장야린(姜亞林),「『시경』의 전쟁시 연구(〈詩經〉戰爭詩研究)」, 수도사범대학 박사학위논문(首都師范大學 博士學位論文), 2007.
찌민(計敏),「상생과 상호작용의 미학적 여정- 중국 희극과 영화의 관계 연구(双生与互動的美學歷程—中國戲劇与電影的關系研究(1905-1949))」, 上海戲劇學院 博士學位論文, 2017.

## 사전

수잔 헤이워드,『영화사전』, 이영기, 최광열 역, 서울 : 한나래, 2012.
『브리태니커 백과사전(국제중국어판)(大不列顛百科全書(國際中文版))』, 中國大百科全書出版社, 1999.
꾸밍위안(顧明遠),『교육대사전(教育大辭典)』(簡編版), 上海教育出版社, 1999.
린충더(林崇德),『심리학대사전(心理學大辭典)』(下卷), 上海教育出版社, 2003.
사마천, 저우샤오톈(周嘯天) 주편,『사기전서사전(史記全本導讀辭典)』(유협열전64), 四川辭書出版社, 1997.
쉬난밍(許南明)·푸란(富瀾)·추이췬옌(崔君衍),『영화예술사전(電影藝術詞典)』, 中國電影出版社, 1986.

## 온라인 사전

「漢典」

https : //zh.wikipedia.org/wiki/%E8%A4%90%E8%89%B2, 검색일 : 2021.10.7.

「위키백과」

https : //zh.wikipedia.org/w/index.php?search=%E5%86%AC%E4%B8%8D%E6%8B%89&title=Special : %E6%90%9C%E7%B4%A2&profile=advanced&fulltext=1&ns0=1, 검색일 : 2021.10.7.

「바이두 백과」

https : //baike.baidu.com/item/天工開物 · 乃服/4264104?fr=aladdin, 검색일 : 2022.1.5.

## 웹사이트

譚盾訪談录(上), 上海音樂學院出版社, 2014, 검색일 : 2021.9.5

https : //www.sohu.com/a/280610297_304932.

"打開藝術之門"演繹〈英雄〉, 譚盾談電影配樂幕后故事 : 過癮极了, 京報网,

北京日報官网. 2021.07.08.https : //baijiahao.baidu.com/s?id=1704678411527314948&wfr=spider&for=pc, 검색일 : 2022.1.2.

양란 인터뷰-탄둔(楊瀾訪談录—譚盾), 2020.8.10. 검색일 : 2022.01.05.

https : //haokan.baidu.comv?pd=/wise_natural&vid=16725305885.052567961

# 악보

1. '와호장룡' 음악 테마
2. '영웅' 음악 테마
3. '야연' 음악 테마

# Crouching Tiger Concerto

for cello solo and chamber orchestra

music from the original sound track of Ang Lee's film Crouching Tiger, Hidden Dragon

## 1.Crouching Tiger, Hidden Dragon

**Tan Dun**

A. Fl.
Hp.
(use hands or Marimba mallets)
Cymb/Timp (arco)
gliss.
Perc.
Vc.solo
dolce molto
Vln. I
Vln. II
Vla.
Vc.
Cb.
ord.

10
A. Fl.
Hp.
1
2
Perc. 3
4
5
Vc.solo
f
mp
Vln. I
Vln. II
Vla.
Vc.
mp
mf
Cb.

14
A. Fl.
Hp.
1
2
Perc. 3
4
5
Vc.solo
mf
Vln. I
Vln. II
Vla.
Vc.
p
mp
p
f
p
f
Cb.
mp

18
A. Fl.
Hp.
1
2
Perc. 3
4
5
Vc.solo
p
mf
p
Vln. I
Vln. II
Vla.
Vc.
p
f
ppp
Cb.
p
ppp

22
A. Fl.
Hp.
1
2
Perc. 3
4
5
Vc.solo
mp
mf
Vln. I
Vln. II
Vla.
Vc.
s.p.
ord.
f
p
mf
Cb.

26
A. Fl.
Hp.
Perc.
1
2
3
4
5
Vc.solo
(to hold the guitar pick with mouth lips)
(fade out)
Vln. I
Vln. II
Vla.
Vc.
ord.
Cb.
ord.
ppp
mp
p
f
ff

30
A. Fl.
Picc.
mf dolce
Hp.
f
1
mf
mp
2
Perc. 3
4
5
Vc.solo
mp
sfp
sfp
sfp
Vln. I
fff
mp
Vln. II
fff
mp
Vla.
fff
mp
Vc.
fff
Cb.
fff

34
Picc.
mp
Hp.
mp
1
2
Perc. 3
4
5
Vc.solo
dolce molto
f
Vln. I
p
Vln. II
p
Vla.
p
Vc.
mp
Cb.

38
Picc.
Hp.
gliss.
1
2
Perc. 3
4
5
Timp.
Timp.
Vc.solo
(dolce)
(dolce)
(dolce)
Vln. I
Vln. II
Vla.
Vc.
Cb.

42
Picc.
Hp.
gliss.
Tam Tam
Perc.
Timp.
Bass Drum
Vc.solo
Vln. I
Vln. II
Vla.
Vc.
Cb.

46
Picc.
Hp.
mp
Perc. 1
2
3
4
5
mp
p
pp
(improvise a little)
Vc.solo
s.p.
Sul C
mp
mf
pizz.
Vln. I
ppp
Vln. II
ppp
Vla.
p
Vc.
p
non div.
Cb.
p

50
Picc.
Hp.
1
2
Perc. 3
4
5
Cymb/Timp (arco)
gliss.
Cymb/Timp (arco)
Cymb/Timp (arco)
Vc.solo
rubato
(use guitar pick)
(start very slowly)
Vln. I
Vln. II
Vla.
Vc.
Cb.

53
Alto Fl.
gliss.
A. Fl.
Hp.
1
2
Perc. 3
4
5
Vc.solo
sfp
ppp
Vln. I
Vln. II
Vla.
Vc.
Cb.

58
A. Fl.
Hp.
(C♯, D♭)
sf
p
1
2
Perc. 3
4
5
Timp.
f
Vc.solo
arco
ffff
Vln. I
Vln. II
Vla.
Vc.
Cb.
s.p.
ord.
ppp
mp

63
A. Fl.
Hp.
(use stick)
Perc.
1
2
3
4
5
Vc.solo
s.p.
ord.
Vln. I
Vln. II
Vla.
Vc.
Cb.

67
A. Fl.
Hp.
1
2
Perc. 3
4
5
Vc.solo
Vln. I
Vln. II
Vla.
Vc.
Cb.
ff
ord.
s.p.
sfp
sf fffp
fff
non div.
ppp

70
♩= 130
A. Fl.
Hp.
sf
C♮ D♮
Roto tom
mf p
Roto tom
p
f
Roto tom
p
f
Perc.
use sticks/semi muted
Timp.
(on frame)
fff
use sticks/semi muted
Timp.
(on frame)
fff
♩= 60
(here, the solo leads the strings)
s.p.
(fade out)
Vc.solo
fff
Vln. I
Vln. II
Vla.
Vc.
Cb.

A. Fl.
Hp.
(on frame)
1
(on frame)
2
(on frame)
Perc. 3
4
5
Vc.solo
Vln. I
Vln. II
Vla.
Vc.
Cb.

79
A. Fl.
Hp.
1
2
Perc. 3
4
5
mp cresc. - - poco - - a - - poco
mp cresc. - - poco - - a - - poco
mp cresc. - - poco - - a - - poco
fff
fff
f
f
f
Vc.solo
Vln. I
Vln. II
Vla.
Vc.
Cb.

84
A. Fl.
Hp.
1
2
Perc. 3
4
5
f
f
f
Vc.solo
Vln. I
Vln. II
Vla.
Vc.
Cb.

89
A. Fl.
Hp.
Bongos
1
2
Perc. 3
4
5
Vc.solo
Vln. I
Vln. II
Vla.
Vc.
Cb.

94
A. Fl.
Hp.
rubato
1
2
Perc. 3
4
5
Vc.solo
Vln. I
Vln. II
Vla.
Vc.
Cb.

Note: on the bar 99, for cello's pizzicato with the Guitar pick, should be amplified much lauder than before or after, turn it's sound like a electric-guitar.

103
A. Fl.
Hp.
1
2
Perc. 3
4
5
Vc.solo
Vln. I
Vln. II
Vla.
Vc.
Cb.

108
A. Fl.
Hp.
1
2
Perc. 3
4
5
Vc.solo
Vln. I
Vln. II
Vla.
Vc.
Cb.

Faster
♩=150
113
A. Fl.
Hp.
1
2
Perc. 3
4
5
sfp
cresc. - - poco - - a - - poco
Vc.solo
Vln. I
Vln. II
Vla.
Vc.
Cb.

118
A. Fl.
Hp.
1
2
Perc. 3
4
5
Vc.solo
Vln. I
Vln. II
Vla.
Vc.
Cb.

Faster
♩=160
123
A. Fl.
Hp.
1
2
Perc. 3
4
5
ff
Vc.solo
Vln. I
Vln. II
Vla.
Vc.
Cb.

128
A. Fl.
Hp.
1
2
Perc. 3
4
5
Vc.solo
Vln. I
Vln. II
Vla.
Vc.
Cb.

132
A. Fl.
Hp.
1
2
Perc. 3
4
5
Vc.solo
Vln. I
Vln. II
Vla.
Vc.
Cb.

136
accel. molto
A. Fl.
Hp.
1
2
Perc. 3
4
5
Vc.solo
Vln. I
Vln. II
Vla.
Vc.
Cb.

140
A. Fl.
Hp.
Perc.
1
2
3
4
5
Vc.solo
Vln. I
Vln. II
Vla.
Vc.
Cb.
sf [shout]
Hei
and wave up the bow

# Hero Concerto

## for Violin and Orchestra

music from the original soundtrack of Zhang YiMou's film Hero

### 1. Hero

**Adagio ( ♩ = 58 )**

**Tan Dun**

6
Picc.
Fl. 1 2
Ob. 1 2
B♭ Cl. 1 2
B. Cl.
Bsn. 1 2
C. Bn.
Hn. in F 1 3
2 4
C Tpt.1.2.3.
Trb. 1 2
3 Tuba
Timp.
Perc. 1
2
3
4
Hp.
Gu Qin
Special Vl. solo (transposed)
Pitch sound
Vl. I
Vl. II
Vla.
Vc.
Cb.

11
Picc.
Fl. 1 2
mp
ppp
Ob. 1 2
B♭ Cl. 1 2
B. Cl.
Bsn. 1 2
C. Bn.
Hn. in F 1 3 2 4
C Tpt.1.2.3.
Trb. 1 2 3
Tuba
Timp.
Perc. 1 2 3 4
Hp.
Gu Qin
Special Vl. solo (transposed)
Pitch sound
IV
mf
Vl. I
Vl. II
Vla.
Vc.
Cb.

16
Picc.
Fl. 1 2
Ob. 1 2
B♭ Cl. 1 2
B. Cl.
Bsn. 1 2
C. Bn.
Hn. in F 1 3
2 4
C Tpt.1.2.3.
Trb. 1 2
3 Tuba
Timp.
Perc. 1 2 3 4
Roto Tom
Hp.
Gu Qin
Special Vl. solo (transposed)
Pitch sound
gliss.
Vl. I
Vl. II
Vla.
Vc.
Cb.
arco
a2
sfp
ppp
mf
fff
mp
sf
f

21
Picc.
Fl. 1 2
Ob. 1 2
B♭ Cl. 1 2
B. Cl.
Bsn. 1 2
C. Bn.
Hn. in F 1 3 2 4
C Tpt.1.2.3.
Trb. 1 2 3
Tuba
Timp.
Perc. 1 2 3 4
Hp.
Gu Qin
Special Vl. solo (transposed)
Pitch sound
IV
Vl. I
Vl. II
Vla.
Vc.
Cb.

26
Picc.
Fl. 1 2
Ob. 1 2
B♭ Cl. 1 2
B. Cl.
Bsn. 1 2
C. Bn.
Hn. in F 1 3 2 4
C Tpt.1.2.3.
Trb. 1 2 3
Tuba
Timp.
Perc. 1 2 3 4
Hp.
Gu Qin
Special Vl. solo (transposed)
Pitch sound
Vl. I
Vl. II
Vla.
Vc.
Cb.
s.p.
arco div.
gliss.

31
Picc.
Fl. 1 2
Ob. 1 2
B♭ Cl. 1 2
B. Cl.
Bsn. 1 2
C. Bn.
Hn. in F
C Tpt.1.2.3.
Trb.
Tuba
Timp.
Perc.
Hp.
Gu Qin
Special Vl. solo (transposed)
Pitch sound
Vl. I
Vl. II
Vla.
Vc.
Cb.
gliss.
unis. ord.

36
Picc.
Fl. 1 2
Ob. 1 2
B♭ Cl. 1 2
B. Cl.
Bsn. 1 2
C. Bn.
Hn. in F
C Tpt.1.2.3.
Trb.
Tuba
Timp.
Perc.
Hp.
Gu Qin
Special Vl. solo (transposed)
Pitch sound
Vl. I
Vl. II
Vla.
Vc.
Cb.
a2
unis. ord. sul G
unis. ord.

41
Picc.
Fl. 1 2
Ob. 1 2
B♭ Cl. 1 2
B. Cl.
Bsn. 1 2
C. Bn.
Hn. in F 1 3 2 4
C Tpt.1.2.3.
Trb. 1 2 3
Tuba
Timp.
Perc. 1 2 3 4
Hp.
Gu Qin
Special Vl. solo (transposed)
Pitch sound
Vl. I
Vl. II
Vla.
Vc.
Cb.

46
♩= 72
Picc.
Fl. 1 2
Ob. 1 2
B♭ Cl. 1 2
B. Cl.
Bsn. 1 2
C. Bn.
Hn. in F 1 3 2 4
a2
C Tpt.1.2.3.
Trb. 1 2 3
Tuba
Timp.
Perc. 1 2 3 4
Hp.
Gu Qin
Special Vl. solo (transposed)
Pitch sound
Vl. I
Vl. II
Vla.
Vc.
Cb.

53
Picc.
Fl. 1 2
Ob. 1 2
B♭ Cl. 1 2
B. Cl.
Bsn. 1 2
C. Bn.
Hn. in F 1 3 2 4
C Tpt.1.2.3.
Trb. 1 2 3
Tuba
Timp.
Perc. 1 2 3 4
Hp.
Gu Qin
Special Vl. solo (transposed)
Pitch sound
Vl. I
Vl. II
Vla.
Vc.
Cb.
III
IV
ppp
f
p

59
Picc.
Fl. 1 2
Ob. 1 2
B♭ Cl. 1 2
B. Cl.
Bsn. 1 2
C. Bn.
Hn. in F 1 3 2 4
C Tpt.1.2.3.
Trb. 1 2 3
Tuba
Timp.
Perc. 1 2 3 4
Hp.
Gu Qin
Special Vl. solo (transposed)
Pitch sound
Vl. I
Vl. II
Vla.
Vc.
Cb.
p
mf
f
III
IV

65
Picc.
Fl. 1 2
Ob. 1 2
B♭ Cl. 1 2
B. Cl.
Bsn. 1 2
C. Bn.
Hn. in F
C Tpt.1.2.3.
Trb.
Tuba
Timp.
Perc.
Hp.
Gu Qin
Special Vl. solo (transposed)
Pitch sound
Vl. I
Vl. II
Vla.
Vc.
Cb.

70
Picc.
Fl. 1 2
Ob. 1 2
B♭ Cl. 1 2
B. Cl.
Bsn. 1 2
C. Bn.
Hn. in F 1 3 2 4
C Tpt.1.2.3.
Trb. 1 2
3 Tuba
Timp.
Perc. 1 2 3 4
Hp.
Gu Qin
Special Vl. solo (transposed)
Pitch sound
Vl. I
Vl. II
Vla.
Vc.
Cb.

75
Picc.
Fl. 1 2
Ob. 1 2
B♭Cl. 1 2
B. Cl.
Bsn. 1 2
C. Bn.
Hn. in F 1 3 2 4
C Tpt.1.2.3.
Trb. 1 2 3
Tuba
Timp.
Perc. 1 2 3 4
Hp.
Gu Qin
Special Vl. solo (transposed)
Pitch sound
Vl. I
Vl. II
Vla.
Vc.
Cb.

80
rit.
A tempo
Picc.
Fl. 1 2
Ob. 1 2
B♭ Cl. 1 2
B. Cl.
Bsn. 1 2
C. Bn.
Hn. in F
C Tpt.1.2.3.
Trb.
Tuba
Timp.
(put down the drum mallets)
Perc.
Hp.
Gu Qin
Special Vl. solo (transposed)
Pitch sound
Vl. I
Vl. II
Vla.
Vc.
Cb.
(the second note only played by left hand)
pizz. gliss.
gliss.

85
Picc.
Fl. 1 2
Ob. 1 2
B♭ Cl. 1 2
B. Cl.
Bsn. 1 2
C. Bn.
Attaca
Hn. in F 1 3 2 4
C Tpt.1.2.3.
Trb. 1 2 3
Tuba
Attaca
Timp.
Perc. 1 2 3 4
Hp.
Attaca
Gu Qin
Special Vl. solo (transposed)
Pitch sound
Vl. I
Vl. II
Vla.
Vc.
Cb.
pizz.
gliss.
(↓ : only played by left hand fingers)

## 2. In the Chess Court

6
Picc.
Fl. 1 2
Ob. 1 2
B♭ Cl. 1 2
B. Cl.
Bsn. 1 2
C. Bn.
Hn. in F
C Tpt.1.2.3.
Trb.
Tuba
Timp.
Perc.
(press down mute)
(finger nails rolling)
(release the mute with pressure on the head)
Hp.
Gu Qin
(滾拂)
Special Vl. solo (transposed)
(improvise for wind sound)
Pitch sound
Vl. I
Vl. II
Vla.
Vc.
Cb.

11
(shout with whispering voice)
Allegrotto ( ♪ = ♩ = 120 )
Feng
chi chi feng
Picc.
Fl. 1 2
Ob. 1 2
B♭ Cl. 1 2
B. Cl.
Bsn. 1 2
C. Bn.
Hn. in F 1 3 2 4
C Tpt.1.2.3.
Trb. 1 2 3
Tuba
Timp.
Perc. 1 2 3 4
Hp.
Gu Qin
(抹)
Special Vl. solo (transposed)
Pitch sound
Vl. I
Vl. II
Vla.
Vc.
Cb.

16
Picc.
Fl. 1 2
Ob. 1 2
B♭ Cl. 1 2
B. Cl.
Bsn. 1 2
C. Bn.
Hn. in F 1 3 2 4
C Tpt.1.2.3.
Trb. 1 2 3
Tuba
Timp.
Perc. 1 2 3 4
Hp.
Gu Qin
Special Vl. solo (transposed)
Pitch sound
Vl. I
Vl. II
Vla.
Vc.
Cb.
chi chi feng chi chi feng chi chi feng chi chi feng
(抹) (抹) (抹) (抹)

21
Allegro ( ♩= 130 )
Picc.
Fl. 1 2
Ob. 1 2
B♭ Cl. 1 2
B. Cl.
Bsn. 1 2
C. Bn.
Hn. in F 1 3 2 4
C Tpt.1.2.3.
Trb. 1 2 3
Tuba
Timp.
Perc. 1 2 3 4
Hp.
Allegro ( ♩= 130 )
Gu Qin
(滾拂) (滾拂)
Special Vl. solo (transposed)
ppp f p f sfp ppp ppp
Pitch sound
Vl. I
Vl. II
Vla.
Vc.
Cb.

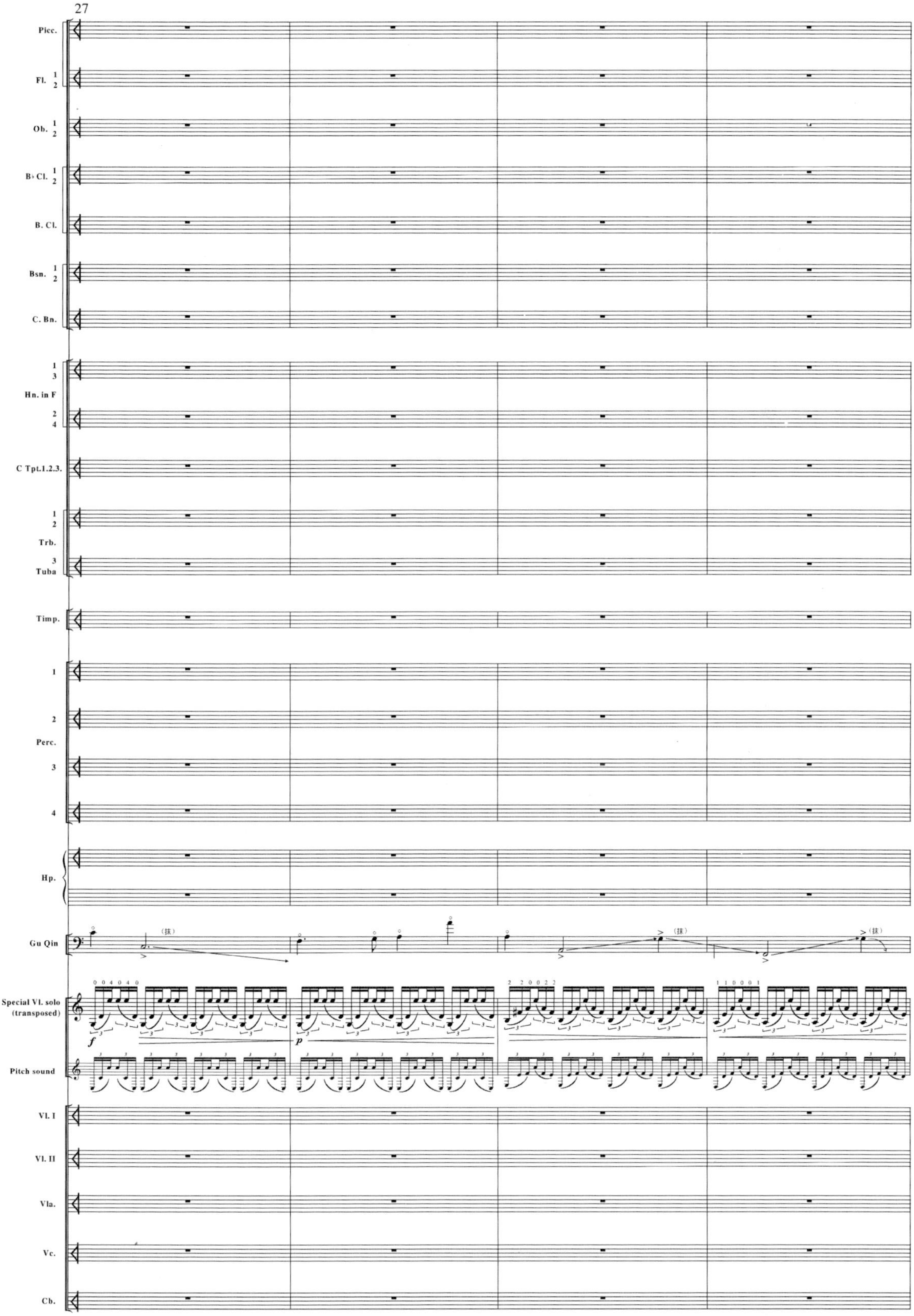
27
Picc.
Fl. 1 2
Ob. 1 2
B♭ Cl. 1 2
B. Cl.
Bsn. 1 2
C. Bn.
Hn. in F
C Tpt.1.2.3.
Trb.
Tuba
Timp.
Perc.
Hp.
Gu Qin
(抹)
Special Vl. solo (transposed)
Pitch sound
Vl. I
Vl. II
Vla.
Vc.
Cb.

51
Picc.
Fl. 1 2
Ob. 1 2
B♭ Cl. 1 2
B. Cl.
Bsn. 1 2
C. Bn.
Hn. in F 1 3 2 4
C Tpt.1.2.3.
Trb. 1 2 3
Tuba
Timp.
Perc. 1 2 3 4
Hp.
Gu Qin
(泛音下拂)
Special Vl. solo (transposed)
Pitch sound
Vl. I
Vl. II
Vla.
Vc.
Cb.
sfp
ppp
sf
Feng
chi chi

36
Picc.
Fl. 1 2
Ob. 1 2
B♭ Cl. 1 2
B. Cl.
Bsn. 1 2
C. Bn.
Hn. in F 1 3 2 4
C Tpt.1.2.3.
Trb. 1 2 3
Tuba
Timp.
Perc. 1 2 3 4
Hp.
Gu Qin
(滚拂)
Special Vl. solo (transposed)
Pitch sound
Vl. I
Vl. II
Vla.
Vc.
Cb.
sfp
ppp
sf sf
Feng
chi chi
p
mp

42
Picc.
Fl. 1 2
Ob. 1 2
B♭ Cl. 1 2
B. Cl.
Bsn. 1 2
C. Bn.
Hn. in F 1 3 2 4
C Tpt.1.2.3.
Trb. 1 2 3
Tuba
Timp.
Perc. 1 2 3 4
Hp.
Gu Qin
(抹)
Special Vl. solo (transposed)
Pitch sound
Vl. I
Vl. II
Vla.
Vc.
Cb.
sf
Feng
feng
mf
f
p
mp

46
Presto ( ♩= 140 )
Picc.
Fl. 1 2
Ob. 1 2
B♭ Cl. 1 2
B. Cl.
Bsn. 1 2
C. Bn.
Hn. in F
C Tpt.1.2.3.
Trb.
Tuba
Timp.
Perc.
Hp.
Gu Qin
(抹)
Special Vl. solo (transposed)
Pitch sound
Vl. I
Vl. II
Vla.
Vc.
Cb.
Feng
feng

51
Picc.
Fl. 1 2
Ob. 1 2
B♭ Cl. 1 2
B. Cl.
Bsn. 1 2
C. Bn.
Hn. in F 1 3 2 4
C Tpt.1.2.3.
Trb. 1 2 3
Tuba
Timp.
Perc. 1 2 3 4
Hp.
Gu Qin
(抹)
Special Vl. solo (transposed)
Pitch sound
Vl. I
Vl. II
Vla.
Vc.
Cb.
Feng chi feng

56
Picc.
Fl. 1 2
Ob. 1 2
B♭ Cl. 1 2
B. Cl.
Bsn. 1 2
C. Bn.
Hn. in F 1 3 2 4
C Tpt.1.2.3.
Trb. 1 2 3
Tuba
Timp.
Perc. 1 2 3 4
Hp.
Gu Qin
Special Vl. solo (transposed)
Pitch sound
Vl. I
Vl. II
Vla.
Vc.
Cb.
Feng chi feng chi
(滾拂)
(抹)
(拂)
(during the left hand pizzcato, put down the bow)

61
Picc.
Fl. 1 2
Ob. 1 2
B♭ Cl. 1 2
B. Cl.
Bsn. 1 2
C. Bn.
Hn. in F 1 3 2 4
C Tpt.1.2.3.
Trb. 1 2 3
Tuba
Timp.
Perc. 1 2 3 4
Hp.
Gu Qin
Special Vl. solo (transposed)
Pitch sound
Vl. I
Vl. II
Vla.
Vc.
Cb.
sfp
fp
Feng
(滚拂)
pizz.
Attacca
Attacca
Attacca

# THE BANQUET CONCERTO

## for Piano, Chorus and Orchestra

music from the original sound track of Feng Xiaogang's film The Banquet

### 1. The Mask

**Tan Dun**

8
Picc.
Fl. 1 2
Ob. 1 2
B♭ Cl. 1 2
B. Cl.
Bsn. 1 2
C. Bn.
Hn. in F 1 3 2 4
C Tpt.1.2.3.
Trb. 1 2
3 Tuba
Timp.
Perc. 1 2 3 4
Hp.
S.A. Choir T.B.
Pf.
Vl. I
Vl. II
Vla.
Vc.
Cb.
arco
arco

15
Picc.
Fl. 1 2
Ob. 1 2
1. solo
p
f
B♭ Cl. 1 2
B. Cl.
Bsn. 1 2
C. Bn.
Hn. in F 1 3 2 4
C Tpt.1.2.3.
Trb. 1 2 3
Tuba
Timp.
Perc. 1 2 3 4
Roto Tom
mp
Stone
mp
Stone
mp
f
f
Hp.
S.A.
Choir
T.B.
Pf.
p
Vl. I
Vl. II
Vla.
Vc.
dolce
mp
Cb.

19
Picc.
Fl. 1 2
Ob. 1 2
B♭ Cl. 1 2
1. solo
mf
B. Cl.
sfp
a2
Bsn. 1 2
C. Bn.
Hn. in F 1 3 2 4
C Tpt.1.2.3.
Trb. 1 2 3
Tuba
Timp.
mfp
Perc. 1 2 3 4
Bassdrum
Hp.
sf
S.A.
Choir
T.B.
Pf.
mp
f
Vl. I
Vl. II
Vla.
mf
Vc.
Cb.

23
Picc.
Fl. 1 2
Ob. 1 2
B♭ Cl. 1 2
B. Cl.
Bsn. 1 2
C. Bn.
1 3 Hn. in F 2 4
C Tpt.1.2.3.
1 2 Trb.
3 Tuba
Timp.
Perc. 1 2 3 4
Hp.
S.A. Choir T.B.
Pf.
Vl. I
Vl. II
Vla.
Vc.
Cb.
gliss.
con sord.
con sord.
mf
f
p
ppp
ff

27
Picc.
Fl. 1 2
Ob. 1 2
B♭ Cl. 1 2
B. Cl.
Bsn. 1 2
C. Bn.
Hn. in F 1 3 2 4
C Tpt.1.2.3.
senza sord.
Trb. 1 2
senza sord.
3 Tuba
Timp.
Perc. 1 2 3 4
Bassdrum
Hp.
S.A. Choir T.B.
Ah
Pf.
Vl. I
Vl. II
Vla.
Vc.
non div.
Cb.

32
Picc.
Fl. 1 2
Ob. 1 2
B♭ Cl. 1 2
B. Cl.
Bsn. 1 2
C. Bn.
Hn. in F 1 3 2 4
C Tpt.1.2.3.
Trb. 1 2 3
Tuba
Timp.
Perc. 1 2 3 4
Hp.
S.A.
Choir
T.B.
Ah
Pf.
Vl. I
Vl. II
Vla.
Vc.
Cb.

37
Subito ♩=76
Picc.
Fl. 1 2
a2
mf dolce
Ob. 1 2
B♭ Cl. 1 2
B. Cl.
Bsn. 1 2
C. Bn.
Hn. in F 1 3 2 4
C Tpt.1.2.3.
Trb. 1 2 3
Tuba
Timp.
Perc. 1 2 3 4
Timp. Roto Tom
Crash cym.
Hp.
S.A.
Choir
T.B.
Ah
Pf.
Subito ♩=76
Vl. I
Vl. II
Vla.
Vc.
Cb.
pizz.

42
Picc.
Fl. 1 2
Ob. 1 2
B♭ Cl. 1 2
B. Cl.
Bsn. 1 2
C. Bn.
Hn. in F 1 3 2 4
C Tpt.1.2.3.
Trb. 1 2 3
Tuba
Timp.
Perc. 1 2 3 4
Hp.
S.A.
Choir
T.B.
Pf.
Vl. I
Vl. II
Vla.
Vc.
Cb.
mf dolce
Ah

47
Picc.
Fl. 1 2
Ob. 1 2
B♭ Cl. 1 2
B. Cl.
Bsn. 1 2
C. Bn.
Hn. in F 1 3 2 4
C Tpt.1.2.3.
Trb. 1 2
3 Tuba
Timp.
Perc. 1 2 3 4
Hp.
S.A.
Choir
T.B.
Ah
Pf.
Vl. I
Vl. II
Vla.
Vc.
Cb.
a2
(frog)
arco (frog)

52
Subito ♩=84
Picc.
Fl. 1 2
Ob. 1 2
B♭ Cl. 1 2
B. Cl.
a2
Bsn. 1 2
C. Bn.
Hn. in F 1 3
2 4
C Tpt.1.2.3.
a3
Trb. 1 2
a2
3 Tuba
Timp.
Roto Tom
Perc. 1 2 3 4
Hp.
S.A.
Choir
Ah
T.B.
Pf.
Subito ♩=84
Vl. I
Vl. II
Vla.
Vc.
arco
Cb.

56
Picc.
Fl. 1 2
Ob. 1 2
B♭ Cl. 1 2
B. Cl.
Bsn. 1 2
C. Bn.
Hn. in F 1 3 2 4
C Tpt.1.2.3.
Trb. 1 2
3 Tuba
Timp.
Perc. 1 2 3 4
Hp.
S.A.
Choir
T.B.
Ah
Pf.
Vl. I
Vl. II
Vla.
Vc.
Cb.
div.
non div.
unis.
Timp.
Attaca

**최명숙 崔明淑** Choi Myung Sook

現 상명대학교 글로벌지역학부 중국어권지역학 교수
북경사범대학교 문예학 박사
중국어, 중국 미디어 및 한중문화 비교 연구
저서 : 『중국 대중음악 연구』
『중국어회화 기초향상편(TSC 2·3급 대비』
『중국어회화 중급편(TSC 3·4급 대비)』
논문 : 「장이머우와 탄둔이 펼친 서사와 음악-〈영웅〉을 중심으로」
「영화 〈와호장룡〉의 색채와 음악의 융합 연구」
「한국과 중국의 근대 대중가요 민족화 연구」
「상하이 시대곡을 통해 본 중국 근대 유행음악의 혼종성 연구」
「국가대극원 〈투란도트〉의 재창작을 통해 본 중국 가극의 창작 경향」
「중국 경가풍 대중음악 고찰」, 「중국 신시기 민족풍 음악의 대중화 연구」

**까오위 高瑜** Gao Yu

現 하북과기대학교 영화영상학부 부교수
상명대학교 예술학 박사
영화이론과 사운드 연구
논문 : 「"无法触碰" : 叙事性文本的艺术建构」
「河北民间音乐文化产业现状与发展对策研究」
「经典中的古典—中国民族音乐在动画片中的作用」
「和解与突破—《乘风破浪》中的韩式叙事」

# 중국 무협 블록버스터 영상美 그리고 음악

초판 1쇄 발행 _ 2023년 3월 3일

**저　　자** • 최명숙 · 까오위
**발 행 인** • 정 현 걸
**발　　행** • 신 아 사
**인　　쇄** • 토탈프로세스
**출판등록** • 1956년 1월 5일 (제9-52호)
**주　　소** • 서울시 은평구 통일로 59길 4 (2층)
**전　　화** • 02)382-6411 · 팩스 02)382-6401
**홈페이지** • www.shinasa.co.kr
**E-MAIL** • shinasa@daum.net

ISBN 979-11-92428-49-9(93680)

정가 25,000원